Viktor E. Frankl, Die Sinnfrage in der Psychotherapie

Viktor E. Frankl entwickelte seine Logotherapie in Auseinandersetzung mit den Vertretern der traditionellen Psychotherapie. Die Logotherapie ist ganz darauf abgestimmt, dem Menschen in der Sinnfindung Beistand zu leisten. Damit spricht Frankl – vom ZDF unter die »Zeugen des Jahrhunderts« eingereiht – immer mehr Menschen an. Dies zeigen die in die Millionen gehenden Auflagen seiner Bücher, die große Resonanz, die seine Vorträge erfahren, und die wachsende Zahl der Zentren für logotherapeutische Forschung und Ausbildung. Der zunehmenden akademischen Anerkennung seiner Neurosenlehre und Behandlungstechnik trug auch der 1. Weltkongreß für Logotherapie Rechnung, der im November 1980 in Kalifornien stattfand.

Der vorliegende Band vereinigt Frankls Vorlesungsreihe bei den »Salzburger Hochschulwochen 1977«, die seit langem vergriffene Fassung seiner Wiener Volkshochschulvorträge von 1946 und eine autobiographische Skizze. Die Texte führen in verständlicher Form in grundsätzliche Fragestellungen der Logotherapie ein und zeigen auch deren Entwicklung in den letzten 30 Jahren.

Viktor E. Frankl, geb. 1905 in Wien, Dr. med., Dr. phil., Professor für Neurologie und Psychiatrie an der Universität Wien, zugleich Professor für Logotherapie an der US International University in San Diego (Kalifornien). Er hatte außerdem Professuren an der Harvard University, der Stanford University sowie an den Universitäten von Dallas und Pittsburgh inne. Begründer der Logotherapie, der (wie sie von einzelnen Autoren auch genannt wird) »Dritten Wiener Richtung der Psychotherapie«. (Zu seinen Veröffentlichungen vgl. »Auswahl aus dem Schrifttum über Logotherapie« und »Weitere Werke von Viktor E. Frankl« im Anhang dieses Buches.)

Serie Piper:

Viktor E. Frankl

Die Sinnfrage in der Psychotherapie

R. Piper & Co. Verlag

Der Beitrag »Eine autobiographische Skizze« wurde in etwas veränderter Form übernommen aus: »Psychotherapie in Selbstdarstellungen«, herausgegeben von Ludwig J. Pongratz, Bern 1973.« Der Abdruck erfolgt mit freundlicher Genehmigung des Hans Huber Verlages.

ISBN 3-492-00514-4

Umschlag Zembsch' Werkstatt, München
Gesetzt aus der Times-Antiqua
Gesamtherstellung Clausen & Bosse, Leck
Printed in Germany

Für Franz Vesely

Inhalt

Vorwort *

»Mit vier Jahren muß es gewesen sein, daß ich eines Abends kurz vor dem Einschlafen aufschreckte und zwar von der Einsicht aufgerüttelt, eines Tages würde auch ich sterben müssen. Was mir aber zu schaffen machte, war eigentlich zu keiner Zeit meines Lebens die Furcht vor dem Sterben, vielmehr nur eines: Die Frage, ob nicht die Vergänglichkeit des Lebens dessen Sinn zunichte macht. Und die Antwort auf die Frage, zu der ich mich schließlich durchzuringen vermochte, war die folgende: In mancher Hinsicht macht der Tod das Leben überhaupt erst sinnvoll.«

Ende des Zitats aus einer kleinen autobiographischen Schrift von Viktor Frankl. Wir erfahren zwar nicht ganz genau, ob damals im Jahre 1909 der vierjährige Viktor bereits die Sinnfrage mit der Todeserkenntnis gleichgesetzt und schon damals die befreiende Heilserkenntnis erfahren hat. Offenbar ist aber doch über den begabten Knirps das hereingebrochen, was ein Dreivierteljahrhundert später Wolf Biermann mit dem schönen gitarrenuntermalten Vers »Das kann doch nicht alles gewesen sein ...« zum Leitmotiv der modischen Nachdenkwelle über die »midlife-crisis« gemacht hat. Wer gleich Frankl seine »midlife-crisis« so früh hinter sich bringt wie Mozart die Komposition seines ersten Menuetts, der muß in diesem Jahrhundert seine Spuren hinterlassen – in diesem Jahrhundert der Infragestellung aller Werte, der beklemmenden Beschleunigung aller Entwicklungen, des Auseinanderklaffens von Überliefertem und täglich neu Zurechtmanipuliertem, in diesem Jahrhundert des Götzenglaubens an die Machbarkeit aller Dinge und des Erlebnisses ihrer Nicht-Mehr-Machbarkeit.

* Franz Kreuzer, geb. 1929, arbeitete von 1947 bis 1966 als Reporter, später als Ressort-Leiter und zuletzt als Chefredakteur bei der Wiener »Arbeiterzeitung« (Zentralorgan der SPÖ). Bis 1974 Chefredakteur des Aktuellen Dienstes im ORF. 1974 bis 1978 Intendant von FS 2 im ORF, seither Chefredakteur. In der ZDF-Reihe »Zeugen des Jahrhunderts« führte Franz Kreuzer das Gespräch mit Viktor Frankl (Sendung 15. 9. 1980).

Viktor Frankl kommt auf dem Weg zur lexikalischen Unsterblichkeit zugute, daß er zum Unterschied von Wolfgang Amadeus Mozart siebeneinhalb Jahrzehnte in körperlicher und geistiger Gesundheit in nimmermüder Aktivität durchlebt hat – einige Jahre davon mit einer Überlebenschance von nahezu null Prozent als Jude in Hitlers KZs – und daß er imstande war, sich Zeit seines Lebens auf den *einen* wesentlichen Grundgedanken zu konzentrieren, der ihn als Vierjähriger gepackt hat. Mit laserstrahlartiger Durchdringungskraft hat Frankl sein Leben lang etwas gesagt, von dem man glauben sollte, daß es einem eigentlich niemand zu sagen brauchte: Nämlich, daß das Leben einen Sinn hat, daß dieser Sinn keine Einbildung ist, daß es den Sinn *wirklich* gibt. Frankl hat den Sinn entdeckt wie Kneipp das Wasser. Für Frankl wie für Kneipp gilt, daß schon der medizinische Erfolg *allein* die Lehre rechtfertigt. Aber Frankl muß sich weder in bezug auf seine wissenschaftliche Herkunft noch im Hinblick auf seinen fachlichen Argumentationsradius mit der bloßen Nützlichkeit seiner Lehre begnügen. Seine Biographie und das Urteil der Wissenschaftshistoriker weisen ihn – neben Alfred Adler, dem Begründer der Individualpsychologie – als einen der wesentlichen dissidenten Schüler Sigmund Freuds aus, als den Entdecker des dritten Weges der Wiener psychoanalytischen Schule. Womit uns die Aufgabe gestellt ist, deren Platz in der Geschichte der Wissenschaft zu bezeichnen.

Ein Blick um 200 Jahre zurück: Immanuel Kant hält eine gewaltige Erkenntnisfackel ins Zeitalter der wissenschaftlichen Revolution. Was wir wissen, sagt er uns, erfahren wir nur zum Teil durch unsere Sinne – a posteriori, im nachhinein –, zu einem anderen wesentlichen Teil ist es unserem Erfahren und Erkennen vorgegeben – a priori, von vornherein. Vorgegeben sind uns im besonderen die Erfahrungsvoraussetzungen Raum, Zeit, Kausalität. Die Frage, warum Kant nicht auch noch die Frage gestellt und beantwortet hat, wie denn diese a priorischen Gegebenheiten in unser Gehirn eingeprägt und zum Erbgut des Menschen geworden sind, die Frage also, warum Immanuel Kant im achtzehnten Jahrhundert noch nicht sehen konnte, was sich vor Charles Darwins Augen ein Jahrhundert später enthüllte, beantwortete uns Konrad Lorenz verblüffend einfach: Kant konnte sich trotz der Titanenkraft seiner kritischen Vernunft nicht vom Felsen der biblischen Überlieferung lösen, an den Jahrtausende der autoritativen Glaubensverkündung den denkenden Menschengeist gefesselt hatten. Erst als Darwin den Blick in den Milliarden-Jahre-Abgrund des Evolutionsaufstiegs freigemacht hatte, war der Weg zur gegenseitigen Verständnisdurchdringung von Geistes- und Naturwissenschaften frei: In diesem Jahrhundert wird der evolutionär-historische Charakter des menschlichen Gehirns und des menschlichen Geistes offenbar, Kants Aprioris werden zu Aposterioris der Schöpfung: Das, was wir nicht lernen müssen und nicht lernen können, weil wir es mit den genetischen Bauplänen unseres Nervensystems ererbt haben, hat unsere Gattung in den vier Milliarden Jahren der Evolution erlernt. Alles Erlernte aber bildet eine Wirklichkeit ab, alle innere Welt ist ein Bild der äußeren Welt – allerdings ein trügerisches Bild, denn es ist ja nicht zum Zweck der Erkenntnis, sondern zum Zweck des Überlebens in unsere Ganglien geschrieben worden.

Sigmund Freud war weder Kantianer noch Darwinist, als er zu seiner ärztlich motivierten, künstlerisch inspirierten Lehre vom Unbewußten kam. Er sah mit den Augen seiner Zeit, seiner von Sexualtabus gequälten Bürgerwelt, die offenbar vorhandenen Abgründe des Unbewußten als Kampfstätten verdrängter Kindheitserlebnisse. Allgemeingültiger und daher besser vereinbar mit den rasch nachfolgenden Erkenntnissen der Verhaltensforschung und der Hirnphysiologie definierte den neuen seelischen Kontinent der Schweizer Freud-Schüler Jung: Er prägte den Begriff des Archetypischen, des aus dem Entwicklungsaltertum Herrührenden, und sagte damit das, was bis ins Anatomische und Makromolekulare hinein Gegenstand gegenwärtiger und zukünftiger Forschungen ist und sein wird:

Wir tragen vier Milliarden Jahre Erfahrung in unseren genotypisch und phänotypisch festgelegten Erlebnis- und Erkenntnisvoraussetzungen mit uns herum.

Während Jung noch tiefer als Freud in den Erkenntnisuntergrund der Psychoanalyse hinabstieg, suchte Alfred Adler, der erste Schulgründer unter den Freud-Jüngern, nach einer breiteren sozialen Basis der Tiefenpsychologie: Nicht oder nicht allein das früh- und frühestkindliche Problemerlebnis gegenüber Vater und Mutter bestimmen das Leben des Menschen, sondern die Gesamtheit der Auseinandersetzungen mit seiner Umwelt, mit der Gruppe: Macht und Ohnmacht, Erlebnis der Überlegenheit und Aufbäumen gegen das Erlebnis der Unterlegenheit – also Überkompensation – bestimmen die seelische Entwicklung.

Viktor Frankl, der Sinn-Sucher, durchlebt geistig die Welt Sigmund Freuds, mit dem er korrespondiert, der einen seiner Aufsätze abdrucken läßt, dem er einmal im Leben begegnet. Dann wendet er sich Alfred Adler zu, weigert sich aber, dessen kritikloser Schüler zu sein, und wird von Adler verstoßen. Frankl sucht auf der Basis der psychoanalytischen Grunderkenntnis, daß es jenseits des menschlichen Bewußtseins unbewußte, aber schicksalsbestimmende, seelische Inhalte gibt, eine Antithese: Die Auslotung des *Unter*bewußten hilft ihm nicht weiter – er sucht im Unterbewußten das *Über*bewußte.

Viel wesentlicher als die Ausleuchtung der dunklen seelischen Tiefe, so postuliert er theoretisch und – was wichtiger ist – versucht er therapeutisch umzusetzen, ist die Entdeckung der lichten Höhen, die sich unserem Alltagsblick entziehen: Der Mensch hat einen unleugbaren Drang in sich, sich selbst zu überschreiten, sein Leben einem Sinn zu weihen. Diesen Sinn aufzudecken, herauszufinden, ist die wirksamste Psychotherapie, sagt Frankl. Vor allem die Therapie der seuchenartig um sich greifenden Krankheit des Jahrhunderts: des Leidens am sinnlosen Leben. *Die Psychoanalyse wird von ihrer dionysischen auf ihre appolinische Seite gewendet.*

Frankl hat den Wert dieses Lebenssinns nicht in den bequemen, komfortablen Augenblicken seines Lebens kennengelernt, sondern in den dunkelsten, schwersten: im KZ, in den Augenblicken, als er vom Tod seiner Familienmitglieder erfuhr, in den Stunden tiefster Erniedrigung und körperlicher Erschöpfung. Er gibt ihn nun an seine Patienten weiter, und er bewirkt sowohl in der Einzeltherapie wie in der kollektiven Beeinflussung durch seine in Millionenauflagen veröffentlichten Bücher wahre Wunder. Er selbst sucht diesen Sinn auch im hohen Alter als aktiver Alpinist. Es ist, als habe die unbeschreibliche Naivität seines Lehrsatzes »Das Leben hat einen Sinn« eine ähnliche Wirkung wie der nicht weniger naive biblische Befehl: »Nimm dein Bett und geh ...«

Frankl ist sich der Nähe seiner Therapie zur Religion bewußt und der problematischen Position, die er im Jahrhundert der Entgötterung einnimmt. Ist seine Logotherapie – die Heilung durch den Sinn – eine Art Ersatzreligion? Ist ein Erfolg, wie der Johannes Pauls II. oder Khomeinis die Folge des Rückschlags auf die Entmythologisierung unserer Welt? Frankls Antwort: Religion sucht Seelenheil, Logotherapie sucht seelische Heilung. Frankl leugnet nicht, daß Logotherapie den Weg zur Religion weisen, daß Religion die logotherapeutische Wirkung verstärken kann. Dennoch sind beide Bereiche für ihn strikt getrennt.

Frankl begnügt sich nicht mit dem »als ob«. Damit der Sinn als lebensdurchdringende Kraft therapeutisch wirksam werden kann, muß er nicht nur »geglaubt« – das wäre Religion –, sondern auch intellektuell akzeptiert werden. Frankl bemüht sich daher um die wissenschaftliche Untermauerung seiner Lehre, um die Logo*theorie* zur Logo*therapie*. Er greift dabei zur topographischen Metapher: Wer einen Zylinder nur von oben sieht, hält ihn für einen Kreis, wer ihn von der Seite sieht, für ein Rechteck. Aber es ist ein Zylinder – ein räumlicher Körper von besonderer, formelmäßig erfaßbarer Eigenart. Wer eine Sinuskurve nur von einer Linie aus erlebt, die sie mehrfach kreuzt, glaubt eine Folge von Punkten vor sich zu haben – aber es ist eine Sinuskurve. So sieht Frankl die Wirklichkeit des den Menschen transzendierenden Sinngehalts in einer Dimension, die wir nicht ganz erfassen, aber doch in unserem existentiellen Streben erahnen, die nicht utopisch, nicht unwissenschaftlich, nicht spiritistisch ist, aber auch nicht trivial-naturwissenschaftlich. Frankl hätte sich in diesem Vergleich auch des hundert Jahre alten Büchleins »Flachland« von A. Abbott bedienen können, das der Österreicher Paul Watzlawick für uns wiederentdeckt hat: Da reden Kugeln mit Kreisen, und Kreise mit

Linien – und die nieder-dimensionalen Wesen können jeweils nicht verstehen, was die nächste, die zweite oder dritte Dimension ist: Eine Ebene »erlebt« den Durchtritt einer Kugel als Verwandlung eines Punktes in einen immer größer werdenden Kreis, der dann immer kleiner wird, bis er zum Punkt schrumpft und verschwindet ... Frankl steht also gleich einem Albert Einstein der Tiefenpsychologie in einer Welt hochdimensionaler Sinnbestimmung, die naiv-wissenschaftlich nicht vorstellbar ist, ebensowenig wie das in sich gekrümmte Raum-Zeit-Kontinuum. Frankl-Kritiker können hier allerdings den Spieß umdrehen und die Vermutung aussprechen, daß der Sinn, auf dem die Frankl-Lehre beruht, die menschliche Vorstellungskraft nicht überschreitet, sondern – ganz im Gegenteil – daß für den einfachen menschlichen Verstand eine Welt *ohne* Sinn undenkbar ist. Paul Watzlawick, der die Relativität der Wirklichkeiten lehrt, verweist etwa auf den interessanten Umstand, daß jeder Autofahrer, der nacheinander vor drei roten Ampeln halten muß, gegen alle Vernunftargumente zu überlegen beginnt, in welcher Weise sich das Kreuzungssystem gegen ihn verschworen haben könnte. Ordnung, Ursache-Folge- oder Zweck-Mittel-Beziehung, Suche nach Sinnzusammenhang können also auch als *Mängel* unseres Gehirns gedeutet werden – als nützliche Mängel. Aus dieser Sicht kann man Frankls These vom Sinn therapeutisch außer Streit stellen, die Logotherapie aber nicht als die Überwindung von Hirntäuschungen, sondern als hygienisch motivierte Pflege dieser Täuschungen betrachten.

Ist also Viktor Frankl der Sinnbeweis, der für ihn die therapeutische Voraussetzung der Logotherapie ist, versagt?

Nicht unbedingt: Erstens ist er sich in seiner Ablehnung des primitiven Reduktionismus mit fast allen Evolutionsforschern unserer Zeit einig: Die unleugbare Tatsache, daß Biologisches auf Chemischem, daß Chemisches auf Physikalischem beruht, beweist nicht, daß Biologisches »nichts anderes ist als Chemisches«, daß Chemisches »nichts anderes als Physikalisches« ist. Nicolai Hartmann hat die einander transzendierenden Bereiche der Entwicklung definiert, Konrad Lorenz hat für die nur in einer Richtung durchschreitbaren Knotenstellen der Evolution den Begriff der »Fulguration«, der blitzschlagartigen Erhellung, geprägt. Julian Huxley hat mit britischem Humor denselben Denkfehler, den Frankl inkriminiert, als »Nothing-else-buttery« verspottet – als «Nichts-anderes-Alserei«, als den Irrtum, etwas, das auf etwas anderes zurückgehe, sei nichts anderes als dieses: Alles Leben ist Chemie, aber nicht: alles Leben ist nichts anderes als Chemie ...

In noch einem Punkt sind sich die hypothetischen Realisten, die Kant, Darwin und alle Erkenntnisse dieses Jahrhunderts zusammentun, einig – und das ist ein zweites Argument pro Frankl: Was immer unser kognitiver Apparat in sich verbirgt, ist Informationsgewinn aus Jahrmilliarden, ist also Abbild einer realen Welt. So unmöglich es in alle Ewigkeit sein wird, dieses Abbild mit der realen Welt gleichzusetzen – wir können uns ihr nur kritisch nähern –, sicher ist es, daß der Inhalt unserer Erkenntnis mit einem »äußeren« Etwas korreliert. Goethe, der alle Philosophie und Naturwissenschaft zweier Jahrhunderte genial übersprungen hat, sagt: »Wär' nicht das Auge sonnenhaft, die Sonne könnt' es nie erblicken«. Lorenz zitiert Goethe mit diesem Vers, denn auch er kann es nicht besser und klarer sagen. So muß man also auch nach Einstein annehmen: Weil wir ein raum-zeithaftes Hirn haben, muß es so etwas wie Raum und Zeit geben, wenn auch anders, als der erste Eindruck, den wir im Überlebenskampf erworben haben, uns vermittelt. Durst, so zitiert Viktor Frankl gerne, ist der beste Beweis dafür, daß es so etwas gibt wie Wasser. Das Bedürfnis nach Sinn, das wir verspüren, ist der Beweis dafür, daß es »draußen« in der realen Welt so etwas gibt wie Sinn – auch wenn wir einmal darauf kommen sollten, daß dieser Sinn nichts anderes ist als das hochkomplexe Zusammenwirken von Wirkursachen, die uns auf dem Umweg über die apriorische Prägung unseres kognitiven Apparates als Zweckursachen erscheinen. Wasser löscht Durst – das bleibt ein wahrer Satz, auch wenn man statt Wasser »H_2O« einsetzt und wenn man anstelle von Durst eine verhaltensbiologische Bedürfnisdefinition wählt. Es lebe der Sinn – der Sinn lebt! Man kann auf das Wohl von Viktor Frankl und Pfarrer Kneipp getrost mit einem Glas klaren Wassers anstoßen.

Und die Welt tut es: Die Logotherapie hat sich zu einer weltweiten Bewegung ausgewachsen. Während diese Zeilen niedergeschrieben werden, geht im fernen Kalifornien der »Erste Weltkongreß für Logotherapie« über die Bühne, veranstaltet von Professoren diverser amerikanischer Universitäten – Hunderte von Ärzten, Psychologen und Soziologen aus aller Welt (Nord- und Südamerika, Europa, Japan, Korea usw.) nehmen an ihm aktiv teil. Und in aller Welt schießen die logotherapeutischen Beratungsstellen und Behandlungs-, Forschungs- und Ausbildungszentren aus dem Boden: in Messina wie in Rom, im polnischen Lublin wie in Athens (Georgia), in Atlanta wie in Tokio oder im kalifornischen Berkeley, in welch letzterem das »Institute of Logotherapy« auch eine Zeitschrift herausbringt: »The International Forum for Logotherapy«, die nun bereits in ihrem dritten Jahrgang erscheint.

Zweifellos spricht Frankl immer weitere Schichten an und zwar besonders unter der jungen Generation. Dafür sprechen nicht zuletzt die Verkaufsziffern seiner amerikanischen Bücher, von denen eines (»Man's Search for Meaning«) bereits in weit mehr als zwei Millionen Exemplaren erschienen ist.

Inzwischen wird auch die empirisch-wissenschaftliche Fundiertheit seiner Neurosenlehre und seiner Behandlungstechnik von der akademischen Öffentlichkeit anerkannt, wofür neben den 66 Dissertationen über Logotherapie vor allem die 21 Bücher beredtes Zeugnis ablegen, die von achtzehn Frankl-Schülern verfaßt wurden und in acht verschiedenen Sprachen Verbreitung fanden.

Was den vorliegenden Band anlangt, so besteht er aus drei in sich geschlossenen Teilen. Beim ersten Kapitel – das dem Buch auch den Titel gegeben hat – handelt es sich um eine erweiterte und die neueste Literatur berücksichtigende Fassung der gleichnamigen Vorlesungsreihe, mit der er seinerzeit in der jahrzehntelangen Geschichte der »Salzburger Hochschulwochen« den Rekord an Hörerzahlen aufgestellt hat.

Den entwicklungsgeschichtlichen Kontrapunkt bildet die leicht gekürzte Drucklegung einer Reihe von Vorträgen, die Frankl unmittelbar nach dem Ende des Zweiten Weltkrieges an einer Wiener Volkshochschule gehalten hatte; in Buchform war sie bereits 1946 (und in einer 2. Auflage 1947) bei Deuticke in Wien erschienen und zwar unter dem Titel »... trotzdem Ja zum Leben sagen«. (Dieser Titel wurde inzwischen für die vom Kösel-Verlag in München besorgte Neuauflage eines anderen Frankl-Buches verwendet, nämlich für sein Werk »Ein Psychologe erlebt das Konzentrationslager«, welch letzterer Titel dann allerdings als Untertitel beibehalten wurde.) Seit Jahrzehnten war diese Broschüre vergriffen und blieb es im Gegensatz zu allen anderen Frankl-Büchern.

Zwischen dem ersten und dem zweiten Kapitel liegen 31 Jahre. Ein stilistisch erkennbarer Abstand: Die Vorträge an der Wiener Volkshochschule waren ausgesprochene »Rede« und nichts weniger als »Schreibe«. Als Rede sind sie salopp gehalten. Aber auch was das Inhaltliche anlangt, muß berücksichtigt werden, daß sich diese Vorträge ja nicht an ein akademisches Publikum gerichtet haben, sondern an ein, zwei Dutzend Leute aus der Wiener Vorstadt – Ottakring war seinerzeit der klassische Arbeiterbezirk von Wien. So sind denn – im Gegensatz zum ersten Kapitel, den Vorlesungen an der Salzburger Universität – die Vorträge an der Wiener Volkshochschule unbelastet von Tests und Statistiken, und sie verzichten auch auf Schrifttumshinweise und Quellenangaben.

Man muß sich ja auch vergegenwärtigen, was das Anliegen war, das Frankl mit diesen Vorträgen verfolgte: mitten im ausgebombten Wien der unmittelbaren Nachkriegszeit hungernde Menschen wenigstens seelisch aufzurichten – mit einem Wort: kollektive Psychohygiene zu betreiben und – nach Drucklegung der Vorträge – kollektive Bibliotherapie. Und als solche ist sie beim Publikum auch angekommen: es mußte sogar eine Ausgabe in Brailleschem Blindendruck erscheinen. So oder so: der Kenner des Franklschen Denkgebäudes und seiner »Baugeschichte« registriert bewundernd die Naivität, mit der dieser Mann vor mehr als drei Jahrzehnten hinauszuschreien wagte, was er sich bis dahin doch mehr oder weniger *intuitiv* erarbeitet hatte.

Was nun das dritte Kapitel, die autobiographische Skizze, anlangt, wurde sie bis auf wenige Zusätze (in Form von Fußnoten) so belassen, wie sie seinerzeit in dem vom Würzburger Psychologie-Ordinarius herausgegebenen Sammelband »Psychotherapie in Selbstdarstellungen« erschienen war. Pongratz hatte von zwölf Psychotherapeuten aus aller Welt solche autobiographischen »Selbstdarstellungen« angefordert und daraus ein Sammelwerk gestaltet, dessen mediko-historische Bedeutung heute bereits allgemein anerkannt ist.

Der Rahmen, in den Frankls autobiographische Skizze gestellt wurde, machte natürlich eine entsprechende Auswahl erforderlich. Darüber hinaus ist die Darstellung aber auch insofern notwendigerweise unvollständig, als ja seit dem Abschluß ihrer Niederschrift etliche Jahre vergangen sind. Es liegt allerdings eine umfassende Autobiographie in Manuskriptform vor. Frankl läßt sich aber nicht zu ihrer Publikation überreden, sondern sähe es lieber, wenn sie erst postum erschiene – etwa unter dem Titel »Was nicht in meinen Büchern steht ...«

Was schließlich den bibliographischen Anhang anlangt, handelt es sich um eine bloße Auswahl, die noch dazu insofern eingegrenzt ist, als sie sich mehr oder weniger auf das deutschsprachige Schrifttum beschränkt. Im Gegensatz dazu ist die englischsprachige Bibliographie, wie sie sich in den amerikanischen Büchern von Frankl findet, durchaus komplett. Unter den amerikanischen Frankl-Büchern gibt es allerdings drei, die zwar in diverse andere Sprachen übersetzt wurden, aber niemals auf deutsch erschienen sind und zwar aus dem einfachen Grunde, weil Frankl eine Übersetzung ins Deutsche im Hinblick auf die Verschiedenheit nicht nur des Sprech-, sondern auch des Denkstils nicht zuläßt. Und zwar handelt es sich hierbei um die Bücher »Psychotherapy and Existentialism«, »The Unheard Cry for Meaning (Psychotherapy and Humanism)« – beide erschienen bei Simon & Schuster, New York – und »The Will to Meaning (Foundations and Applications of Logotherapy)« – New American Library, New York –, wobei noch darauf hingewiesen werden muß, daß es sich bei dem zuletzt genannten Buch keineswegs etwa um eine englische Fassung von Frankls bei Hans Huber in Bern erschienenem Buch »Der Wille zum Sinn« handelt.

Der einzige Mensch, der sich zur Zeit in der Frankl-Weltliteratur wirklich auskennt, ist Viktor Frankl. Es wäre an der Zeit, daß sich ein Köchel oder Hoboken fände, der endlich damit beginnt, ein ordentliches Verzeichnis des Franklschen Oevres zu erarbeiten.

Wien, im November 1980 Franz Kreuzer

Die Sinnfrage in der Psychotherapie

(Drei Vorlesungen, gehalten im Rahmen der »Salzburger Hochschulwochen 1977«)

Es ist gerade ein halbes Jahrhundert her, daß ich in Wien und dann in sechs anderen mitteleuropäischen Städten sogenannte Jugendberatungsstellen gegründet habe: Beratungsstellen für junge Menschen, die sich in seelischer Not befanden und sich nun unentgeltlich an ein paar Dutzend Berater wenden konnten (zu denen nicht zuletzt die prominentesten Schüler von Sigmund Freud und Alfred Adler zählten). 1935 habe ich dann in der von dem Psychoanalytiker Emil Gutheil herausgegebenen »Psychotherapeutischen Praxis« unter dem Titel »Aus der Praxis der Jugendberatung« über die Erfahrungen mit diesen Beratungsstellen berichtet, und es stellte sich heraus, daß die Tausenden von Ratsuchenden die Beratungsstellen am häufigsten wegen sexueller Fragen aufgesucht hatten.

Und wie sieht es demgegenüber heute aus, ein halbes Jahrhundert später? Nun, erst unlängst wurde mir von einem Wiener Fachlehrer eine Statistik vorgelegt: Er hatte seine Schüler dazu animiert, schriftlich Fragen zu stellen, und zwar ganz anonym. Wieder gab es sexuelle Fragen; aber sie standen an zweiter Stelle. An dritter Stelle kam das Thema Rauschgift. Und wissen Sie, was an allererster Stelle rangierte? Selbstmord! Was aber ist Selbstmord? *Ein Nein auf die Sinnfrage* [1].

Nach dieser Gegenüberstellung werden Sie vielleicht verstehen können, was ich immer wieder behaupte, nämlich, daß es heute im Gegensatz zu den Zeiten von Sigmund Freud längst nicht mehr sexuelle Fragen sind, die den Menschen so sehr bedrängen, sondern die existentiellen Fragen.

Im Gegensatz zu den Zeiten von Alfred Adler kommen die Patienten heute auch nicht mit ihren Minderwertigkeitsgefühlen zu uns Psychiatern, vielmehr mit einem Sinnlosigkeitsgefühl, mit einem Leeregefühl, mit dem, was ich das »existentielle Vakuum« nenne. Und zwar habe ich es 1955 so benannt. Beschrieben hatte ich es aber bereits 1946. Sie sehen, wir Logotherapeuten haben das alles kommen sehen. Inzwischen hat sich das existentielle Vakuum zu einem weltweiten Phänomen ausgewachsen. Und es ist nachweislich noch im Zunehmen be-

1 Eine empirische Bestätigung dieser meiner Behauptung wird von der auf Seite 33 herangezogenen Statistik beigesteuert, welche sich auf 60 Studenten an der Idaho State University bezieht, die Selbstmord versucht hatten.

griffen. So konnte Alois Habinger anhand von einem halben Tausend Lehrlingen zeigen, daß das Sinnlosigkeitsgefühl nach wenigen Jahren mehr als doppelt so häufig nachzuweisen war. »Kennen Sie das, daß einem das Leben oft so sinnlos vorkommt?«, fragte ein angesehenes deutsches Meinungsforschungsinstitut 1977. Und nur 53 Prozent aller Angesprochenen verneinten die Frage. 14 Jahre zuvor waren es noch 59 Prozent gewesen (Industrie-Zeitung, 30. Jahrgang, Nr. 262, Juni 1980, Seite 2). Und das Institut für Demoskopie in Allensbach stellte fest, daß es 1952 26 Prozent waren, denen an Sonntagen die Zeit zu lange wird, während es heute 37 Prozent sind.

Das Sinnlosigkeitsgefühl nimmt aber nicht nur zu, sondern es breitet sich auch noch aus. Kratochvil, Vymetal und Kohler haben darauf hingewiesen, daß sich das Sinnlosigkeitsgefühl keineswegs auf kapitalistische Länder beschränkt, vielmehr auch in kommunistischen Staaten bemerkbar macht, in die es »ohne Visum« eingedrungen sei. Auch Adam Schaff, der in seinem Buch »Entfremdung als soziales Phänomen« (Europaverlag, Wien 1977) dem Thema unter dem Titel »Das existentielle Vakuum« ein eigenes Kapitel einräumt, ist der Ansicht, »das Gefühl des Menschen, den Sinn seines Lebens verloren zu haben«, sei eine Erscheinung, *die vor keinem bestimmten System, vor keiner bestimmten Gesellschaftsklasse halt macht*«. Und warnend meint er: »Wer das nicht zur Kenntnis nehmen will, der versperrt sich auch die Möglichkeit, die Ursachen solcher sozialen Erscheinungen wie Jugendkriminalität, Alkoholismus, Rauschgiftsucht usw. zu erkennen, wenn diese gesellschaftlichen Charakter annehmen.« (l. c., p. 255)

Den Hinweis darauf, daß das Sinnlosigkeitsgefühl bereits in den Entwicklungsländern zu beobachten ist, verdanken wir L. L. Klitzke (»Students in Emerging Africa – Logotherapy in Tanzania«, American Journal of Humanistic Psychology 9, 105, 1969) und Joseph L. Philbrick (»A Cross-Cultural Study of Frankl's Theory of Meaning-in-Life«, Vortrag vor der American Psychological Association) sowie Wolfgang und Louise Jilek (Vortrag auf dem World Congress of Logotherapy).

Fragen wir nach der Ätiologie und nach der Symptomatologie dieser Massenneurose, so bietet sich, was zunächst einmal die erstere anlangt, folgende Erklärung an: Im Gegensatz zum Tier sagt dem Menschen kein Instinkt, was er *muß*, und im Gegensatz zum Menschen in früheren Zeiten sagt ihm keine Tradition mehr, was er *soll* – und nun scheint er nicht mehr recht zu wissen, was er eigentlich *will*[1]. So kommt es denn, daß er entweder nur will, was die anderen tun – und da haben wir den Konformismus –, oder aber er tut nur, was die anderen wollen, *von ihm* wollen – und da haben wir den Totalitarismus.

Nur daß wir über diesen beiden Folgeerscheinungen eine dritte nicht übersehen und vergessen dürfen, und zwar meine ich einen spezifischen Neurotizismus, nämlich das Auftreten der von mir als solche bezeichneten »noogenen Neurose«[2]. Im Gegensatz zur Neurose im engeren Wortsinn, die per definitionem eine psychogene Erkrankung darstellt, geht diese noogene Neurose nicht auf Komplexe und Konflikte im herkömmlichen Sinne zurück, sondern auf Gewissenskonflikte, auf Wertkollisionen und, last but not least, auf das Sinnlosigkeitsgefühl, das das eine oder andere Mal eben auch in neurotischer Symptomatologie seinen Ausdruck und Niederschlag finden kann. Inzwischen sind an verschiedenen Forschungszentren Tests entwikkelt worden, mit denen sich die noogene Neurose diagnostisch differenzieren und der Grad der existentiellen Frustration quantifizieren läßt. Es handelt sich um den PIL-Test (purpose in life) von James C. Crumbaugh und Leonard T. Maholick (erhältlich durch Psychometric Affiliates, Post Office Box 3167, Munster, IN 46321, USA), den SONG-Test (seeking of noetic goals) und den MILE-Test (the meaning in life evaluation scale) von James C. Crumbaugh[3], den Attitudinal Values

1 Wie ich soeben erfahre, hat Robert Reininger diese Erklärung eigentlich vorweggenommen, und zwar bereits 1925: »Die Frage nach dem Sinn des Daseins wird erst dann aufgeworfen, wenn die instinktive Sicherheit des Lebens oder das Genügen an seiner traditionellen Deutung verloren zu gehen droht oder schon verloren ist und dieser Verlust schmerzlich empfunden wird.«

2 Viktor E. Frankl, »Über Psychotherapie«, Wiener Zeitschrift für Nervenheilkunde 3, 461, 1951.

3 »Seeking of Noetic Goals Test«, Journal of Clinical Psychology, July 1977, Vol. 33, No. 3, 900–907.

Scale-Test von Bernard Dansart [1], den Life Purpose Questionnaire-Test von R. R. Hutzell und Ruth Hablas [2] sowie den Logo-Test von Elisabeth S. Lukas (»Zur Validierung der Logotherapie«, in: Viktor E. Frankl, »Der Wille zum Sinn«, Hans Huber, Bern ²1978) [3]. Es liegen bereits 10 wissenschaftliche Arbeiten vor – aus den USA, aus England und Polen, aus der BRD und aus Österreich –, aus denen übereinstimmend hervorgeht, daß mit etwa 20 Prozent noogener Neurosen zu rechnen ist.

Das Sinnlosigkeitsgefühl ist also pathogen, das heißt, es führt zu Erkrankungen, zu spezifischen Neurosen. Aber es ist nur potentiell pathogen, und das heißt wieder, daß es zu solchen Neurosen führen kann, aber nicht muß. Umgekehrt ist es aber auch möglich, daß in einem gegebenen Fall das Sinnlosigkeitsgefühl oder sagen wir lieber eine Sinnfindungsstörung nicht pathogen, sondern symptomatisch ist, also nicht die Ursache, sondern die Auswirkung einer Krankheit, wobei die Krankheit nicht nur eine psychische sein muß, sondern auch eine somatische sein kann. In einem Roman von Audouard mit dem Titel »Entführung in Tahiti« heißt es: »Die Leute von Tahiti haben so etwas wie Angstgefühle. Sie fragen sich urplötzlich, was sie eigentlich auf der Erde tun. Plötzlich interessiert die Menschen rein gar nichts mehr. Auch ich habe Augenblicke, in denen ich mich frage, ob sich das Leben lohnt. Glücklicherweise sind sie selten und fallen immer mit meinen Bauchschmerzen zusammen. Ein wenig Bikarbonat, und ich höre auf, am Sinn des Lebens zu zweifeln. Aber im Fall der Leute von Tahiti war mir gleich klar, daß bei ihnen das Bikarbonat versagen würde.«

Im Ernst: es gibt endogene Depressionen, und endogen heißt in diesem Zusammenhang somatogen. Diese Depressionen können psychogen ausgelöst werden, sind aber biochemisch bedingt und sogar hereditär substruiert. Zum Krank-

1 »Development of a Scale to Measure Attitudinal Values as Defined by Viktor Frankl«. Dissertation, Northern Illinois University, De Kalb, 1974.

2 Vortrag, gehalten auf dem »World Congress of Logotherapy« in San Diego, Kalifornien (6.–8. November 1980).

3 Dazu kommt noch der S. E. E.-Test (Sinneinschätzung und -Erwartung) von Walter Böckmann. Der logotherapeutische Test von Gerald Kovacic (Universität Wien) und der von Bruno Giorgi (Universität Dublin) befinden sich noch im Stadium der Ausarbeitung.

heitsbild der endogenen Depression gehört nun, daß der Patient sich für wertlos und das Leben für sinnlos hält. Gegen eine endogen-depressive Sinnfindungsstörung würde eine sinnzentrierte Psychotherapie wie die Logotherapie nicht aufkommen. Für solche Fälle gibt es eine spezielle Logotherapie, wie ich sie in meiner »Theorie und Therapie der Neurosen« und der «Psychotherapie in der Praxis« beschrieben habe. *Diese* Logotherapie geht aber nicht auf die Wiederherstellung der Sinnorientierung des Patienten aus. Mehr als das: in Fällen endogener Depression kommen wir auch um eine Pharmakotherapie nicht herum, und ich erachte es gelinde gesagt für einen Kunstfehler, in solchen Fällen dem Patienten die Segnungen einer gezielt eingesetzten Pharmakotherapie vorzuenthalten.

Selbstverständlich muß vorausgesetzt werden, daß der Arzt die Differentialdiagnose zwischen endogener Depression und psychogener oder noogener Depression beherrscht. Analoges gilt für psychosomatische Störungen, von denen »eine Vielzahl sich als Ausdruck einer larvierten endogenen Depression erweist«, wie erst jüngst der bekannte amerikanische Psychiater Fritz A. Freyhan (»Is psychosomatic obsolete? A psychiatric reappraisal«, Comprehens. Psychiat. 17, 381–386, 1976, zitiert nach Michael Wiegand, Zentralblatt für die gesamte Neurologie und Psychiatrie 220, 90, 1978) gezeigt hat. Freyhan ist der Ansicht, daß eine »weitgehend biologisch-physiologische Ätiologie« der endogenen Depression »durch entsprechende Therapieerfolge erwiesen sein dürfte«. Hinsichtlich psychosomatischer Krankheiten jedoch meint er, daß »auch die Forschungen über den Zusammenhang von Lebensereignissen und dem Ausbruch von Krankheiten bisher keinen Beweis für überwiegende ›Psychogenese‹ erbringen konnten«. Vielmehr habe sich gezeigt, daß »die wenigen existierenden Längsschnittstudien eher auf einen *geringen* Einfluß von Lebensereignissen und -umständen hinweisen.«

A propos endogene Depression: Da wird eines Tages ein Universitätsprofessor von der Herzstation der Poliklinik an deren Nervenabteilung überwiesen, weil er am Sinn seines Daseins zweifelt. Im Gespräch ergibt sich nun, daß es sich um eine typische endogene Depression handelt: wiederholte vorangegangene depressive Phasen, charakteristische Tagesschwankungen der Stimmung, entsprechende Heredität und andere charakteristische Symptome. »Und wie verhält es sich mit Ihrem Zweifel an einem Sinn des Lebens«, frage ich ihn. »Wissen Sie«, antwortet er mir, »mit so was geb' ich mich nur ab in den Intervallen zwischen den depressiven Phasen: wenn ich gesund bin.« Im konkreten Fall war also der Zweifel an einem Daseinssinn weder pathogen noch symptomatisch, vielmehr hatte die Sinnfindungsstörung so wenig mit einer Krankheit zu tun, daß es zwischen beiden sogar zu einem gegenseitigen Ausschließungsverhältnis kam.

So fragt sich denn auch, ob wir so ohne weiteres ein Statement unterschreiben können, das Freud einmal in einem Brief an die Prinzessin Bonaparte gemacht hat: »Im Moment, da man nach Sinn und Wert des Lebens fragt, ist man krank, denn beides gibt es ja in objektiver Weise nicht; man hat nur eingestanden, daß man einen Vorrat von unbefriedigter Libido hat.« Am sinnlosen Leben zu leiden, heißt aber in Wirklichkeit noch lange nicht, krank zu sein. »Das Leiden am sinnlosen Leben«, um diesen Buchtitel zu gebrauchen, muß nämlich keineswegs *Ausdruck einer seelischen Krankheit*, es kann vielmehr der *Ausdruck geistiger Mündigkeit* sein. Denn nach dem Sinn des Lebens zu fragen gehört zum Menschen. Karl von Frisch hat das Leben der Bienen und Konrad Lorenz das Leben der Graugänse ganz genau studiert, aber ich bin überzeugt, auf ein Exemplar, das sich gefragt hätte, ob das Leben einen Sinn hat, sind sie nicht gestoßen. Der Mensch jedoch stellt die Frage nach dem Sinn des Lebens, ja, mehr als das, er stellt die Existenz eines solchen Sinnes sogar in Frage [1].

Im besonderen ist es der junge Mensch, der es sich versagt, eine Antwort auf die Sinnfrage einfach aus den Händen der Tradition entgegenzunehmen, der es vielmehr wagt, sich selber und selbständig auf die Suche nach Sinn zu begeben. Nur wäre

1 Der Mensch ist also fähig, am Sinn des Lebens zu zweifeln. In dieser seiner Fähigkeit drückt sich aber eine der beiden spezifisch menschlichen Eigenschaften aus, nämlich die der Selbst-Transzendenz der Existenz. Analog wird nun die andere spezifisch menschliche Eigenschaft, nämlich die innere Möglichkeit der Selbst-Distanzierung, in der Fähigkeit sichtbar, über sich selbst zu lächeln. Mit anderen Worten: kein Tier kann zweifeln, noch kann es lächeln.

es zu wünschen, daß er diesen Mut auch mit Geduld paart, mit einer Geduld, die ihn instand setzt zu warten, bis einmal auch ihm so etwas wie ein Lebenssinn dämmert, und nicht aus der momentanen Emotion heraus das Leben wegzuwerfen[1]. Und daß es im besonderen der junge Mensch ist, der in dieser Hinsicht bedroht und gefährdet ist, geht nicht zuletzt aus einer Dissertation von Diana D. Young hervor, die an der Universität von Berkeley mit Tests und Statistiken nachweisen konnte, daß das Sinnlosigkeitsgefühl unter jungen Leuten signifikant mehr verbreitet ist als unter älteren. Die Gegenprobe wird von Karol Marshal vom East Side Mental Health Center in Bellevue, Washington, beigestellt, der berichtet, daß unter den Ratsuchenden die, die jünger sind als dreißig Jahre, das Center im allgemeinen wegen eines Sinnlosigkeitsgefühls aufsuchen: »They have a sense of purposelessness.« Diese Befunde bestätigen unsere Hypothese, der zufolge das Sinnlosigkeitsgefühl zunächst einmal auf den Instinktverlust, dann aber auch auf den Verlust der Geborgenheit in den Traditionen zurückzuführen ist; denn die für den jungen Menschen (gar erst in der Dritten Welt) so charakteristische Entfremdung gegenüber den Traditionen *muß* das Sinnlosigkeitsgefühl intensivieren.

Soviel zur Ätiologie der Massenneurose von heute. Nun zu deren Symptomatologie, und zwar im besonderen im Hinblick auf das zuletzt angeschnittene Thema, nämlich den jungen Menschen. Wir begegnen da einer »massenneurotischen Trias«, wie ich sie nenne: die zunehmende Jugendkriminalität, die so verbreitete Drogenabhängigkeit und die sich namentlich in der akademischen Jugend häufenden Fälle von Selbstmord.

Eine meiner Dissertantinnen, Betty Lou Padelford, konnte

1 Davor ist ja überhaupt zu warnen, und sei es auch nur unter Hinweis auf die Erfahrung von uns Psychiatern mit Patienten, die einen Selbstmordversuch unternommen hatten: Immer wieder stellt sich heraus, daß es zu guter Letzt, wenn auch erst viel später, vielleicht erst nach Jahren, doch noch einen Ausweg gab aus der Krise, eine Lösung für die Problematik, eine Antwort auf die Sinnfrage; *aber selbst dann, wenn dergleichen auch nur ein einziges Mal vorgekommen wäre – wer sagt mir, daß es nicht auch in meinem Falle so sein wird, eines Tages?* Diesen Tag jedoch muß ich erleben, für ihn muß ich mich aufsparen, und so werde ich mich denn auch nicht zu einem Schritt hinreißen lassen, der nicht mehr rückgängig zu machen ist.

anhand der von ihr getesteten 416 Studenten den Nachweis erbringen, daß der Grad des Sinnlosigkeitgefühls signifikant mit dem drug involvement index korrelierte: Dieser betrug in den existentiell nicht frustrierten Fällen durchschnittlich 4.25, während er in den existentiell frustrierten Fällen auf durchschnittlich 8.90, also auf mehr als das Doppelte, hinaufschnellte. Diese Forschungsergebnisse stimmen auch mit den von Glenn D. Shean und Freddie Fechtman erhobenen Befunden überein. Wenn wir Stanley Krippner glauben dürfen, dann liegt das Sinnlosigkeitsgefühl in 100 Prozent der Fälle der Drogenabhängigkeit zugrunde. Es versteht sich von selbst, daß eine das Sinnlosigkeitsgefühl als ätiologischen Faktor berücksichtigende und es mittels einer sinnzentrierten Psychotherapie ausräumende Rehabilitation Erfolg verspricht. So kommt es, daß Alvin R. Fraiser, der in Kalifornien ein Rehabilitationszentrum für Drogenabhängige leitet und dort die Logotherapie eingeführt hat, nicht die durchschnittliche, sondern *eine vierfache Erfolgsquote* verzeichnen konnte: »During my four years at the California Rehabilitation Center, approximately 260 narcotic addicts completed the treatment process in which I used logotherapy as the basis of treatment; 40 percent of these addicts remained drug-free in the community to which they were released. During the same four years, only 10 percent remained drug-free when released from dormitories in which traditional therapy was used.« (In: Reuven P. Bulka, Joseph B. Fabry and William S. Sahakian, »Logotherapy in Action«, Aronson, New York, p. 261).

Es ist also gar keine Frage, daß es in solchen Fällen von Sinnlosigkeitsgefühl zu einer *Flucht in die Sucht* gekommen war. Vom Alkoholismus gilt Analoges. Annemarie von Forstmeyer, eine Dissertantin an der California Western University, konnte im Zuge ihrer Forschungen den Nachweis dafür erbringen, daß in 90 Prozent der von ihr untersuchten chronischen Fälle von schwerem Alkoholismus ein ausgesprochenes Sinnlosigkeitsgefühl vorlag. Um so verständlicher ist es, daß James C. Crumbaugh aufgrund von Tests den Erfolg der Gruppen-Logotherapie in Fällen von Alkoholismus objektivieren und, ihn mit dem Erfolg anderer Behandlungsmethoden vergleichend, eine signifikante Überlegenheit der Logotherapie feststellen konnte

(James C. Crumbaugh, William M. Wood and W. C. Wood, »Logotherapy: New Help for Problem Drinkers«. Nelson-Hall, Chicago 1980).

Nun zur Kriminalität. Robert Jay Lifton, der bekannte Sozialpsychiater aus New York, hat einmal geschrieben: »Men are most apt to kill when they feel overcome by meaninglessness.« (Die Menschen neigen am ehesten dazu zu töten, wenn sie von einem Sinnlosigkeitsgefühl überwältigt werden.) Tatsächlich haben Black und Gregson von einer Universität in Neuseeland herausgefunden, daß Kriminalität und Lebenssinn in einem umgekehrt proportionalen Verhältnis zueinander stehen. Wiederholt in Gefängnisse eingelieferte Häftlinge unterschieden sich, gemessen am Lebenssinn-Test von Crumbaugh, von der durchschnittlichen Bevölkerung im Verhältnis von 86 zu 115 (wobei die Zahlen jeweils den Pegel erlebter Sinnerfüllung bedeuten). Damit stehen wir auch schon vor den Möglichkeiten einer logotherapeutischen Intervention, die ja als solche, als logotherapeutische, auf eine Überwindung des Sinnlosigkeitsgefühls durch Ingangsetzung von Sinnfindungsprozessen abzielt. Tatsächlich konnte Louis S. Barber bei jugendlichen Kriminellen, die in sein kalifornisches Rehabilitationszentrum eingeliefert und dort logotherapeutisch behandelt worden waren, binnen sechs Monaten den aufgrund von Tests ermittelten Pegel erlebter Sinnerfüllung von 86.13 auf 103.46 erhöhen und *die durchschnittliche Rückfallsrate von 40 Prozent auf 17 Prozent senken*.

Während man mit dem Konzept von »aggressiven Potentialen« die Menschen glauben macht, Gewalt und Krieg seien Schicksal, berichtet die Soziologin Carolyn Wood Sherif von der Pennsylvania State University, daß junge Psychologen, die in ein Pfadfinderlager geschmuggelt worden waren, imstande waren, unter drei Gruppen gegenseitige Aggressionen aufzubauen, und zwar durch sportliche Wettkämpfe. Ein einziges Mal waren die Aggressionen wie weggefegt, und das war der Fall, als die jungen Leute einen im lehmigen Boden steckengebliebenen Karren, mit dem die Lebensmittel in das Lager transportiert werden sollten, mobilisieren mußten; die sinnvolle Hingabe an eine Aufgabe hatte sie ihre Aggressionen buchstäblich vergessen lassen. Sollte nun, was von einzelnen gilt, nicht ebenso auch von der Menschheit im ganzen gelten? Und sollten wir uns nicht, im Rahmen sogenannter *Friedensforschung*, die Frage angelegen sein lassen, ob nicht auch für die Menschheit die einzige Chance letzten Endes in einer allen gemeinsamen Aufgabe liegt?

Zurück zur massenneurotischen Trias. Statistiker haben nachgewiesen, daß unter den amerikanischen Studenten als zweithäufigste Todesursache – nach dem Verkehrsunfall – der Selbstmord rangiert, wie J. E. Knoll vom Rhode Island College ermittelte. Dabei ist die Zahl der (nicht tödlich ausgegangenen) Selbstmord*versuche* 15mal höher[1]. Nun wird man immer wieder mit der gängigen und landläufigen Meinung konfrontiert, der Selbstmord und die zu ihm führende Depression seien im allgemeinen auf den Streß zurückzuführen, auf den Leistungsdruck, auf Überlastung mit großer Verantwortung und dergleichen. Demgegenüber hat sich herausgestellt, daß »Verantwortung nach den neuesten Erkenntnisses eines amerikanischen Forschungsteams eher Zufriedenheit des Arbeitnehmers mit seinem Job garantiert als entlastende Faktoren. Die Wissenschaftler untersuchten mehr als 2000 Menschen und fanden heraus, daß langweilige Beschäftigungen, die eigene Entscheidungen ausschließen, viel häufiger zu Depressionen und psychosomatischen Krankheiten führen als etwa Überlastung.« Für den Neurologen ist das nichts Neues. Es ist bekannt, daß Situationen der Entlastung mindestens so pathogen sein können wie Situationen der Belastung (Viktor E. Frankl, Walter Schulte, Manfred Pflanz und Thure von Uexküll). Der Mensch *bedarf* einer gewissen, einer gesunden, einer dosierten Spannung, nicht zuletzt der Spannung zwischen der Wirklich-

1 Laut Schätzungen von Dr. Calvin Frederick, chief of emergency mental health and disaster assistance at the National Institute of Mental Health, ist die Zahl der Selbstmordversuche sogar 50mal höher zu veranschlagen als die der Selbstmorde. In den USA hat sich auch herausgestellt, daß sich unter den jungen Leuten die Selbstmordrate während der letzten 20 Jahre nicht mehr und nicht weniger als verdreifacht hat. (Entnommen der Dissertation »The Logotherapeutic Intergenerational Encounter Group« von Mignon G. Eisenberg, Southeastern University, New Orleans 1980.)

keit und einer Möglichkeit, deren Verwirklichung auf ihn wartet[1].

Und *findet* er *zu wenig* Spannung, so verschafft er sie sich – eben darin sehe ich die Funktion des Sports (»Zur Anthropologie des Sports«, in: »Anthropologische Grundlagen der Psychotherapie«. Hans Huber, Bern 1975): Der Mensch fordert sich eine sportliche Leistung ab, um eine künstliche Streß-Situation herzustellen, und auch noch dort, wo er nur mehr ein Zuschauer ist und *passiv* Sport treibt, sucht er Spannung.

Es ist schon so, wie Hans Selye, der Begründer der Streß-Forschung, sagt: »Stress is the salt of life.« (Streß ist das Salz des Lebens[2].) Was nun die Beziehung zwischen Streß und Selbstmord anlangt, möchte ich Ihnen zu bedenken geben, daß man sich doch wohl kaum irgendwo anders soviel Streß vorstellen kann als, sagen wir, in Auschwitz, aber die wissenschaftliche Forschung auf dem Gebiete der Psychologie des Konzentrationslagers hat das übereinstimmende Ergebnis gezeitigt, daß der Selbstmord unverhältnismäßig selten war. Im Verhältnis zu den dort herrschenden Bedingungen und Umständen waren es nur wenige, die »in den Draht gelaufen sind«, das heißt in die mit elektrischer Hochspannung geladene Stacheldrahtumzäunung des Lagers. «Considering the inhuman conditions of life«, heißt es in einer Arbeit von Taysen, Kieler und Thygesen, »suicide was inexplicably rare«. (In Anbetracht der unmenschlichen Lebensbedingungen ist es unerklärlich, wie selten der Selbstmord war[3].) Und auf der anderen Seite avanciert der Selbstmord inmitten von Überfluß und mitten im Wohlfahrtsstaat zur zweithäufigsten Todesursache. Ist das nicht ebenso »unerklärlich«?

1 Und das ist nicht zuletzt an die Adresse der Erziehungswissenschaft gerichtet, die an der Phobie leidet, der junge Mensch dürfe nur ja nicht mit »Idealen« konfrontiert werden. Ich würde sagen, der junge Mensch *braucht* eine Aufgabe – eine Aufgabe *und das Vorbild* von Menschen, die ihre Aufgabe erfüllen!

2 Ein andermal: »Stress is the spice of life.« (Streß ist die Würze des Lebens.)

3 Vgl. die auf den Seiten 66–67 herangezogenen Untersuchungen, aus deren Ergebnissen der positive Aspekt der Streß-Problematik hervorgeht.

Nur, solange wir nicht aufhören, einer veralteten Motivationstheorie getreu am Menschen, wie er ist, vorbeizutheoretisieren. Nehmen wir doch einmal eine Statistik vor, die sich auf 60 Studenten an der Idaho State University bezieht, die Selbstmord versucht hatten: In 85 Prozent der Fälle ergab sich, was das Motiv anlangt, daß die Betroffenen in ihrem Leben keinen Sinn mehr sehen konnten. Ich möchte nun nicht mißverstanden werden. Ich persönlich glaube gar nicht, daß jeder Selbstmord beziehungsweise jeder Selbstmordversuch aus einem Sinnlosigkeitsgefühl heraus *unternommen* wurde; sehr wohl erscheint es mir aber denkbar, daß er *unterblieben* wäre, hätte nur der betreffende Mensch im Leben, ja vielleicht sogar noch in einem Leiden, einen Sinn gesehen. Wie sagt doch C. G. Jung: »Sinn macht vieles, vielleicht alles ertragbar.« Oder, um mit Nietzsche zu sprechen, »wer ein Warum zu leben hat, erträgt fast jedes Wie«.

Am bemerkenswertesten an der genannten Statistik scheint mir nun der Umstand zu sein, daß von den an einem Sinnlosigkeitsgefühl leidenden Studenten 93 Prozent physisch und psychisch gesund waren, in guten wirtschaftlichen Verhältnissen und im besten Einvernehmen mit ihren Familien lebten, im gesellschaftlichen Leben aktiv engagiert waren und auch mit ihren akademischen Fortschritten zufrieden sein konnten. Wie wollen Sie so etwas verstehen, wenn Sie nicht davon ausgehen, daß der Mensch eigentlich – und dort, wo er es nicht mehr ist, so doch wenigstens ursprünglich – darauf aus ist, in seinem Leben einen Sinn zu finden und diesen Sinn zu erfüllen? Das ist es auch, was ich mit dem motivationstheoretischen Konzept eines »Willens zum Sinn« (»Der unbedingte Mensch«, Franz Deutikke, Wien 1949) umschreibe. *Findet* der Mensch einen Sinn, dann (aber eigentlich auch *nur* dann) ist er glücklich – einerseits; denn andererseits ist er dann auch leidensfähig. Wenn es nötig sein sollte, ist er dann nämlich auch fähig, Entbehrungen auf sich zu nehmen, ja sein Leben aufs Spiel zu setzen (denken wir doch nur an die politischen Widerstandskämpfer!). Umgekehrt aber, wenn er um *keinen* Sinn des Lebens weiß, dann pfeift er aufs Leben, auch wenn es ihm äußerlich noch so gut gehen mag, und unter Umständen schmeißt er es dann eben weg. *Trotz Wohlstand und Überfluß* [1]. Denn die *Industriegesellschaft* befriedigt praktisch alle Bedürfnisse des Menschen, ja von der *Konsumgesellschaft* werden einzelne Bedürfnisse überhaupt erst erzeugt. Nur *ein* Bedürfnis geht leer aus, und das ist das Sinnbedürfnis des Menschen – das ist sein Wille zum Sinn. *Er* wird unter den gesellschaftlichen Bedingungen von heute eigentlich nur frustriert! Und nicht nur von der Wohlstandsgesellschaft, sondern auch vom Wohlfahrtsstaat.

Jerry Mandel von der United States International University hat einmal auf diese Problematik aufmerksam gemacht: »Die Technik hat uns erspart, all unsere Fähigkeiten für den Kampf ums Dasein einzusetzen. So haben wir einen Wohlfahrtsstaat entwickelt, der garantiert, daß man ohne persönliche Anstrengung am Leben bleiben kann. Wenn es einmal so weit ist, daß dank der Technik 15 Prozent der amerikanischen Arbeiter tatsächlich für die Bedürfnisse der ganzen Nation aufkommen können, dann stellen sich uns zwei Probleme: Wer soll zu den 15 Prozent gehören, die da arbeiten, und was sollen die anderen mit ihrer freien Zeit anfangen – und mit dem Verlust ihres Lebenssinns? Mag sein, daß die Logotherapie dem Amerika des nächsten Jahrhunderts mehr zu sagen haben wird, als sie dem Amerika dieses Jahrhunderts bereits gegeben hat.« Was sich da aber auf der phylogenetischen Ebene abzeichnet, spielt sich rings um uns auf der ontogenetischen Ebene ab. Sobald die Leute genug haben, *wovon* sie leben können, stellt sich heraus, daß sie nicht wissen, *wofür* sie leben könnten. Rolf von Eckartsberg verdanken wir eine ausgedehnte Längsschnittuntersuchung: 20 Jahre nach ihrer Graduierung klagte ein erheblicher Prozentsatz ehemaliger Harvard-Studenten – obwohl sie »sehr erfolgreich in ihrem Beruf waren und sehr gut verdienten« – über ein abgründiges Gefühl von Sinnlosigkeit, und sie »berichteten ganz spontan von einer *Krise* in ihrem Leben, die sich auf die Frage nach dem Sinn ihres Lebens bezog«. Was heute »die Krise in der Mitte des Lebens« genannt wird, ist im Grunde eben eine Sinnkrise, und zu solchen Sinnkrisen gehört

1 *Ja gerade* in Wohlstand und Überfluß. Denn dann wird er, wie wir – im Zusammenhang mit Sport – bereits gehört und gesehen haben, zu wenig »gefordert«, was sich ebenfalls pathogen auswirkt.

auch die Pensionierungskrise, die Sonntagsneurose und, last but not least, die *Arbeitslosigkeitsneurose*, ein Krankheitsbild, das ich bereits im Jahre 1933 in der »Sozialärztlichen Rundschau« beschrieben habe, und zwar aufgrund von Erfahrungen, die ich im Rahmen einer von der *Arbeiterkammer* gestarteten Aktion »Jugend in Not« sammeln konnte. Es hatte sich herausgestellt, daß die Not eben nicht nur eine wirtschaftliche, sondern auch eine seelische war. Ohne Arbeit erschien den Leuten das Leben sinnlos – sie selbst kamen sich nutzlos vor. Das Bedrückendste war nicht die Arbeitslosigkeit an sich, sondern das Sinnlosigkeitsgefühl. Der Mensch lebt nicht von der Arbeitslosenunterstützung allein. Und viel scheint sich da nicht geändert zu haben in den verflossenen 45 Jahren. Darüber belehrt uns ein Blick auf die von Ali Wacker vorgelegten »aktuellen Ergebnisse der sogenannten Arbeitslosenforschung«: »Viel schwerer als die finanziellen Belastungen wiegen die psychischen Pressionen, unter denen die Arbeitslosen zu leiden haben. Sie fühlen sich ›nutzlos‹ und ›überflüssig‹.«

Aber nicht nur arbeitslose, sondern auch *nicht* arbeitslose Arbeiter leiden heute an einem Sinnlosigkeitsgefühl: »They have a good job, they're successfull but they want to kill themselves, because they find life meaningless«, schreibt der Direktor des Behavior Therapy Center in New York, Leonard Bachelis. Da geht das Sinnlosigkeitsgefühl sogar bis zum Selbstmord. So einfach dürfen wir es uns also nicht machen, daß wir das Sinnlosigkeitsgefühl auf die gesellschaftlichen und wirtschaftlichen Bedingungen zurückführen. Vielmehr gilt, was Elisabeth Noelle-Neumann vom Institut für Demoskopie in Allensbach sagt: »Offenbar müssen wir jene Vorstellung aufgeben, die heute noch in einem großen Teil der Welt geglaubt wird, daß nämlich durch bessere Güterversorgung und höheren wirtschaftlichen Lebensstandard mehr menschliches Glück geschaffen wird.« Mehr Glück und weniger Neurosen. Denn, um Elisabeth S. Lukas zu zitieren, die seit Jahren eine logotherapeutische Praxis ausübt: »Sie werden staunen, wenn Sie einen Blick in die Praxis des Psychotherapeuten von heute werfen. Die wenigsten Patienten, die Sie da antreffen werden, befinden sich in einer echten äußeren Notlage. Patienten sind neurotisch ohne reale

Bedrängnis und echten Notstand. Und dem gegenüber stehen auch heute noch Arme und Bedürftige, Vertriebene und Heimatlose, Sozialhilfeempfänger, Fabrik- und Gastarbeiter mit großen Familien und hungrigen Kindern, Menschen, die in zu kleinen Unterkünften wohnen und den Kindern kaum das Nötigste zum Leben bieten können – aber sie sind psychisch weitgehend gesund, sie haben keine Neurosen und keine Selbstmordgedanken, sie haben keine Zeit für Ängste und kein Geld für teure Therapien. Ich arbeite seit Jahren in einer städtischen Beratungsstelle für Erziehungs- und Lebensprobleme, also praktisch im öffentlichen Dienst, und alle Therapien, auch die langwierigsten sind bei uns kostenfrei. Und dennoch ist unsere Klientel nicht die Schicht der Armen und Notleidenden. Ausgesprochen psychisch Kranke finden sich in der Mittel- und Oberschicht. Es sind, ob Sie es glauben oder nicht, Menschen, denen es rein äußerlich gut geht und die glücklich sein könnten. Daß sie es nicht sind, liegt vielfach daran, daß sie am Sinn ihres Lebens zweifeln oder daß sie den Sinn ihres Lebens verloren haben.« Soweit Elisabeth S. Lukas.

Wie aktuell die Sinnfrage und wie akut das Problem des Sinnlosigkeitsgefühls ist, hat sich zum Glück auch schon bis zu uns herumgesprochen. Der *Kongress des Österreichischen Gewerkschaftsbundes* hat ausdrücklich zu verstehen gegeben: »Die heranwachsende Generation sucht nach einem Lebensinhalt.« Umgekehrt scheint es Bruno Kreisky »das Wichtigste zu sein, sich gegen die Vorstellung von einer Sinnlosigkeit des Lebens zu stellen«. So oder so: in einem Aufsatz, der unter dem Titel »Die politische Relevanz der Frage nach dem Lebenssinn« in der »Sozialwirtschaftlichen Korrespondenz«, einer »Zeitschrift für Sozial- und Wirtschaftspolitik«, erschienen ist, schreibt H. Christoph Günzl folgendes: »Wenn wir die Massenmedien als Indikatoren nehmen, werden wir finden, daß dort eine Vokabel auftaucht, die vorher kaum zu hören oder zu lesen war, und diese Vokabel lautet: ›Sinn‹. Es scheint also, daß die Frage nach dem Sinn des Lebens virulent zu werden beginnt. Dieser Umstand gewinnt nun auch politische Bedeutung. ... Die Frage nach dem Lebenssinn hat plötzlich parteipolitische Relevanz bekommen«, meint Günzl und glaubt auch den Grund zu kennen: »Wenn in der Vergangenheit einmal Fragen der Wirtschaft und später Fragen der Gesellschaft das politische Klima bestimmten, so beginnt nun offensichtlich eine Entwicklungsphase, die von der Sinnfrage beherrscht wird.« Günzl prophezeit dann, das politische Geschehen werde »von der Faszination bestimmt sein, die aus diesem Fragenkomplex kommt, und jene politische Partei, die hierauf Antworten zu geben vermag, wird von dieser Faszination profitieren«.

Clemenceau hat bekanntlich einmal gesagt: »Der Krieg ist eine so ernste Sache, daß er nicht den Generälen überlassen werden darf.« Ich glaube, daß auch die Bekämpfung des Sinnlosigkeitsgefühls zu ernst ist, als daß wir sie den Parteipolitikern überlassen dürften.

Die Eskalation der Selbstmordziffern, mit der wir heute konfrontiert werden, beweist uns, *daß es unter den herrschenden gesellschaftlichen Bedingungen trotz materiellem Wohlstand zu einer existentiellen Frustration kommen kann*. Die Industrie- und Konsumgesellschaft frustriert den Willen zum Sinn. Darüber hinaus aber wird er von der Wissenschaft gar nicht zur Kenntnis genommen. Für die sogenannten Humanwissenschaften fällt das Phänomen, Wille zum Sinn genannt, auf einen blinden Fleck. Vielfach sind die Humanwissenschaften an das eigentliche Humanum noch gar nicht herangekommen. Sie sind nicht humanistisch, sondern homunkulistisch (Viktor E. Frankl, »Homo patiens«. Franz Deuticke, Wien 1950). Sie handeln von einem Artefakt, einem Kunstprodukt. Was ihnen zugrunde liegt, ist nicht ein Bild vom wirklichen Menschen, also eine Anthropologie, sondern eine Monadologie, nämlich das Bild vom Menschen als einem geschlossenen System. Der Mensch wird hingestellt als ein Wesen, das entweder nur auf Reize reagiert (das behavioristische Modell) oder nur Triebe abreagiert (das psychodynamische Modell). Der Mensch steht dann da wie ein Wesen, dem es längst nicht mehr um eine Sache oder um einen Partner geht, vielmehr sind Sachen und Partner nichts als Mittel zum Zweck, die gerade dazu taugen, sich an ihnen abzureagieren und auf diese Art und Weise Spannungen loszuwerden. Was da übersehen und vergessen wird, ist die «Selbst-Transzendenz« (Viktor E. Frankl, »Der unbedingte

Mensch«. Franz Deuticke, Wien 1949) menschlicher Existenz: Der Mensch ist nicht nur ein reagierendes und ein abreagierendes, sondern ein sich selbst transzendierendes Wesen. Und menschliches Dasein weist immer über sich selbst hinaus, weist immer auf etwas, das nicht wieder es selbst ist – auf etwas oder auf jemanden, auf einen Sinn oder auf mitmenschliches Sein. Erst im Dienst an einer Sache oder in der Liebe zu seinem Partner wird der Mensch ganz Mensch und ganz er selbst. Es ist wie mit dem Auge, das seiner Funktion, die Welt zu sehen, nur in dem Maße nachkommen kann, in dem es nicht sich selbst sieht. Wann sieht denn das Auge etwas von sich selbst? Doch nur, wenn es krank ist: Wenn ich an einem grauen Star leide und eine »Wolke« sehe oder an einem grünen Star leide und rings um eine Lichtquelle Regenbogenfarben sehe, dann sieht mein Auge etwas von sich selbst, dann nimmt es seine eigene Krankheit wahr. Im gleichen Maße ist dann aber auch mein Sehvermögen gestört. Sich selbst verwirklichen kann der Mensch also eigentlich nur in dem Maße, in dem er sich selbst vergißt, in dem er, wie das Auge, sich selbst übersieht. Mit einem Wort, die heute so vielzitierte Selbstverwirklichung ist nur zu haben um den Preis von Selbst-Transzendenz.

Und gleiches gilt von der heute so viel strapazierten Identität: In der Hingabe an eine Aufgabe, im Dienst an einer Sache fällt mir Identität in den Schoß. »Was der Mensch ist«, sagt Karl Jaspers mit Recht, »das ist er durch die Sache, die er zur seinen macht.« Letzten Endes sind die Identitätskrisen – Sinnkrisen. Aber wann ist denn der Mensch so sehr auf Selbstverwirklichung bedacht, wann ist er in diesem Sinne auf sich selbst reflektiert? Verrät nicht das forcierte Streben nach Selbstverwirklichung ein frustriertes Streben nach Sinnerfüllung? Wie der Bumerang, der zum Jäger, der ihn geschleudert hat, nur dann zurückkehrt, wenn er das Ziel, die Beute, verfehlt hat, so ist auch nur *der* Mensch so sehr auf Selbstverwirklichung aus, der zunächst einmal in der Erfüllung von Sinn gescheitert ist, ja, vielleicht nicht einmal imstande ist, einen Sinn auch nur zu finden, um dessen Erfüllung es ginge.

Auch das Glück entzieht sich uns genau und gerade in dem Maße, in dem wir es forciert intendieren. Aber es stellt sich automatisch ein, wenn wir unsere Selbst-Transzendenz ausleben, sei es in der Arbeit, sei es in der Liebe. Das Glück ist ein »Effekt«, der sich nicht »haschen« läßt. Albert Schweitzer hat einmal gemeint, die einzigen wirklich glücklichen Menschen, die er jemals getroffen habe, seien jene gewesen, die im Dienst an einer Sache aufgingen. Und Rabindranath Tagore hat den gleichen Gedanken in einem (auf den Seiten 87–88 wiedergegebenen) Gedicht zum Ausdruck gebracht.

Was aber die Selbst-Transzendenz nicht in der Arbeit, sondern in der Liebe anlangt, beobachten wir Psychiater diese Unintendierbarkeit des Glücks und dessen »Effekt«-Charakter wohl am flagrantesten in Fällen von Sexualneurose: Je mehr es einem um die sexuelle Lust geht, um so mehr vergeht sie einem auch schon. Je mehr es einem männlichen Patienten nicht etwa darum geht, an seine jeweilige Partnerin und was immer an sexuellem Reiz von ihr ausgehen mag, sich schlicht hinzugeben, je mehr es ihm vielmehr bloß darum zu tun ist, seine *Potenz* zu demonstrieren, um so mehr ist er in seiner Potenz auch schon gehemmt. Und je mehr es einer weiblichen Patientin darum zu tun ist, sich selbst zu beweisen, daß sie eines vollen *Orgasmus* fähig ist, um so größer sind auch die Chancen, daß sie sich als frigid erweist.

Wir Logotherapeuten behandeln Impotenz und Frigidität, indem wir die forcierte Intention der sexuellen Lust, deren »Hyper-Intention«, wie wir sie nennen, im Wege einer logotherapeutischen Technik bekämpfen, die auf das Jahr 1947 (Viktor E. Frankl, »Die Psychotherapie in der Praxis«. Franz Deuticke, 1. Auflage, Wien 1947) zurückgeht. Sie hält sich an die uralte Empfehlung »abstinendo obtinere«. Hat die Therapie doch zunächst einmal auf einem Koitusverbot zu bestehen. Und die Erlassung dieses Koitusverbots muß der Patient auch der Partnerin melden. In ihrem eigenen Interesse wird sie daraufhin vermeiden, auf ihn noch weiter einen sexuellen Leistungsdruck auszuüben. Sobald aber diese subjektive Entlastung stattgefunden hat, darf sich der Patient sukzessive in immer weniger fragmentarische Formen des Vorspiels einüben, muß aber den eigentlichen Koitus so lange vertagen, bis er eines Tages vor dem »fait accompli« steht.

Der Kundige wird bemerken, daß die 1970 von Masters und Johnson entwickelte und 1976 von ihnen »new sex therapy«[1] genannte Behandlungsmethode der 1947 von mir publizierten Behandlungstechnik in vielen Punkten sehr ähnlich und so denn auch nicht gar so »new« ist[2]. Wirklich neu ist eher ein Krankheitsbild, das von Ginsberg, Frosch und Shapiro »new impotence« genannt und von ihnen ebenso wie von Stewart auf den sexuellen *Leistungsdruck* zurückgeführt wird. Tatsächlich übt die »Leistungsgesellschaft« von heute auch in sexueller Hinsicht einen Leistungsdruck auf den Menschen aus.

Dazu kommt noch der deletäre Einfluß von Aufklärungsindustrie und sexueller Vergnügungsindustrie. Wir Psychiater erfahren es immer wieder von unseren Patienten, wie sehr diese Industrien dazu führen, daß Potenz und Orgasmus forciert intendiert werden. Es ist aber auch kaum zu glauben, wie sehr die Konsumenten auf die Heuchelei hereinfallen, mit der die »Sexual-Industrie« ihre heiße Ware verbrämt. Als ich in Toronto durch die berüchtigte Yonge Street geführt wurde, ein Vergnügungszentrum, dessen Fortbestehen gerade von einer überwältigenden *Bürgerinitiative* bedroht wurde, konnte ich über den Porno Shops Aufschriften lesen wie

1 »Principles of the new sex therapy«, American Journal of Psychiatry 133, 548, 1976.

2 Was William S. Sahakian und Barbara Jacquelyn Sahakian bereits 1972 aufgefallen ist (»Logotherapy as a Personality Theory«, Israel Annals of Psychiatry 10, 230, 1972). Analog äußern sich L. Michael Ascher (»Paradoxical Intention Viewed by a Behavior Therapist«, The International Forum for Logotherapy 2, 13, 1980) und Reuven P. Bulka (»The Quest for Ultimate Meaning: Principles and Applications of Logotherapy«, Philosophical Library, New York 1979). Wie denn überhaupt »viele Elemente der Logotherapie, für welche sie jahrelang gekämpft hat, in sogenannten Neuentdeckungen anderer Richtungen wiedergefunden« werden können, um mit Elisabeth Lukas zu sprechen (»Logotherapie – eine notwendige Bedingung moderner Erziehungs- und Lebensberatung«. Vortrag, gehalten in der Österreichischen Ärztegesellschaft für Psychotherapie am 15. März 1978). Im besonderen gilt dies wohl für die logotherapeutische Technik der paradoxen Intention, von der L. Michael Ascher sagt: »Behavioral techniques have been developed which appear to be translations of paradoxical intention into learning terms.« (Es gibt verhaltenstherapeutische Techniken, die einfach Übersetzungen der paradoxen Intention in die lerntheoretische Terminologie zu sein scheinen.)

»Helft uns, die Freiheit zu verteidigen« und »Verteidigt eure Menschenrechte«.

Verlassen wir aber Toronto und die Yonge Street, und betreten wir zur Abwechslung einmal den Wiener Prater: Es zeigte sich, daß unter den Besuchern dieses berühmten Vergnügungsparks der Pegel existentieller Frustration signifikant höher war als in der Wiener Durchschnittsbevölkerung (wo er mit den für Amerika und Japan gemessenen und veröffentlichten Werten zu vergleichen ist). Es handelt sich um ein Ergebnis der empirischen Forschungen, die wir Elisabeth S. Lukas (»Logotherapie als Persönlichkeitstheorie«. Dissertation, Wien 1971) verdanken. Mit anderen Worten, der Mensch, der so besonders auf Genuß und Vergnügen aus ist, erweist sich letztlich als einer, der hinsichtlich seines Willens zum Sinn frustriert geblieben ist.

Jemand hat einmal die Psychoanalytiker als »unverbesserliche Materialisten« bezeichnet. Und zwar war das Sigmund Freud selbst (Schriften, Londoner Ausgabe, Band XVII, p. 293). Ich bin nun gefaßt darauf, daß Sie mich nach alledem, was ich zum Willen zum Sinn als der primären menschlichen Motivation gesagt habe, als einen »unverbesserlichen *Idealisten*« beschimpfen werden. Sie werden mir vorwerfen, daß ich bereits 1938 eine »Höhenpsychologie« vorgeschlagen habe, was ja stimmt, aber ich habe sie ausdrücklich für etwas ausgegeben, das die Tiefenpsychologie ergänzen muß und nicht ersetzen kann. Sie werden mir aber auch nachsagen, daß ich mit meiner Hypothese von einem Willen zum Sinn den Menschen auf ein zu hohes Podest stelle, daß ich ihn überschätze und damit auch überfordere. In diesem Zusammenhang fällt mir aber immer ein, was mir einmal mein kalifornischer Fluglehrer gesagt hat: »Angenommen, ich will nach Osten fliegen, während ein Seitenwind von Norden kommt, dann würde ich mit meinem Flugzeug nach Südosten abgetrieben werden; steuere ich hingegen die Maschine nach Nordosten, dann fliege ich tatsächlich nach Osten und lande dort, wo ich landen will.« Ergeht es uns aber mit dem Menschen nicht ebenso? Nehmen wir ihn einfach so, wie er ist, dann machen wir ihn schlechter; nehmen wir ihn hingegen so, wie er sein soll, dann machen wir ihn zu dem, der er werden kann. Das hat mir allerdings nicht mein kalifornischer Fluglehrer gesagt, sondern das ist bekanntlich ein Wort von Goethe.

Jedenfalls läßt sich der Wille zum Sinn nicht als »wishful thinking« abtun. Eher handelt es sich um »self-fulfilling prophecy«, wie die Amerikaner eine Arbeitshypothese nennen, die das, was sie entwirft, zu guter Letzt auch hervorbringt. Und wir Ärzte erleben das ja täglich und stündlich, sprechstündlich. So etwa, wenn ich einem Patienten den Blutdruck messe, und der ist, sagen wir, 160; sage ich das dem Patienten, dann ist er nicht mehr 160, sondern inzwischen ist er auf 180 gestiegen. Denn der Patient fürchtet sich vor einem Schlaganfall. Sage ich ihm hingegen – auf seine bange Frage –, praktisch sei der Blutdruck normal, er habe also nichts zu befürchten, dann ist der Patient beruhigt, und der Blutdruck ist auch wirklich nur noch 140.

Dabei handelt es sich beim Willen zum Sinn viel weniger um »prophecy« als vielmehr um »empiry«. Das Konzept ist nämlich längst auch rein empirisch verifiziert und validiert worden. Nachdem Abraham Maslow bereits 1966 (»Comments on Dr. Frankl's Paper«, Journal of Humanistic Psychology 6, 107) geschrieben hatte: »I agree entirely with Frankl that man's primary concern is his will to meaning«, haben sich Crumbaugh und Maholick (»Ein psychometrischer Ansatz zu Viktor Frankls Konzept der noogenen Neurose«, in: Nikolaus Petrilowitsch, »Die Sinnfrage in der Psychotherapie«. Darmstadt 1972) sowie Elisabeth S. Lukas (»Logotherapie als Persönlichkeitstheorie«. Dissertation, Wien 1971) anhand von Tausenden von Versuchspersonen um die empirische Grundlegung der Lehre vom Willen zum Sinn bemüht, nicht zuletzt, indem sie eigene Tests entwickelt haben. Inzwischen werden immer mehr Statistiken bekannt, aus denen die Legitimität unserer Motivationstheorie hervorgeht. Aus der Fülle des in letzter Zeit angefallenen Materials greife ich nur die Ergebnisse eines Forschungsprojekts heraus, das vom American Council on Education gemeinsam mit der University of California in Angriff genommen worden war. Unter 189733 Studenten an 360 Universitäten galt das primäre Interesse von 73,7 Prozent – es handelt sich um den höchsten Prozentsatz! – einem einzigen Ziel: »developing a meaningful philosophy of life« – sich zu einer Weltanschauung durchzuringen, von der aus das Leben sinnvoll ist. Es darf hier aber auch auf das Ergebnis einer zweijährigen statistischen Untersuchung verwiesen werden, die vom National Institute of Mental Health veröffentlicht wurde und aus der hervorgeht, daß von 7948 Studenten an 48 amerikanischen Hochschulen etwa 16 Prozent ihr Ziel darin sahen, »to make a lot of money« – möglichst viel Geld zu machen; während die Spitzengruppe – es handelte sich um 78 Prozent – eines wollte: »to find a meaning and purpose to my life« – in ihrem Leben einen Sinn finden. Und bei den zuletzt zitierten statistischen Untersuchungen handelt es sich um Forschungen, die *nicht* von Schülern von mir durchgeführt wurden.

Dergleichen gilt aber auch von Erwachsenen und nicht nur von jungen Leuten. Das University of Michigan Survey Research Center veranstaltete eine Befragung von 1533 Arbeitern hinsichtlich des Wertes, den sie der Arbeit beimessen. Die Befragung ergab, daß gute Bezahlung erst an fünfter Stelle rangierte. Auch Oliver A. Phillips, einer der Forscher, die die Logotherapie auf das Management anwenden, sagt bezüglich der Priorität von Sinn gegenüber Geld: »More people than ever downgrade money on their list of priorities.« (»New Course for Management«, in: »Logotherapy in Action«, herausgegeben von Bulka, Fabry und Sahakian. Aronson, New York 1979.) Ein anderer unter diesen Forschern, George A. Sargent, warnt davor, die unter den Arbeitern um sich greifende Malaise aufgrund veralteter motivationstheoretischer Modelle zu interpretieren: »Those studying the problem of work alienation usually base their analyses on implicit acceptance of psychoanalytic, stimulus-response, or need-deprivation models. Logotherapy provides a better alternative with its coherent motivational theory focusing on man's search for meaning.« (Diejenigen, die das Problem der Entfremdung am Arbeitsplatz erforschen, gründen ihre Analysen auf die implizite Übernahme des psychoanalytischen Modells, des »Reiz-Reaktionsschemas« oder der »Bedürfnis-Versagungs-Theorie«. Die Logotherapie jedoch bietet mit ihrer systematischen Motivationstheorie, in deren Zentrum der Mensch als sinnsuchendes Wesen steht, eine bessere Alternative. – »The Work Situation«, in: Bulka, Fabry und Sahakian, l. c.)

Anscheinend kommt dem Willen zum Sinn etwas zu, für das die moderne Psychologie den Ausdruck »survival value« geprägt hat. Es war nicht zuletzt die Lektion, die ich aus Auschwitz und Dachau mit nach Hause nehmen konnte: daß diejenigen am ehesten fähig waren, sogar noch solche Grenzsituationen zu überleben, die ausgerichtet waren auf die Zukunft, auf etwas, das auf sie wartete, oder auf jemanden, der auf sie wartete. Und eine Reihe von Psychiatern haben dies später für Kriegsgefangene in japanischen, nordkoreanischen und nordvietnamesischen Lagern bestätigen können. Das wurde mir übrigens auch von den drei amerikanischen Offizieren bestätigt, die in Nordvietnam die längste Kriegsgefangenschaft (bis zu sieben Jahren) überlebt hatten und, wie der Zufall es wollte, an der US International University in Kalifornien meine Studenten waren. Dort haben sie in meinem Seminar ausführlich über ihre Erfahrungen referiert, und das übereinstimmende Resümee lautete: Es war der Wille zum Sinn, der sie letzten Endes am Leben erhalten hatte. Sollte nun, was von einzelnen gilt, nicht ebenso auch von der Menschheit im ganzen gelten, um diese Frage zu wiederholen? Und sollte nicht auch für das Überleben der Menschheit die einzige Chance letzten Endes in einem *gemeinsamen* Willen zu einem *gemeinsamen* Sinn liegen? Das böte auch die einzige Chance, daß es einmal eine Zeit *ohne* Konzentrationslager gibt!

A propos Konzentrationslager: Im Konzentrationslager Theresienstadt wurde einmal ein Transport mit an die tausend jungen Menschen zusammengestellt, und am nächsten Morgen ging es ins Konzentrationslager Auschwitz. Am selben Morgen aber mußte festgestellt werden, daß in der Nacht in die Lagerbücherei eingebrochen worden war. Jeder einzelne der Todgeweihten hatte sich Werke seiner Lieblingsdichter, aber auch wissenschaftliche Bücher in den Rucksack gestopft. Als Reiseproviant auf die Fahrt ins (zum Glück noch) Unbekannte. Und jetzt soll mir noch jemand kommen und sagen: »Erst kommt das Fressen, dann kommt die Moral.«

Der Wille zum Sinn tritt also nicht etwa erst dann in Erscheinung, wenn die »niedrigeren« Bedürfnisse, die »basic needs« nach Abraham Maslow, befriedigt worden sind und den »höheren« Bedürfnissen Platz gemacht haben. Mit Abraham Maslows Lehre von der Bedürfnishierarchie kommen wir da nicht weiter. Die Befriedigung der niedrigeren Bedürfnisse ist nämlich keineswegs eine notwendige Bedingung für das Ringen um Sinn. Die Sinnfrage flammt ja auch in den Todeslagern und auf den Sterbebetten auf. Da gilt nicht »primum vivere, deinde philosophari« (zuerst am Leben bleiben – dann werden wir sehen, dann können wir noch immer weiterreden), sondern »primum philosophari, deinde mori« (zuerst mit der Sinnfrage ins reine kommen – und dann hingehen und sterben).

Ebensowenig ist die Befriedigung der niedrigeren Bedürfnisse eine hinreichende Bedingung dafür, daß auch ein höheres Bedürfnis wie das Sinnbedürfnis befriedigt wird. Oder haben wir noch zu wenig dokumentiert, daß die Sinnfrage just in der Wohlstands- und Überflußgesellschaft aufbricht?

Wir gehen also wohl nicht fehl, wenn wir in dieser seiner Unabhängigkeit von der Befriedigung der anderen Bedürfnisse eine Bestätigung unserer Hypothese erblicken, der zufolge der Wille zum Sinn eine Motivation sui generis repräsentiert, die sich weder auf die anderen Bedürfnisse zurückführen noch von ihnen herleiten läßt (wie dies ja bereits von Crumbaugh, Kratochvil, Lukas, Maholick und Planova auch empirisch bewiesen werden konnte).

Fragen wir uns, wie es dazu kommen konnte, daß das fundamental-anthropologische Phänomen der Selbst-Transzendenz im Rahmen des wissenschaftlichen Psychologiebetriebs einfach beiseitegeschoben wurde, so empfiehlt es sich vielleicht, von einer freilich sehr freizügig und eigenwillig modifizierten Fassung des Heisenberg-Gesetzes auszugehen, indem wir schlicht feststellen, daß die bloße Beobachtung eines Prozesses eben diesen Prozeß auch schon beeinflußt. Und so geht denn auch eine (nicht phänomenologisch vorgehende, vielmehr) sich am naturwissenschaftlichen Methodenmodell orientierende Psychologie »menschlichen Verhaltens« – wie dieser detachierte Ausdruck lautet – insofern mit einer Verfälschung, mit einer Denaturierung, mit einer Dehumanisierung des menschlichen Subjekts einher, als bei dessen Beobachtung nicht zu umgehen ist, daß dieses Subjekt in ein Objekt transformiert wird. Nun gehört es aber zum Wesen eines Subjekts, daß es sich selber und seinerseits auf Objekte bezieht, und zwar ist es die Intentionalität im Sinne der Phänomenologie von Brentano, Husserl und Scheler, die die Beziehung zwischen dem intentionalen Subjekt bzw. den von ihm ausgehenden intentionalen Akten und den intentionalen Gegenständen herstellt. Sobald wir nun das Subjekt-Sein des Subjekts außer acht lassen, verlieren wir aus dem Auge, daß es eigene Objekte hat.

Menschliches Verhalten ist eigentlich nur in dem Maße wirklich menschlich, in dem es sich letzten Endes um ein In-die-Welt-hinein-Agieren handelt, und das Agieren läßt sich wieder auf ein Von-der-Welt-her-motiviert-Werden zurückführen. Tatsächlich liefert uns die Welt die Motive, die uns zum Handeln herausfordern. Sie gibt uns die Gründe, uns so oder so mit ihr einzulassen, sei es, daß wir etwas tun, sei es, daß wir jemanden lieben. Und alle diese Gründe werden ausgeklammert, wenn das Subjekt zu einem Objekt wird und um seine eigenen Objekte kommt. Der Mensch ist dann nicht mehr ein «in der Welt seiender« (Martin Heidegger), nicht mehr ein in die Welt eingebetteter, sondern nur noch eine welt-lose Monade, und sein Verhalten ist grund-los und daher un-menschlich.

Und für die Gründe, die solcherart mit der Welt aus der Welt geschafft werden, müssen Ursachen einspringen. Der Unterschied? Nehmen wir das Zwiebel-Beispiel: Wenn ich Zwiebeln schneide, treten mir die Tränen in die Augen. Das hat eine Ursache: ätherische Öle reizen meine Tränendrüsen; aber ich habe keinen *Grund* zum Weinen. Einen *Grund* zum Weinen hätte ich, sagen wir, wenn jemand stürbe, den ich liebe.

Die naturwissenschaftliche Psychologie behilft sich, indem sie in Ermangelung von »Gründen«, die ein gegenstands-los gewordenes Subjekt – mit einem Wort, ein Objekt – dazu zu »bewegen« vermöchten, in die Welt hinein zu agieren – in eine Welt hinein, die es ja dann nicht mehr gibt – nunmehr Ursachen konstruiert: Das behavioristische Modell konstruiert seine diversen konditionierenden Prozesse, das psychodynamische Modell seine Triebe. Aus dem in die Welt hinein *agierenden* Homo humanus wird ein je nachdem auf Reize *reagierender* oder Triebe *abreagierender* – Homunculus.

Wir sind davon ausgegangen, daß der Wille zum Sinn von der Wissenschaft ignoriert wird. Nicht weniger wird seine Frustration ignoriert. Wie wollen Sie aber die Depression der 60 Studenten an der Idaho State University diagnostisch verstehen oder gar eine solche Depression therapeutisch behandeln aufgrund »der klassischen Theorie über die Psychodynamik der Selbstmordhandlung, die folgendes besagt: Auf einen Objektverlust wird zunächst mit Haß reagiert. Dieser Haß muß aber sofort abgewehrt werden. Die Abwehr geschieht durch Regression auf orale Erlebnisweisen mit der Phantasie, sich das verlorene Objekt einzuverleiben. Der Haß wendet sich gegen die eigene Person.« [1] Denn «kein Neurotiker verspürt Selbstmordabsichten, der solche nicht von einem Mordimpuls gegen andere auf sich zurückwendet« [2].

Oder glauben Sie, Sie hätten die 60 Selbsmordversuche an der Idaho State University verhüten können, wenn Sie sich zur Abwechslung nicht an Psychoanalytiker gehalten hätten, sondern an einen der repräsentativsten Vertreter der lerntheoretisch begründeten Verhaltensmodifikation, der meint, in Fällen von Depression »sollte der Patient Telefonanrufe besorgen, auf der Wiese das Gras mähen oder Geschirr spülen, und diese Betätigungen sollten vom Therapeuten gelobt und anderweitig belohnt werden« (American Journal of Psychotherapy 25, 362, 1971)? Ich fürchte, mit derlei Maßnahmen könnten wir keinen Hund hinter dem Ofen hervorlocken, geschweige denn, daß wir damit die 60 Studenten an der Idaho

1 Heinz Henseler: »Die Suizidhandlung unter dem Aspekt der psychoanalytischen Narzissmustheorie«, Psyche 29, 191, 1975.

2 Sigmund Freud: Gesammelte Werke, Band X, p. 438.

State University von ihrem Selbstmordversuch hätten abbringen können[1].

Es hat sich herausgestellt, daß es eine Illusion gewesen ist zu

1 In einem Vortrag vor der Österreichischen Ärztegesellschaft für Psychotherapie hat Elisabeth Lukas die Problematik an einem Beispiel erläutert: «Angenommen, eine ältere Frau kommt in die Beratungsstelle wegen zeitweiser Depressionen. Ihre Wunschvorstellungen sind, wieder fröhlicher zu werden und die Kraft zu finden, wieder etwas aktiver am Leben teilzunehmen. Ärztlicherseits ist abgeklärt, daß kein endogener Faktor im Spiel ist. Nun ist es nicht sehr schwierig, verhaltenstherapeutisch ein Belohnungs- und Verstärkungsprogramm zu entwerfen, im Zuge dessen jedes Lächeln, jeder positive Ausspruch und jede wenn auch noch so überflüssige Aktivität verstärkt und fixiert werden. Es könnte ein ganzer Tagesstundenplan aufgestellt werden, innerhalb dessen kleine Betätigungen eingebaut sind, die bei Durchführung zur nächst höheren Verstärkungsstufe führen, wobei Verstärker persönliche Zuwendung des Therapeuten, Kontakte zu Mitmenschen, bestimmte Sendungen im Radio oder was immer sein könnten. Aber letzten Endes« – und da vollzieht Elisabeth Lukas die so dringliche und wesentliche Wendung – »stellt sich die Frage, *wozu es eigentlich gut ist, daß die Klientin nun öfter lächelt oder aktiver ihre Tage verbringt.* Auch die Klientin wird früher oder später diese Frage stellen, wozu habe ich nun dies alles gemacht? Ob ich nun passiv dasitze oder meinen Stundenplan einhalte, ob ich ein trauriges oder ein fröhliches Gesicht mache, was ist nun der Unterschied? Der logotherapeutische Ansatz bei der Klientin würde nicht im Abbau der zeitweisen depressiven Verstimmung, sondern im Aufbau einer neuen, ihren Konditionen adäquaten Sinnerfüllung liegen. Das müssen gar keine großartigen Inhalte oder Aktionen sein, so kann zum Beispiel die Aufnahme eines halbverhungerten oder gequälten Haustieres in Sorgfalt und Pflege der Klientin schon eine neue und wesentliche Inhaltskomponente darstellen.« Und Elisabeth Lukas schließt ihre Ausführungen mit ein paar allgemeineren Bemerkungen: »Sie sehen also, wo die Bedeutung der Logotherapie für die Beratungsarbeit liegt. Es sind nicht ihre Techniken, die unentbehrlich sind, es sind ihre Zielkriterien. Sicher sind ihre Techniken gut verwendbar, aber sie sind auch ersetzbar. Bei der heutigen Methodenauswahl spielt es im Grunde keine Rolle, ob man pathologische Angst- oder Zwangsgefühle mit paradoxer Intention oder mit systematischer Desensibilisierung zum Verschwinden bringt. Die Bedeutung der Logotherapie für die Beratungsarbeit liegt vielmehr darin, daß sie den Therapeuten in jedem Fall befähigt, ein adäquates Therapieziel für seinen Klienten zu finden. In dieser Hinsicht ist sie direkt ihrer Zeit voraus. Die Richtlinien für ein adäquates Therapieziel werden um so mehr an Gewicht erhalten, je mehr Macht und Einfluß die Psychotherapie gewinnt. Wenn man vielleicht eines Tages fast alles verändern kann, die Persönlichkeit eines Menschen, sein Verhalten, sein Wissen, ja sogar seine Wertorientierung, dann wird die Frage nach Sinn und Ziel solcher Veränderungen entscheidend sein. Und keine Richtung, keine Methode und keine Schule hat dazu solche Kriterien und Hilfen anzubieten, wie die Logotherapie.«

glauben, es erübrige sich, auf die Sinnfrage einzugehen, vielmehr müßten wir nur die psychodynamischen Prozesse, die ihr nach der Psychoanalyse zugrunde liegen, und die Lernprozesse, die ihr nach der Verhaltenstherapie zugrunde liegen, ausräumen, und »das Leiden am sinnlosen Leben« würde spontan geheilt [1].

Immer wieder wird übersehen und vergessen, daß »sich ein Patient nicht nur dann in seinem Menschsein mißachtet fühlt, wenn man sich ausschließlich für seine Körperfunktionen interessiert, sondern auch da, wo er sich als Objekt psychologischer Studien und Manipulationen weiß«, sagt von Baeyer (Gesundheitsfürsorge – Gesundheitspolitik 7, 197, 1958) und meint, vielleicht sitze die Kränkung im letzteren Falle noch tiefer als bei bloßer Körperbehandlung, »weil das Innerste berührt und hervorgezerrt wird. *Es gibt nicht nur den kalten Objektivismus der naturwissenschaftlichen Medizin, sondern auch den kalten Objektivismus der Psychologie* und einer mit Psychologie durchtränkten Medizin.«

Ich möchte sagen: Ein Patient, der sich einer Operation unterzieht, wird vom Chirurgen bei weitem nicht so depersonalisierend und dehumanisierend behandelt wie ein Patient, an den der Psychiater wie an einen reparaturbedürftigen »psychischen Apparat« herantritt, wie es immer wieder geschieht. »Als ich noch ein Kind war«, erinnert sich Joseph B. Fabry, (»Das Rin-

1 Sozusagen: »Trachtet nur nach dem Reich von Freud und Skinner, und alles andere wird euch dazugegeben werden.« Es kann nur auch passieren, daß euch etwas weggenommen wird. Hat doch einer der bekanntesten katholischen Psychiater geschrieben, daß »*in 90 v. H. der Fälle*«, in denen »Priester ausgezogen« waren, »um sich zum Psychotherapeuten ausbilden zu lassen, die Priester das Priestertum aufgaben« (»Rheinischer Merkur«, 23. Januar 1976). Der Kollege will damit nicht etwa für eine potentielle die Glaubenssubstanz aushöhlende Nebenwirkung der Psychoanalyse aufmerksam machen, sondern er liest aus der Statistik die Wirkungslosigkeit der Seelsorge heraus und spricht von »dem instinktiven Ahnen, daß eine Lehranalyse zur Menschenveränderung mehr hergibt, als die Kirche zur Zeit anzubieten hat« (ebenda, 30. Januar 1976). Bekanntlich hat von Gebsattel einmal von der »Abwanderung der abendländischen Menschheit vom Priester zum Seelenarzt« gesprochen. Heute können wir von einer Abwanderung der Priester von der Seelsorge zur Psychoanalyse sprechen. Das kommt davon, wenn die Priester nicht lehranalysiert werden, sondern leeranalysiert.

gen um Sinn. Eine Einführung in die Logotherapie«. Herder, Freiburg im Breisgau 1978), »besuchte unser Hausarzt allwöchentlich meine Großmutter, die sich dann all ihre Schmerzen und Sorgen von der Seele reden konnte. Heute unterziehe ich mich alljährlich einer gründlichen Durchuntersuchung, bei der ich 3 Stunden lang von einer Krankenschwester zur anderen, von einem Apparat zum anderen gereicht werde und schließlich auf einem Fragebogen 150 Fragen beantworten muß, die dem Computer bei der Erstellung der Diagnose helfen. Ich weiß, daß die medizinische Betreuung, die ich in der betreffenden Klinik erfahre, unvergleichlich besser ist als die, die der Hausarzt meiner Großmutter bieten konnte, aber irgend etwas ist bei dieser Weiterentwicklung der medizinischen Technik verlorengegangen. Und wenn ich die Fragen höre, die Frankl nach seinen amerikanischen Vorträgen gestellt werden, dann höre ich auch heraus, *daß dieses Etwas in der modernen Psychotherapie nicht weniger fehlt.*« Was Fabry uns da erzählt, beweist aufs neue, daß die Depersonalisation und Dehumanisation vor der Psychotherapie keineswegs haltmacht, vielmehr – wie von Baeyer unterstreicht und betont – dort eben nur noch viel schmerzlicher erlebt und erfahren wird [1].

Nunmehr werden Sie verstehen, warum ich eher als für eine Psychologisierung der Medizin für deren Humanisierung plädiere (»Psychologisierung – oder Humanisierung der Medizin?«, Der Praktische Arzt, Jahrgang 18, Heft 4, S. 334, 1981). Warum ich meine, es komme nicht darauf an, *daß immer mehr Ärzte aus immer mehr Patienten immer mehr Komplexe »hervorzerren«*, um mich der Wortwahl von Baeyers anzupassen. Was not tut, ist vielmehr, daß wir Ärzte uns loseisen von einem veralteten Menschenbild, in dessen Rahmen wir in der Psyche des Menschen einen »Apparat« und »Mechanismus« sehen, beziehungsweise in der kranken Psyche etwas, das wir zu reparieren haben, wie eine Maschine. Wer sich als Médecin

1 Man braucht nur auf die Wortwahl zu achten, deren sich der durchschnittliche Psychotherapeut von heute befleißigt, und man wird merken, wie sehr Mechanisierung und Technisierung die »moderne Psychotherapie« infiltriert haben: so ist heute der Ausdruck »Therapie« dem Modewort »Strategie« gewichen. Der manipulative Beigeschmack stört anscheinend niemanden.

technicien geriert, beweist nur, daß er im Kranken einen »Homme machine« sieht. Der Medicus humanus aber wird des »Homo patiens« gewahr, er sieht hinter der Krankheit den leidenden Menschen. Und er wird des Humanissimum gewahr: des Willens zum Sinn, »des Ringens um Sinn«, das vor dem Leiden nicht haltmacht und auch nicht haltmachen soll; denn wir müssen zwischen Leiden und Verzweifeln unterscheiden. Ein Leiden, eine Krankheit, mag unheilbar sein; aber der Patient verzweifelt erst dann, wenn er im Leiden keinen Sinn mehr sehen kann.

Wie können wir aber dem Sinnlosigkeitsgefühl wirklich beikommen? Können wir von der Sinnfrage sprechen und uns um eine Antwort herumdrücken? Oder können wir gar die Sinnfrage für die Antwort ausgeben (was zu tun der Existentialismus nahelegt)? Das hieße so verfahren wie der Salzburger Bergführer, der einen preußischen Touristen glücklich auf einen Gipfel geführt hat und angesichts des Panoramas, das sich ihnen bietet, gefragt wird: »Sachen Sie mal, wie heißt denn der Berg dort drüben?« »Welchener?« fragt der Salzburger. »Danke schön«, antwortet der Tourist, *eine Frage für die Antwort haltend.*

Wir wissen, »das Leiden am sinnlosen Leben« ist ein Leiden, aber keine Krankheit. Ist aber das Leben wirklich sinnlos? Und wenn es Sinn hat: läßt er sich vermitteln? Können wir Sinn geben?

Zunächst einmal müssen wir heute schon froh sein, wenn uns Sinn nicht genommen wird. Genommen vom Reduktionismus, dem Nihilismus von heute. Der Reduktionismus verrät sich nicht, wie der Nihilismus von gestern, durch das Gerede vom Nichts, sondern tut es durch die Redewendung »nichts als«. Ich kann mich noch gut an meinen Naturgeschichtsprofessor erinnern, der in seiner Mittelschulklasse auf und ab ging und dozierte: »Das Leben ist letzten Endes nichts anderes als ein Verbrennungsprozeß – ein Oxydationsvorgang.« Woraufhin ich aufsprang und ihm leidenschaftlich die Frage ins Gesicht schleuderte: »Ja, was für einen Sinn hat denn dann das ganze Leben?« Zugegeben: im konkreten Falle verbirgt sich der Reduktionismus hinter einem – Oxydationismus ...

Reduktionismus wird aber nicht nur in Wort, sondern auch

in Schrift verzapft. Gelegentlich eines Vortrags, den ich auf Einladung des Internationalen PEN-Clubs unter dem Titel »A Psychiatrist Looks at Literature« (Was sagt der Psychiater zur modernen Literatur?) zu halten hatte, beschwor ich die Dichter und Schriftsteller, doch endlich damit aufzuhören, den Menschen herunterzumachen und sich über die heile Welt lustig zu machen. Selbstverständlich gehöre es nicht zu den Aufgaben der Literatur, sagte ich, die Wirklichkeit zu beschönigen, sie zu verharmlosen. Sehr wohl mag es aber zu ihren Aufgaben gehören, jenseits der Wirklichkeit eine Möglichkeit aufleuchten zu lassen, die Möglichkeit einer Veränderung der Wirklichkeit, die Möglichkeit einer Umgestaltung der Wirklichkeit. Die Welt liegt im argen – wem sagen Sie das? Sie ist nicht heil. Aber Sie werden verstehen müssen, daß es mir als Arzt widerstrebt, es dabei bewenden zu lassen. Die Welt ist nicht heil, aber heil-bar. Wenn der Schriftsteller nicht fähig sei, sagte ich schließlich, den Leser gegen Verzweiflung zu immunisieren, dann solle er es doch wenigstens unterlassen, ihn mit Verzweiflung noch zu infizieren.

Was von »fiction«-Literatur gilt, trifft nicht weniger auf »nonfiction«-Literatur zu, aufs Sachbuch. Eine Definition der Werte besagt, daß es sich um nichts als Reaktionsbildungen und Abwehrmechanismen handelt. Auf diese Interpretation habe ich selbst einmal »reagiert«, indem ich sagte, ich wäre nie und nimmer bereit, für meine Reaktionsbildungen zu leben oder gar für meine Abwehrmechanismen zu sterben. Wir sollten aber bedenken, was es für einen jungen Menschen bedeutet, wenn auf diese Art und Weise Phänomene wie Sinn und Werte auf die Prokrustes-Couch gelegt werden. Ich kenne den Fall eines jungen amerikanischen Ehepaars, das soeben aus Afrika zurückgekehrt war, wo die beiden im Rahmen des Peace Corps gedient hatten. Sie kamen enttäuscht und verbittert zurück. Es stellte sich heraus, daß sie Monate hindurch an den Sitzungen einer Gruppe hatten teilnehmen müssen, die von einem Psychologen arrangiert worden war. Einleitend hatte anscheinend eine Art *Inquisition* stattgefunden. Der Psychologe: »Warum sind Sie dem Peace Corps beigetreten?« Das Ehepaar: »Wir wollten Leuten helfen, die es weniger gut haben als wir.« Er: »Das heißt, daß Sie ihnen überlegen sein müssen.« Sie: »Irgendwie.« Er: »Und das heißt, daß Sie es nötig haben, Ihre Überlegenheit unter Beweis zu stellen. Ihr wirkliches Motiv ist also das unbewußte Bedürfnis, sich selbst und den anderen zu beweisen, wie überlegen Sie ihnen sind.« Sie: »Wir haben es niemals von dieser Warte aus gesehen, aber Sie sind immerhin ein Psychologe, Sie müssen es also besser wissen.« Und in dieser Art wurden die Gruppensitzungen fortgesetzt. Die Mitglieder der Gruppe lernten es, ihren Enthusiasmus für das Peace Corps, ihre opferbereite, mit Verzichten und Entbehrungen erkaufte Hingabe an eine Aufgabe als einen bloßen Komplex zu verstehen. Das Schlimmste aber war, wie unser Gewährsmann versicherte, daß die jungen Leute, die einer solchen *Indoktrination* ausgesetzt und ausgeliefert waren, es lernten, sich ihre »wirklichen« Motive auch gegenseitig an den Kopf zu werfen. Motive wurden von vornherein nicht ernst genommen, nichts wurde für echt gehalten, alles wurde als Ergebnis und Ausdruck unbewußter Psychodynamik interpretiert, und eine kollektive Zwangsneurose wurde heraufbeschworen, aus der heraus alle sich gegenseitig und vor allem jeder sich selbst belauerte und beobachtete. »Ex-patiens analyze their motives in all situations when they feel anxious: this must be penis-envy, this must be incestuous attraction, castration fear, Oedipal rivalry, polymorphous perversity and so on«, hat einmal ein prominenter Psychoanalytiker geschrieben. (Ehemalige Patienten analysieren ihre Motive, wann immer sie nervös werden: das eine Motiv ist in Wirklichkeit Penisneid, hinter dem anderen steht der Inzestwunsch, die Kastrationsfurcht, der Ödipuskomplex, polymorphe Perversität oder was immer.) [1]

Margarete Mitscherlich (Das Ende der Vorbilder, Piper, München 1978) macht »auf Ähnlichkeiten zwischen *Marx und Freud*« aufmerksam und erklärt, »beide hatten, wie Bloch es ausdrückt, eine starke kriminalistische Tendenz, die den Überbau (das Geistige) zum ›Nichts-als‹ entlarvte«. Wie denn die sogenannte Tiefenpsychologie gerne auch als entlarvende Psychologie bezeichnet wird. Nun, das Entlarven ist durchaus legitim. Vorausgesetzt, daß es innehält, wo der »entlarvende Psy-

1 E. Becker: »The denial of death«. Free Press, New York 1977.

chologe« mit einem Phänomen konfrontiert ist, das sich einfach deshalb nicht weiter entlarven läßt, weil es echt ist. Wenn er aber auch dann noch nicht aufhört zu entlarven, dann entlarvt er nur noch eines, nämlich sein eigenes unbewußtes Motiv, und das ist, das Menschliche im Menschen herabzusetzen und abzuwerten.

Vom Reduktionismus jedoch wird nicht nur der Wille zum Sinn ignoriert, sondern auch der Wille selbst. Wir können da von einem *Deduktionismus* sprechen. Menschliches Verhalten wird jeweils zurückgeführt auf psychodynamische oder Lernprozesse, biochemische oder sozio-ökonomische Prozesse [1]. Menschliches Verhalten, so will uns der Deduktionismus glauben machen, ist »nichts als« Resultat und Produkt von etwas anderem. Aber sein »präreflexives ontologisches Selbst-Verständnis«, wie ich es nenne, belehrt den Menschen eines besseren: Er ist Gestalter – und nötigenfalls Umgestalter – der Wirklichkeit [2]. Der Deduktionismus jedoch redet dem Menschen ein, er sei ein Opfer der Verhältnisse. Damit arbeitet der Deduktionismus der Massenneurose von heute in die Hände. Denn zur Symptomatologie der Massenneurose von heute gehört der Fatalismus.

Dem Kriminellen verhilft der Deduktionismus zu einem Alibi. Nunmehr sind es psychodynamische Mechanismen oder konditionierende Prozesse, auf die sich die Verantwortung abwälzen läßt. Zum Wesen des Menschen gehört aber nicht nur die Freiheit, schuldig zu werden, sondern auch die Verantwortung dafür, über die Schuld hinauszuwachsen. In diesem Sinne habe ich einmal auch vor den Gefangenen von San Quentin gesprochen, nachdem mich der Direktor dieses kalifornischen

1 Nicht einmal die Daseinsanalytik von Medard Boss ist frei von Deduktionismus. Fragt er sich doch: »Unter welchen existentiellen Überforderungen innerhalb welchen sozialen Beziehungsgefüges kann dieser Mensch nicht anders als sich in jener Weise verhalten, die man nach Übereinkunft der Psychiater schizophren zu nennen pflegt?« (Vgl. V. E. Frankl: »Theorie und Therapie der Neurosen«. 4. Auflage, München 1975, S. 61.)

2 Er ist auch Gestalter seiner selbst; denn der Mensch ist nun einmal das Wesen, das immer erst zu entscheiden hat, was es ist. Es ist wahr: der Mensch ist das Wesen, das die Gaskammern erfunden hat. Das ist aber nur die halbe Wahrheit; denn er ist auch das Wesen, das in eben diesen Gaskammern in den Tod gegangen ist aufrecht und ein Gebet auf den Lippen.

Zuchthauses zu einem Vortrag eingeladen hatte. Joseph B. Fabry von der University of California, der mich dorthin begleitet hatte, hat die Reaktion der Gefangenen – in San Quentin sind nur Schwerverbrecher untergebracht – beschrieben: »Die Psychologen fragen uns immer nach unserer Kindheit aus und nach all dem Schrecklichen, das es in der Vergangenheit gegeben hat. Immer die Vergangenheit – es ist nicht mehr auszuhalten – immer die Vergangenheit; sie drückt uns nieder wie ein Mühlstein, den wir mit uns herumschleppen. Die meisten von uns hören sich gar nicht mehr die Vorträge von Psychologen an. Ich hab' mir den Vortrag von Frankl nur angehört, weil ich gelesen hab', daß auch er einmal ein Gefangener gewesen ist.« Weitere Kommentare waren die folgenden: »Man behandelt uns wie hoffnungslose Verbrecher oder wie Psychopathen, hier im Gefängnis, aber auch draußen, und so geben wir es schließlich auf, es einmal andersherum zu probieren. Wozu auch? Frankl hat etwas ganz anderes gesagt. Nach dem, was er sagt, liegt es durchaus an mir, mich zu ändern.« (Joseph B. Fabry, »Das Ringen um Sinn. Eine Einführung in die Logotherapie«. Herder, Freiburg im Breisgau 1980).

Vor mir liegt ein Brief der »Nummer« 87084. Er kommt aus dem Zuchthaus von Illinois. Und da heißt es: »The criminal never has a chance to explain himself. He is offered a variety of excuses to choose from. Society is blamed and in many instances the blame is put on the victim.« (Der Kriminelle hat keine Gelegenheit, sich verständlich zu machen. Was ihm einzig und allein geboten wird, ist ein Sortiment von Ausreden, zwischen denen er wählen kann. Schuld ist die Gesellschaft, und in vielen Fällen wird die Schuld sogar aufs Opfer geschoben.)

Es wird allerdings übersehen und vergessen, daß »die Gesellschaft« auch die Leidtragende und nicht nur die Schuldtragende ist an der Kriminalität der Kriminellen[1]. Früher einmal dachte man sich: »Wo es Stärkere gibt, stellen wir uns

1 Für die Familie gilt Analoges, etwa im Zusammenhang mit der Schizophrenie, die sie kaum jemals wirklich hervorbringt, wie es ihr heute so gern nachgesagt wird.

auf die Seite der Schwächeren.« Heute sagt sich die Justizverwaltung anscheinend: »Wo es Opfer gibt, stellen wir uns auf die Seite der Täter.«

Aber auch da zeichnet sich bereits eine Wende ab. Eines der erfolgreichsten Rehabilitationszentren für jugendliche Kriminelle wird folgendermaßen charakterisiert: »The non-Freudian therapy does not permit the kids to blame society, family, school or friends – only themselves. They have a free will, they are told, which they should exercise.« (Time, 11. Juli 1977) (Die Nicht-Freudsche Therapie läßt nicht zu, daß die Jungen die Schuld auf die Gesellschaft, die Familie, die Schule oder den Freundeskreis schieben. Die Schuld tragen einzig und allein sie selbst. Sie werden davon überzeugt, daß ihr Wille frei[1] ist und daß sie von diesem ihrem freien Willen nur Gebrauch machen müssen.)

Was von der Heimerziehung gilt, läßt sich auch auf die Erziehung daheim übertragen. Das würde gleichzeitig mit dem »Böse Eltern-Komplex« aufräumen, wie ihn die bereits wiederholt zitierte Elisabeth S. Lukas nennt. »Man kann den Kollegen meines Berufsstandes den Vorwurf nicht ersparen«, sagt diese Leiterin einer städtischen Beratungsstelle, »daß sie jahrzehntelang in der Erziehung der Eltern nach Fehlern gesucht haben, bis schließlich große Teile der Elternschaft enorm verunsichert waren und deswegen allein schon Fehler begingen. Dazu kommt eine Überfülle von einander widersprechender pädagogischer Literatur. Eltern sind die idealen Angriffsobjekte bei allen Fehlentwicklungen der jungen Generation geworden, und es ist dann kein Wunder, wenn die jungen Leute ihrerseits bei Schwierigkeiten allzu leicht die Schuld auf die Eltern abwälzen. Die Ansätze zu dieser extremen Schuldverlagerung auf die Eltern gehen gewiß noch auf das psychoanalytische Menschenbild zurück, in welchem Kindheitstraumen bekanntlich weit überbewertet werden.

1 Mein Verhalten ist insofern determiniertes Verhalten, als es entweder die Folge von Gründen oder die Wirkung von Ursachen ist. In ersterem Falle ist es frei, nämlich frei von Ursachen, in letzterem nicht. Freiheit ist also bloße Freiheit von *nicht kognitiven* Determinanten, aber nicht Freiheit von Motiven (Beweg-Gründen).

Nachgewiesenermaßen erleichtert es zwar einerseits den Patienten ein wenig, wenn er das Gefühl hat, Zusammenhänge zu durchschauen und seinen Werdegang aus seiner Kindheit und Erziehung ableiten zu können, andererseits aber verringert es ebenso nachgewiesenermaßen in einem geistigen Feedbackprozeß das eigene Verantwortungsbewußtsein des Patienten für sein Tun und Handeln.«

»Normalerweise wird so argumentiert«, sagt Lene Skolnick, »daß negative Faktoren zu Fehlentwicklungen führen«, und sie gibt zu, »daß seelisch kranke Menschen häufig aus zerbrochenen Ehen, zerstrittenen Familien kommen, sie mußten unter einer Mutter leiden, die dominierend oder abweisend oder überaus besitzergreifend war, sie hatten einen gewalttätigen oder einen überhaupt unzulänglichen Vater. Nun ist es aber eine Tatsache, daß die meisten Kinder, die Störungen in ihrer Entwicklung und frühes Leid erfahren haben, *zu ganz normalen Erwachsenen heranwachsen.*« Und Lene Skolnick stützt sich auf eine Untersuchung des Institute for Human Development der University of California (Jean Macfarlane: »Perspectives on Personality Consistency and Change from the Guidance Study«, Vita Humana, Vol. 7, Nr. 2, 1964): »Die Annahme war, daß Kinder aus zerbrochenen Familien als Erwachsene Schwierigkeiten haben würden und daß Kinder, die eine glückliche, erfolgreiche Kindheit hatten, glückliche Erwachsene sein würden. *In zwei Dritteln aller Fälle war das nicht so.* Die traumatischen Auswirkungen von Streß im Kindesalter waren überschätzt worden. Aber nicht nur das. Auch bei den Versuchspersonen mit problemloser Kindheit hatte man sich verschätzt: Viele von ihnen waren als Erwachsene alles andere als glücklich, zufrieden, sorgenfrei oder gar reife Persönlichkeiten.«

Von einem Fall, der in dieser Hinsicht ungemein illustrativ und instruktiv ist, berichtet Elisabeth S. Lukas in einem in der Zeitschrift »The International Forum for Logotherapy« erschienenen Artikel: »Vor kurzem war eine Mutter bei mir in Beratung wegen ihrer einen Tochter, die sich psychisch fehlentwickelt. Im Gespräch stellte sich heraus, daß die zweite Tochter dieser Frau von Anfang an unerwünscht gewesen war, von

Geburt an zu ihren Großeltern gegeben worden ist und erst spät zur Mutter zurückkam, und zu alledem schließlich noch von ihrem eigenen Vater vergewaltigt worden ist, woraufhin sie wenig später die Familie verließ. Diese Tochter hatte sich zu einer gesunden, jungen Frau entwickelt, die fleißig arbeitet und einen netten Freund hat. Die andere Tochter jedoch war erwünscht gewesen und mit einem hohen Maß an Zuneigung aufgewachsen, sie war nicht vergewaltigt worden und hatte die besten Entwicklungschancen, dennoch war sie psychisch labil und voller Probleme. Nun also, *das ist die Wirklichkeit, wie sie nicht im psychologischen Lehrbuch steht*; die Idee vom nachhaltigen psychischen Trauma steht auf wackligen Beinen. Die Wirklichkeit ist, daß auch jemand, der einen schweren Schock erlitten hat, normal weiterleben kann, und daß auch jemand, der in positiver Umgebung aufwächst, sich fehlentwickeln kann.« (Elisabeth S. Lukas, »The Best Possible Advice«, The International Forum for Logotherapy, Vol. 3, Nr. 2, Fall 1980, 13–24)

Heute müssen wir also schon froh sein, wenn uns Sinn nicht genommen wird, genommen vom Reduktionismus oder vom Deduktionismus. Können wir aber Sinn *geben* oder zurückgeben? Und wer ist da zuständig? Am Ende wir Psychiater? Sollte Wolfgang Loch recht haben, wenn er meint, »daß es im psychoanalytischen Dialog in erster Linie um den Versuch der beiden Partner geht, für den Patienten einen neuen Lebenssinn herzustellen«? [1]

Dem steht entgegen, was Th. W. Adorno in seiner »Negativen Dialektik« (Gesammelte Schriften, Frankfurt 1973) sagt: »Der Begriff des Sinns involviert Objektivität jenseits allen Machens.« Oder sollte Margarete Mitscherlich (»Das Ende der Vorbilder«, l. c.) recht behalten, wenn sie behauptet, es dürfe nicht übersehen werden, »daß man sich in der Psychoanalyse zunehmend damit beschäftigt, die Ursachen von Gefühlen tiefer, innerer Wertlosigkeit und Leere besser zu verstehen, mit dem Ziel, dem Patienten die Möglichkeit zurückzugeben, seinem Leben einen Sinn zu geben«? Das, wie eingangs gesagt,

1 Psyche, Zeitschrift für Psychoanalyse und ihre Anwendungen, herausgegeben von Alexander Mitscherlich, 30, 1976.

nicht zuletzt vom Verlust tradierter Werte hervorgerufene Sinnlosigkeits- und Leeregefühl läßt sich nicht kurieren, indem die alten Werte wieder»hergestellt«, beziehungsweise »dem Patienten zurückgegeben« werden, wie die zitierten Psychoanalytiker nahelegen. Denn Sinn läßt sich überhaupt nicht geben. Sondern Sinn muß gefunden werden. Und zwar läuft der Prozeß dieser Sinnfindung auf eine Gestaltwahrnehmung hinaus. Die Begründer der Gestaltpsychologie, Lewin und Wertheimer, sprachen bereits von einem Aufforderungscharakter, wie er jeder einzelnen Situation zukommt, mit der uns die Wirklichkeit konfrontiert. Was die Sinn-Wahrnehmung gegenüber der Gestalt-Wahrnehmung auszeichnet, ist meines Erachtens folgendes: Es wird nicht einfach eine »Figur« wahrgenommen, die uns vor einem »Hintergrund« in die Augen springt, sondern bei der Sinn-Wahrnehmung handelt es sich um die Entdeckung einer Möglichkeit vor dem Hintergrund der Wirklichkeit. Und zwar handelt es sich um die Möglichkeit, die Wirklichkeit zu verändern.

Der Mensch ist ein Wesen auf der Suche nach Sinn. Auf die Spur von Sinn bringt ihn nun das Gewissen. So läßt es sich denn als das in ihn »eingebaute« Sinn-Organ definieren. Es läßt die jeweilige Sinnmöglichkeit aufleuchten hinter der Wirklichkeit, es macht die Wirklichkeit auf diese Sinnmöglichkeit hin transparent.

Aber das Gewissen ist nicht nur der Entdecker von Sinn, sondern es steht ihm auch hinsichtlich der Mittel zur Durchsetzung von Sinn ein Vetorecht zu. Im besonderen gilt dies für die Politik. Es ist einfach nicht wahr, daß der Zweck die Mittel heiligt; richtig ist vielmehr, daß es Mittel gibt, deren Anwendung selbst den heiligsten Zweck zu diskreditieren vermöchte.

Die Sinnmöglichkeit ist jeweils einmalig und einzigartig. Aus ihrer Einmaligkeit folgt aber, daß die Möglichkeit einer Sinnerfüllung vergänglich ist, daß sie flüchtig ist. Sie hat »Kairos«-Charakter! Wenn wir eine solche Möglichkeit *nicht* verwirklichen, dann ist sie für immer dahin. Wenn wir sie aber einmal verwirklicht haben, dann haben wir sie *ein für allemal* verwirklicht. Dann haben wir die Wirklichkeit, zu der wir eine Möglichkeit gemacht haben, hineingerettet ins Vergangensein.

Denn im Vergangensein ist sie aufbewahrt. Dort ist sie vor der Vergänglichkeit bewahrt. Im Vergangensein ist nämlich nichts unwiederbringlich verloren, vielmehr alles unverlierbar geborgen. Für gewöhnlich sieht der Mensch nur das Stoppelfeld der Vergänglichkeit; was er übersieht, sind die vollen Scheunen des Vergangenseins. Was immer wir getan und geschaffen haben, was immer wir erlebt und erfahren haben – wir haben es in diese Scheunen hineingerettet, und nichts und niemand kann es jemals wieder aus der Welt schaffen.

»Pervixi; neque enim fortuna malignior unquam
Eripiet nobis quod prior hora dedit.«
(Titus Petronius Arbiter)

Aber wir haben auch gesagt, daß die Möglichkeit, Sinn zu erfüllen, jeweils einzigartig ist. Im Gegensatz zu den Werten, die ich als Sinn-Universalien definieren möchte, ist Sinn jeweils ein Unikat. Daher ist Sinn, wieder im Gegensatz zu den Werten, nicht tradierbar. Aus demselben Grund ist er aber auch nicht affizierbar, kann er also von dem für unser Zeitalter so charakteristischen Traditionsverlust nicht affiziert werden. Sogar dann, wenn alle Traditionen und in ihrem Gefolge sämtliche Werte zusammenbrächen, würde sich Sinn noch immer finden lassen und könnte man noch immer sagen: Die Werte sind tot, es lebe der Sinn [1].

Aus der soeben besprochenen Einzigartigkeit von Sinn folgt aber auch, daß Sinn immer ein anderer ist. Jeder Tag, jede Stunde wartet also mit einem neuen Sinn auf, und auf jeden Menschen wartet ein besonderer Sinn. Sinn ist also immer ein anderer. Aber immer *gibt* es einen, bis zuletzt. Denn es gibt keine Person, für die das Leben nicht eine Aufgabe bereithielte, und es gibt keine Situation, in der das Leben aufhören würde, uns eine Sinnmöglichkeit anzubieten. Und eine phänomenologische Analyse des präreflexiven ontologischen Selbst-Verständnisses des Menschen würde enthüllen, daß er immer schon darum weiß, auf welchen Wegen sich Sinn finden – das

1 Und zwar leben die Werte deshalb und insofern nicht mehr, als sich der Mensch von heute fragt, *wozu* er sie denn verwirklichen soll, mit anderen Worten, was es denn für einen Sinn haben mag, sie zu verwirklichen. Heute ist die Sinnfrage eben vorrangig.

Leben mit Sinn erfüllen läßt. Wenn wir uns diesseits irgendwelcher vorgefaßten Meinungen auf eine streng empirische Bestandsaufnahme einlassen und die Art und Weise analysieren, wie der schlichte und einfache Mensch, der Mann von der Straße, fernab der Indoktrination von seiten irgendeiner Ideologie sein eigenes Menschsein versteht, und vor allem, wie er es anstellt, sein Leben mit Sinn zu erfüllen, dann stellt sich heraus, daß es sozusagen drei Hauptstraßen gibt, auf denen sich Sinn finden läßt:

Zunächst einmal kann mein Leben dadurch sinnvoll werden, daß ich eine Tat setze, daß ich ein Werk schaffe. Es muß sich keineswegs um weiß Gott was für »ein Werk« handeln. Georg Moser spricht einmal von einem »Müllmann, der vor einigen Jahren das Bundesverdienstkreuz erhielt. Er sucht in den Mülltonnen und beim Sperrmüll das weggeworfene Spielzeug heraus, setzt es in den Abendstunden wieder instand und beschenkt bedürftige Kinder damit. Begabt mit Bastlergeschick, ringt er seinem an sich schon sinnvollen Ordnungsberuf einen zweiten und diesmal glanzvollen Sinn ab.« (»Wie finde ich zum Sinn des Lebens?« Herder, Freiburg im Breisgau 1978)

Sinn läßt sich aber auch dadurch finden, daß ich etwas erlebe [1] – etwas oder jemanden erlebe, und jemanden in seiner ganzen Einmaligkeit und Einzigartigkeit erleben heißt ihn lieben. Wieder gilt, daß dies nicht weiß Gott wie großartig zu verstehen ist, sondern durchaus »down to earth«. Vor mir liegt ein Brief, dem ich ein paar Passagen entnehmen möchte: »In 14 Tagen

1 Edith Weisskopf-Joelson (»The Place of Logotherapy in the World Today«, The International Forum for Logotherapy 3, 3, 1980) findet, daß die logotherapeutische Axiologie, die neben den »schöpferischen« auch für »Erlebniswerte« soviel Platz läßt, in einer leistungsorientierten Gesellschaft nicht ohne Bedeutung ist: »The logotherapeutic notion that experiencing can be as valuable as achieving is therapeutic because it compensates for our onesided emphasis on the external world of achievement at the expense of the internal world of experience.« (Die logotherapeutische Überzeugung, daß es genau so sinnvoll sein kann, etwas zu erleben, wie etwas zu leisten, ist therapeutisch so wertvoll, weil es dem einseitigen Leistungsdenken von heute und unserer Neigung, auf Kosten der Erlebnisfülle den Erfolg zu forcieren [noch dazu den Erfolg gegenüber Konkurrenten], entschieden entgegentritt.)

werde ich 87 Jahre alt. Für mich ist jeder Tag ein Geschenk. Ich darf zum Himmel schauen, auf den herrlichen Park, darf mit den Bäumen sprechen, nachmittags Freunde empfangen. Ich bin taub, dafür spricht mein Inneres, ich kann fast nicht gehen, dafür darf ich denken – meine Dankbarkeit diesbezüglich ist wahrhaft grenzenlos.«

Zuletzt aber zeigt sich, daß auch dort, wo wir mit einem Schicksal konfrontiert sind, das sich einfach nicht ändern läßt beziehungsweise sich *vorderhand* nicht ändern läßt – sagen wir mit einer unheilbaren Krankheit, mit einem inoperablen Karzinom –, daß also auch dort, wo wir als hilflose Opfer mitten in eine hoffnungslose Situation hineingestellt sind, auch dort, ja gerade dort, sich das Leben noch immer sinnvoll gestalten läßt; denn dann können wir sogar das Menschlichste im Menschen verwirklichen und gleichsam Zeugnis ablegen von der menschlichsten aller menschlichen Fähigkeiten: eine Tragödie in einen persönlichen Triumph umzusetzen, ein Leiden in eine menschliche Leistung umzugestalten. Georg Moser gibt eine Geschichte wieder, die ihm ein Arzt erzählt hat: Wenige Jahre nach dem Zweiten Weltkrieg begegnete der Arzt einer jüdischen Frau, die ein Armband mit den in Gold gefaßten Milchzähnchen ihrer Kinder trug. »Ein schönes Armband«, bemerkte der Arzt. »Ja«, antwortete die Frau; »dieses Zähnchen ist von Miriam und das von Esther und das von Samuel ...« Sie nannte dem Alter nach alle Namen ihrer Töchter und Söhne. »Neun Kinder«, fügte sie hinzu, »und alle sind in die Gaskammern geschleppt worden.« Bestürzt fragte der Arzt: »Wie können Sie nur mit einem solchen Armband leben?« Verhalten erwiderte die Frau: »Ich habe in Israel die Leitung eines Waisenhauses übernommen.« (»Wie finde ich zum Sinn des Lebens?« l. c.)

Aufgrund dieser Möglichkeit, ein persönliches Leiden in eine menschliche Leistung zu transfigurieren, ist das Leben potentiell bis zuletzt sinnvoll – im allgemeinen gilt es ohnehin erst »zuletzt«, die Möglichkeit zu verwirklichen, auch das Leiden und noch das Sterben sinnvoll zu gestalten.

Sinn läßt sich also nicht geben, und wir können nicht sagen, *was* der Sinn ist; sehr wohl aber können wir zu verstehen geben, *daß* das Leben einen Sinn hat, ja – mehr als dies: Daß es diesen Sinn auch behält, unter allen Bedingungen und Umständen, daß es also entgegen dem Sinnlosigkeitsgefühl sinnvoll ist *und bleibt*, bis zu seinem letzten Augenblick, bis zu unserem letzten Atemzug. *Womit wir auch schon ein Tabu durchbrechen.* Denn in seinem Roman »Natalie Natalia« sagt Nicholas Mosley: »There is a subject nowadays which is taboo in the way that sexuality was once taboo; which is to talk about life as if it had any meaning.« (Heutzutage gibt es ein Thema, das haargenau so tabu ist, wie es früher einmal die Sexualität war, und das ist, vom Leben so zu sprechen, als ob es auch nur den geringsten Sinn hätte.)

Diese gegen die Sinnleere gerichtete Sinnlehre, diese der Logotherapie zugrunde liegende Logo-Theorie ist längst schon von einer ganzen Reihe methodisch sauberer Forschungsprojekte empirisch erhärtet worden. In der logotherapeutischen Literatur finden sich Publikationen von Brown, Casciani, Crumbaugh, Dansart, Durlak, Kratochvil, Lukas, Lunceford [1], Mason, Meier, Murphy, Planova, Popielski, Richmond, Roberts, Ruch, Sallee, Smith, Yarnell und Young, aus denen hervorgeht, daß sich im Leben Sinn finden läßt grundsätzlich unabhängig von der Geschlechtszugehörigkeit eines Menschen und von seinem Alter, von seinem Intelligenzquotienten und von seinem Bildungsgrad, von seiner Charakterstruktur und

1 Lunceford meint, daß es für den armen Schwarzen die gleiche Möglichkeit, einen Sinn zu finden, gibt wie für den reichen Weißen (Lunceford ist selbst ein Schwarzer, der sich aus den denkbar armseligsten Verhältnissen bis zum Universitätsprofessor hinaufgearbeitet hat), und zwar argumentiert er folgendermaßen: »In his capacity to find meaning, the poor black ist equal to the rich white, and equality is the chief goal of today's minorities in the United States. If it is possible to change one's attitude about something as unchangeable as the color of one's skin, it is possible to change one's attitude about any limitation.« (Der arme Schwarze kommt in seiner Fähigkeit, Sinn zu finden, dem reichen Weißen durchaus gleich, und diese Gleichheit ist heute auch das Kampfziel der Minoritäten in den Vereinigten Staaten. Sobald es einmal möglich ist, hinsichtlich eines so unveränderlichen Faktums wie der eigenen Hautfarbe seine Einstellung zu ändern, kann man diese Einstellung hinsichtlich schlechterdings jeder Beschränkung ändern. – »Minorities«, in: »Logotherapy in Action«, herausgegeben von Bulka, Fabry und Sahakian. Aronson, New York 1979).

von seiner Umgebung. Und schließlich hat sich nachweisen lassen, daß der Mensch Sinn finden kann unabhängig davon, ob er religiös ist oder nicht [1], und für den Fall, *daß* er religiös ist, wieder unabhängig davon, welcher Konfession auch immer er angehören mag. Dem religiösen Menschen mag es leichter fallen, im Leben einen Sinn zu finden, aber der Arzt darf und kann ihn ja nicht zum Glauben drängen oder zwingen, sich dazu zwingen kann nicht einmal der Patient selbst, denn man kann ja nicht glauben »wollen«. Dazu kommt noch, daß »der Gottesglaube kein Patentrezept für alle Sinnkrisen unseres Lebens ist« und daß »die Kirchen oft mehr zur Sinn-Krise als zur Sinn-Findung beitragen« (Hans Küng). Es bleibt also dabei, daß Sinnfindung und -erfüllung unabhängig sind davon, ob jemand religiös bzw. irreligiös ist.

Unsere Logo-Theorie läßt sich aber nicht nur empirisch, sondern auch praktisch erhärten. Was wir kaum auszusprechen wagen, wird von unseren Patienten in die Tat umgesetzt. Wir haben sie nicht zu belehren, wir haben von ihnen zu lernen [2]. Und ich weiß davon ein Lied zu singen. Ein Vierteljahrhundert war ich Vorstand der Neurologischen Abteilung eines Krankenhauses, und *ich kenne die Burschen, die gestern noch auf der Yamaha dahingesaust sind und heute querschnittsgelähmt daliegen, und die Mädchen, die gestern noch in der Disco getanzt haben und heute mit der Diagnose eines Hirntumors konfrontiert werden*; ich bin Zeuge davon, wessen der Mensch fähig ist, wenn es gilt, solche Schicksale zu meistern. Unsere Patienten, läßt sich sagen, ringen dem Leben selbst in extremis und in ultimis einen Sinn ab. So berichtet Prof. Patricia L. Starck aus Alabama in einem Brief vom 29. März 1979 an mich: »I have a 22 year old female client who was spinal cord injured at age 18 by a gunshot wound as she walked to the grocery store. Her injury level is C 4, and she can only accomplish tasks by use of a

1 Zuletzt hat Brown »sehr niedrige Korrelationen zwischen dem Lebenssinn-Testergebnis und dem Kirchenbesuch« herausgefunden, was diese Unabhängigkeit statistisch bestätigt.

2 Wie treffend sagt doch Christine Allen, Direktor des Palliative Care Service an der Concordia University von Montreal: »It is the one who is ill that helps the one who ist well in the struggle to find meaning.« (Es sind die Kranken, die den Gesunden helfen, in deren Ringen um Sinn.)

mouthstick. She feels the purpose of her life is quite clear. She watches the newspapers and television for stories of people in trouble and writes to them (typing with a mouthstick) to give them words of comfort and encouragement.« (Eine weibliche Patientin von mir ist 22 Jahre alt und wurde im Alter von 18 Jahren rückenmarksverletzt, als sie in eine Gemischtwarenhandlung ging und dort niedergeschossen wurde. Die Verletzung befindet sich auf der Höhe des vierten Zervikalsegments, und die Patientin kann sich nur mit Hilfe eines Stäbchens zwischen den Zähnen betätigen. Der Sinn ihres Lebens jedoch ist für sie ganz klar: Sie verfolgt die Zeitungen und die Fernsehnachrichten auf Meldungen hin, die einen Menschen betreffen, der in Schwierigkeiten geraten sein mag – dem schreibt sie dann auf der Maschine – mit Hilfe des Stäbchens zwischen den Zähnen! –, um ihm Trost und Ermutigung zuzusprechen.)

Wie deutlich wurde, könnte man aus der phänomenologischen Analyse des Werterlebens des Mannes auf der Straße eine Axiologie destillieren, für die eine Trichotomie charakteristisch ist. Gibt es doch drei Wertkategorien, und zwar die ursprünglich als »schöpferische, Erlebnis- und Einstellungswerte« bezeichneten Werte (Viktor E. Frankl: »Zur geistigen Problematik der Psychotherapie«, Zentralblatt für Psychotherapie 10, 33, 1938). Interessanterweise konnte diese Trichotomie anhand eines Materials von 1340 Versuchspersonen faktorenanalytisch bestätigt werden – mehr als dies: Die Hierarchie, die zwischen den drei Wertkategorien herrscht und derzufolge die Einstellungswerte höher stehen als die schöpferischen Werte und die Erlebniswerte, konnte mit der gleichen Methode bestätigt werden (Elisabeth S. Lukas). Es hat sich nämlich herausgestellt, daß (faktorenanalytisch) die Achse, auf der die Einstellungswerte liegen, orthogonal gegenüber der Achse ist, auf der die anderen Wertkategorien liegen. Es handelt sich also um eine andere Dimension.

Und zwar handelt es sich um eine *höhere* Dimension. Wie ist dies zu verstehen? Nun, es war die Rede davon, daß es sich bei einer Sinnmöglichkeit um die Möglichkeit handelt, die Wirklichkeit zu verändern. Eine solche Veränderung geht nun entweder so vor sich, daß – solange es möglich ist – die Situation geändert wird oder daß der Mensch – sobald *dies* notwendig wird – *sich selbst* ändert. Tatsächlich ist dem Menschen gerade dort, wo er eine Situation nicht ändern kann, abverlangt, zu reifen, zu wachsen, über sich selbst hinauszuwachsen! Und solcherart im Leiden die *höchste* Leistung zu vollbringen, die *höchste* Möglichkeit in sich selbst zu verwirklichen [1]

Daß es tatsächlich das Leiden ist, das dem Menschen die Chance gibt, an ihm zu wachsen, überhaupt »sich selbst zu ändern«, hat niemand treffender beschrieben als der israelische Maler und Bildhauer Yehuda Bacon, der bereits als Kind nach Auschwitz kam und sich nach seiner Befreiung fragte, was für einen Sinn die Jahre gehabt haben mochten, die er in Auschwitz verbracht hatte; er schreibt: »Als Knabe dachte ich, ich werde der Welt schon sagen, was ich in Auschwitz gesehen habe – in der Hoffnung, die Welt würde einmal eine andere werden; aber die Welt ist nicht anders geworden, und die Welt wollte von Auschwitz nichts hören. Erst viel später habe ich wirklich verstanden, was *der Sinn des Leidens* ist. Das Leiden hat nämlich dann einen Sinn«, schreibt Yehuda Bacon, »wenn du *selbst ein anderer wirst.*«

William H. Sledge, James A. Boydstun und Alton J. Rabe (»Selfconcept Changes Related to War Captivity«, Arch. Gen. Psychiatry, Vol. 37, April 1980, 430–443) von der Medizinischen Fakultät der Yale University konnten nachweisen, daß 61,1 Prozent der von ihnen untersuchten Kriegsgefangenen da-

1 Und das ist bis in den Tod möglich, also nicht nur im Leiden, sondern auch im Sterben. Nicht umsonst lautet der Titel des letzten Buches von Elisabeth Kübler-Ross: »Death, the Final Stage of Growing« (Der Tod, das letzte Stadium des Wachstums). Aber auch Elisabeth S. Lukas, die sich mit dem Sterben logotherapeutisch auseinandersetzt, hat einmal geschrieben: »Die dereflektorische Möglichkeit, die Gedanken des Schwerkranken von seinem bevorstehenden Ende weg – hinzulenken auf die Sinnfülle seines vergangenen Lebens und auf die Unauslöschlichkeit all dessen, was er in diesem seinem Leben gewollt, getan und erreicht hat, die Möglichkeit besteht bis zum Schluß. Hier trifft sich die Dereflexion mit der Einstellungsmodulation, das ganze geistige Potential eines Menschen kann auch noch in solch einer extremen Notsituation, und gerade in ihr, entfaltet werden, so daß das scheinbar unabänderliche Schicksal des Patienten durch dessen Einstellung dazu verwandelt wird in eine großartige menschliche Leistung, auf die er bis zu seinem letzten Atemzug stolz sein kann.«

von überzeugt waren, daß sie durch dieses Erlebnis »gereift und gewachsen« sind: »They explicitly claimed that although their captivity was extraordinarily stressful – filled with torture, disease, malnutrition, and solitary confinement – they nevertheless received some personal benefits from this brutal experience.»

Es kann jedoch nicht genug hervorgehoben werden, daß das Leiden keineswegs *notwendig* ist, um einen Sinn zu erfüllen, wenn auch sehr wohl gilt, daß die Erfüllung eines Sinnes möglich ist auch trotz eines Leidens, vorausgesetzt, daß das Leiden unvermeidlich ist. *Solange ich die Ursache eines Leidens aus der Welt schaffen kann*, ist es das einzig Sinnvolle, dies zu tun und auf diesem Wege das Leiden selbst zu beseitigen. Alles andere wäre Masochismus, nicht Heroismus, und all das gilt in gleichem Maße für *biologisch, psychologisch wie politisch bedingtes Leid.*

Aber es gibt nun einmal Situationen, in denen einem eben keine Wahl mehr bleibt, es sei denn die Wahl der Haltung und Einstellung, und erst dann tritt in sein Recht, was vom Sinn des Leidens gesagt wurde. Um auch dafür einen Zeugen aufzurufen: Dr. Marek Edelmann ist Arzt in Lodz, war aber 1943, als Siebzehnjähriger, *der Kommandant des Warschauer Ghetto-Aufstands.* »Wer kämpft«, sagte er in einem TV-Interview, »stirbt leichter. Aber wenn du *nicht mehr handeln kannst*, wenn sie dich zum Erschießen führen, und du gehst würdevoll – dann bist du ein Held.«

Daß diese in der Wertrangordnung höhere Stellung des Leidenssinns bereits im präreflexiven ontologischen Selbst-Verständnis des Durchschnittsmenschen in dessen Alltagsleben angelegt und vorgegeben ist, geht aus einer Meinungsumfrage hervor, die vom Linzer Institut für Markt- und Sozialanalysen (IMAS) veranstaltet worden war. Sie ergab, daß der Mann auf der Straße den höchsten Respekt *nicht* den politischen Führern, *nicht* den großen Sportlern, *nicht* den berühmten Künstlern, aber auch nicht etwa irgendwelchen wissenschaftlichen Forschern, ja nicht einmal den Weltraumfahrern entgegenbringt, sondern – es ist kaum zu glauben – Menschen, »die *ein schweres Schicksal meistern*, ohne zu klagen«, und »Leuten, die

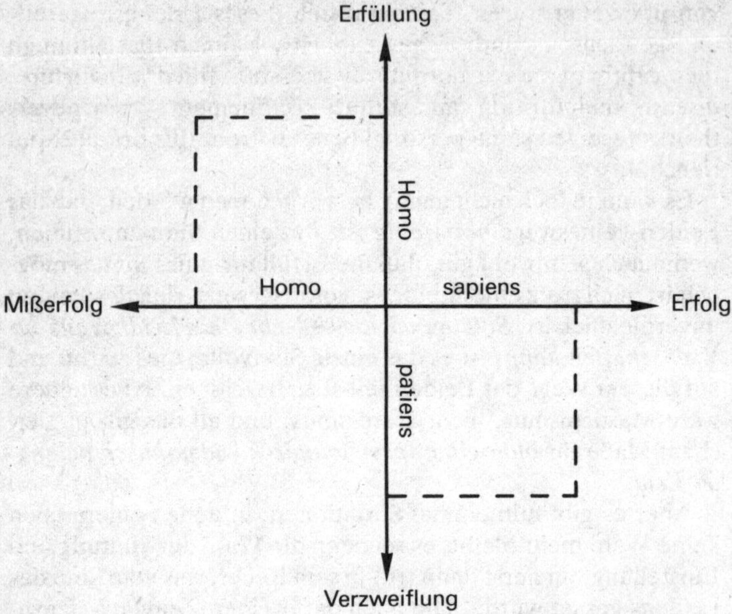

sich unter großen persönlichen Opfern für andere einsetzen, anderen helfen«.

Lassen Sie mich aber zum Schluß noch einmal auf die dimensionale Differenz zurückkommen zwischen der Sinnmöglichkeit, die das Leiden birgt, und den anderen Sinnmöglichkeiten. Der Mensch bewegt sich in der Regel auf einer horizontalen Ebene zwischen den Polen Erfolg und Mißerfolg. Das ist die Dimension des Homo sapiens, des cleveren Wesens, das als businessman oder als playboy Erfolg hat, »making money« oder »making love«.

Aber senkrecht dazu steht die Dimension des Homo patiens, des leidenden Menschen, des sein Leiden »leistenden« Menschen, des selbst noch im Leiden Sinn erfüllenden und sich selbst verwirklichenden Menschen. Die Pole sind hier nicht mehr Erfolg oder Mißerfolg, sondern Erfüllung und Verzweiflung. Und nur kraft der dimensionalen Differenz ist es verstehbar, daß es Erfüllung gibt trotz Scheiterns und auf der anderen Seite Verzweiflung trotz Erfolgs. Rechts unten stehen die Patienten des Behavior Therapy Center in New York, von denen wir erfahren haben, »sie sind erfolgreich, aber sie wollen sich umbringen, da ihnen das Leben sinnlos vorkommt«. Rechts unten stehen die von meinem Assistenten an der Harvard University untersuchten ehemaligen Harvard-Studenten, die »sehr erfolgreich« waren und trotz Erfolgs an einem abgründigen Gefühl letztlicher Sinnlosigkeit litten. Und rechts unten stehen die Studenten an der Idaho State University, die trotz Wohlstands und Überflusses Selbstmord versuchten.

Und ebenso wird verständlich, wie Erfüllung trotz Scheiterns möglich ist. Links oben zu lokalisieren wären nämlich Häftlinge aus dem Zuchthaus von Florida, die mir geschrieben haben: »Ich habe *den Sinn meines Lebens gefunden*, jetzt, während ich in Haft bin, und ich brauche nur noch eine Weile zu warten, bis ich Gelegenheit habe, alles wiedergutzumachen – und von nun an alles besser zu machen.« Und die »Nummer« 020640 schreibt mir: »Im Alter von 54 Jahren, finanziell total ruiniert, in Haft, hat sich meiner eine tiefgreifende Wandlung bemächtigt. In der Stille meiner Zelle ist es geschehen, eines Nachts, und nun habe ich meinen Frieden gemacht mit der Welt und mir selbst. Ich habe *den wahren Sinn meines Lebens gefunden*, und die Zeit kann seine Erfüllung nur aufschieben – abhalten kann sie mich von seiner Erfüllung nicht. Wie herrlich ist doch das Leben – ich umarme es, ich kann das Morgen nicht erwarten.«

Aber nicht nur, daß solche Sinnfindung beziehungsweise Sinnerfüllung »trotz Scheiterns« möglich ist, wird kraft der dimensionalen Differenz verständlich. Da der Logotherapie zufolge Glück eine Nebenwirkung von Sinnerfüllung ist, wird auch die Paradoxie verständlich, daß der Homo patiens – glücklich wird. Ich könnte aus einem Brief zitieren, den mir die »Nummer« 049246 aus dem »Gefängnis mit den härtesten Sicherheitsvorkehrungen von ganz Florida« geschrieben hat: »Hier in Haft – hier, nur ein paar hundert Meter vom elektrischen Stuhl entfernt – gibt es immer mehr Möglichkeiten, über sich selbst hinauszuwachsen. Ich muß sagen, irgendwie bin ich heute *glücklicher denn je*.«

Oder: einer meiner Studentinnen an der US International University (San Diego, California) verdanke ich den Bericht über einen 31jährigen Mechaniker, dem sie in einem Krankenhaus zur speziellen Betreuung zugewiesen worden war, nachdem er einen Starkstromunfall erlitten hatte. Wegen der Gangräne mußten ihm alle vier Extremitäten amputiert werden, und meine Studentin beschreibt, wie während der Operation den Chirurgen, dem Anästhesisten und der Instrumentarin nur so die Tränen über die Wangen liefen und trotz aller Selbstbeherrschung Seufzer sich ihnen entrangen. Meine Studentin war nun mit der Aufgabe betraut worden, dem Patienten nach dessen Erwachen aus der Narkose zur Kenntnis zu bringen, daß er keine Arme und Beine mehr besaß. Auf der Suche nach einem Funken von Sinn, den sie für den Rest seines Lebens entfachen könnte, beschloß sie dann, logotherapeutische Prinzipien zur Anwendung zu bringen. Tatsächlich gelang es ihr nach ein paar Wochen, Selbst-Distanzierung bis zum Humor zu mobilisieren, und es glückte ihr, Selbst-Transzendenz insofern zu aktivieren, als der Patient einen vom Hals an querschnittgelähmten Jungen selber und seinerseits betreute. Zwischendurch lasen meine Studentin und ihr Patient gemeinsam über den Sinn des Leidens, das zentrale Thema des amerikanischen Bestsellers »Man's Search for Meaning«, und immer wieder zitierte er auswendig die – Auschwitz-Häftlinge betreffenden – Worte: »Grundsätzlich kann jeder Mensch, und auch noch unter solchen Umständen, irgendwie entscheiden, was – geistig gesehen – im Lager aus ihm wird ... Die geistige Freiheit des Menschen, die man ihm bis zum letzten Atemzug nicht nehmen kann, läßt ihn auch noch bis zum letzten Atemzug Gelegenheit finden, sein Leben sinnvoll zu gestalten ... Denn ... wenn Leben überhaupt einen Sinn hat, dann muß auch Leiden einen Sinn haben.«[1]

Schließlich machte der Patient ein Geschäft auf und konnte seine Familie erhalten. In einem speziell ausgerüsteten Wagen nahm er sie auf eine Urlaubsreise durch ganz Amerika mit.

1 Zitiert nach dem deutschen Original Viktor E. Frankl: »... trotzdem ja zum Leben sagen (Ein Psychologe erlebt das Konzentrationslager)«. Kösel-Verlag, München 1979.

Und wörtlich sagte er eines Tages seiner Betreuerin – meiner Studentin: »I was very empty before my accident (vor meinem Unfall war ich innerlich leer). I stayed drunk all the time and was bored to death (ich war ständig besoffen und langweilte mich zu Tode). Now I truly know what it means to be happy (erst heute weiß ich, was es heißt, wirklich *glücklich* zu sein).«

Wir haben gesehen, daß es einen Sinn immer und überall gibt. Allerdings nur im Sinne eines partikulären Sinns, wie wir ihn kraft unseres »Willens zum Sinn« und dank unseres »Sinn-Organs«, nämlich des Gewissens, auch aufzuspüren vermögen. Was nun diesen unseren Willen zum Sinn anlangt, so ist er unabdingbar, wir können gar nicht anders als »den Sinn wollen«, der Wille zum Sinn ist in diesem Sinne transzendental und etwas Apriorisches (Kant) oder ein Existential (Heidegger), er ist so sehr in die condition humaine eingebaut, daß wir einfach nicht umhin können, so lange »Sinn zu suchen«, bis wir ihn eben gefunden zu haben glauben.

Nunmehr erhebt sich jedoch die Frage, wozu die menschliche Verfassung mit so etwas wie einem Willen zum Sinn überhaupt ausgestattet ist. Zunächst einmal sieht alles so aus, als hätte Goethe recht behalten, wenn er einmal sagte, »alles Wollen ist ja nur ein Wollen, weil wir eben sollten«. So leicht dürfen wir es uns aber nicht machen – daß wir zuerst alles Sollen (die Werte beziehungsweise den Sinn) auf ein Wollen (den Willen zum Sinn) zurückführen und sodann das Wollen wieder auf ein Sollen: damit würden wir uns nur in einen Zirkel verstricken. Ich denke, wir sollten es vorziehen, uns mit der Feststellung zu begnügen, daß wir da die »Natur« (in diesem Zusammenhang würden wohl die Ethologen die »Evolution« und die Theologen nach wie vor »Gott« sagen) nicht hinterfragen können. Es bleibt uns nichts anderes übrig, als resignierend festzustellen, daß wir unmöglich den Zweck eruieren können, zu dem die Natur – oder was bzw. wer immer – das Sinnbedürfnis in uns eingepflanzt haben mag: Der Grund dazu, der Sinn, den dies gehabt haben mag, muß für uns unergründlich bleiben – dieser Sinn ist ein »Über-Sinn«, und an ihn können wir nur noch glauben, über ihn gibt es kein Wissen mehr. Freilich handelt es sich um ein Glauben, das naheliegt, um einen Glauben, der sich uns sogar aufdrängt. Ist es doch so gut wie unumgänglich anzunehmen, daß es unmöglich sinnlos sein kann, wenn wir uns mit einer sinnlosen Welt nicht abfinden und nicht anders können als nach Sinn zu suchen. Wir können nicht anders als annehmen, *daß sich die »Natur« etwas dabei gedacht haben muß, wenn sie uns nach Sinn fahnden ließ*, mit einem Wort, daß sie damit selber und ihrerseits einen Sinn verfolgt haben muß, mag er auch noch so wenig von uns hinterfragt werden können. Die Stiftung von Sinn muß jedenfalls auch selber und ihrerseits »Sinn« gehabt haben [1].

Soeben war vom »Über-Sinn« die Rede. Wir könnten ihn einen »Meta-Sinn« nennen. Prozesse der Sinnfindung und Sinnwahrnehmung, die auf etwas jeweils Einmaliges und Einzigartiges ausgehen, haben wir ja zur Genüge besprochen. Ausgespart haben wir aber, was *jenseits* solcher partikulärer »Sinne« liegt, was *hinter* allen möglichen »Sinnen« steht, mit einem Wort, den »Meta-Sinn«. Er wäre nicht ein Wozu, sondern das »Wozu des Wozu«. Wozu mir der Witz von einem Fußballenthusiasten einfällt, der ein Choleriker war und angesichts dessen, was sich während eines Matches abspielte, ausrief: »Za wos ham ma a an Schiedsrichter?« Vor ihm saß ein soignierter Herr, anscheinend ein Mittelschullehrer, wandte sich um und korrigierte ihn indigniert: »Das heißt nicht ›zu was‹, sondern wozu.« Dann tobte der Schreihals: »Za wos ham ma Sanitäter?« Wieder wurde er zurechtgewiesen: «*Wozu*, mein Herr ...« Schließlich explodierte der Choleriker: »Za wos ham ma a Polizei?« Und wieder wurde er belehrt: »Wozu ...« Da platzte ihm der Kragen, und wutentbrannt fauchte er den Mittelschullehrer an: »Za wos sagn Sö mir immer ›wozu‹?« Diese Frage galt, wie unsere, dem «Wozu des Wozu«.

Nun wäre dazu zu sagen, daß es durchaus nicht eine Aufgabe der Wissenschaft ist, den umfassenden Sinn des Lebens oder gar der Welt zu finden. Das kann nicht einmal die Auf-

1 Ähnlich muß auch die Antwort gelautet haben, die der Psalmist auf seine Frage erwartet hatte: »Der das Auge geschaffen – er sollte nicht sehen? Und der das Ohr geschaffen – er sollte nicht hören?«

gabe des *nicht* wissenschaftlichen Wissens sein. Denn es gilt: Je umfassender ein Sinn ist, um so weniger faßlich ist er.

Nur eines möchten wir zu bedenken geben: Wenn davon die Rede ist, daß die Naturwissenschaft keine Teleologie feststellen kann, dann sollte diese Leermeldung vorsichtiger formuliert werden: In der naturwissenschaftlichen Projektionsebene bildet sich Teleologie nicht ab, von dieser Schnittebene wird sie nun einmal nicht getroffen. Was aber noch lange nicht ausschließt, daß sie nicht in einer höheren Dimension existiert. Und sich für die Möglichkeit von Teleologie in einer über die Naturwissenschaft hinausliegenden Dimension nicht offenzuhalten, sondern diese Möglichkeit zu verleugnen, sie zu bestreiten und auf der Unmöglichkeit von Teleologie zu beharren, hat nichts mehr mit Empirie zu tun, sondern ist Philosophie, und zwar nicht *kritisch reflektierte Philosophie*, sondern dilettantische, antiquierte, apriorische Philosophie.

Das Beispiel von Jacques Monod drängt sich uns auf: »Monod argues that all life results from the interaction of mutations and selection. The idea of ›pure chance‹ is ›the only one conceivable, because it is the only one compatible with the facts of observations and experience. And nothing permits us to suppose that our conceptions on this point will have to or even be able to be revised‹.« (Newsweek, 26. April 1971) (Monod behauptet, daß alles Leben aus der Interaktion von Mutationen und Selektion entsteht. Die Idee des »reinen Zufalls« sei »die einzig wirklich denkbare, da sie die einzige ist, die mit den Fakten übereinstimmt, die uns Beobachtungen und Erfahrung zur Verfügung stellen. Und nichts rechtfertigt die Annahme, daß unsere diesbezüglichen Vorstellungen jemals werden überdacht werden müssen oder auch nur überdacht werden können.)

Selbstverständlich bilden Mutationen sich in der Schnittebene »Naturwissenschaft« als bloße Zufälle ab. Daß die Naturwissenschaft eine Welt des Sinnes und der Zwecke nicht kennt, heißt aber nicht, daß es Sinn und Zwecke nicht gibt, sondern nur, daß die Naturwissenschaft für Sinn und Zwecke blind ist. Es »mangelt der Welt der Naturwissenschaft alles,

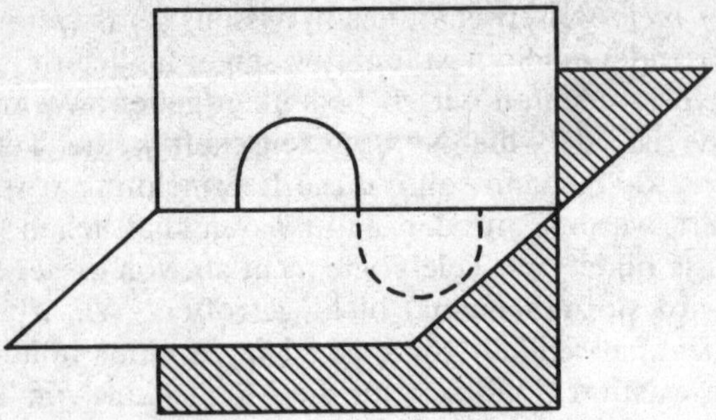

was auf Sinn und Zweck des ganzen Geschehens Bezug hat«, sagt E. Schrödinger.

Innerhalb der Grenzen der bloßen Naturwissenschaft scheint der Sinn nicht auf. Der Querschnitt, den die Naturwissenschaft durch die Realität hindurchführt, trifft ihn nicht. Nehmen wir an, eine Kurve liegt in einer vertikalen Ebene, die von einer horizontalen Ebene geschnitten wird. Was in der horizontalen Ebene von der Kurve bleibt, sind nichts als die Schnittpunkte, isolierte Punkte, die scheinbar nicht miteinander zusammenhängen. Aber sie tun es eben nur scheinbar nicht. Denn in Wirklichkeit werden sie von der Kurve miteinander verbunden. Die Verbindungen liegen aber nicht innerhalb, sondern außerhalb der horizontalen Ebene, nämlich oberhalb und unterhalb von ihr.

Übertragen wir nun, was wir aus dem Gleichnis lernen konnten, auf Ereignisse, die ebenfalls einen »sinnvollen« Zusammenhang vermissen lassen, sagen wir, auf die scheinbar sinnlosen Mutationen, so läßt sich verstehen, warum sie – und mit ihnen die ganze Evolution – sich in der Schnittebene »Naturwissenschaft« als bloße Zufälle abbilden [1] müssen, während der je nachdem »höhere« oder »tiefere« Sinn – nicht anders als die oberhalb beziehungsweise unterhalb der horizontalen Ebene liegende Kurve – erst in einer anderen Schnittebene zum Vor-

1 Einstein wird gefragt: »Ja, glauben Sie denn, daß sich einfach alles auf naturwissenschaftliche Weise wird abbilden lassen?« Er antwortet: »Ja, das ist denkbar, aber es hätte doch keinen Sinn. Es wäre eine Abbildung mit inadäquaten Mitteln, so als ob man eine Beethoven-Symphonie als Luftdruckkurve darstellte.« (Max Born: »Erinnerungen an Einstein«, Physikalische Blätter, 7/1965, p. 300.)

schein kommen kann. Um es zu pointieren: Nicht alles läßt sich im Sinne sinnvoller Zusammenhänge, also teleologisch beziehungsweise final verstehen (sondern eben nur erklären); aber zumindest können wir verstehen, warum dem so ist und sein muß, warum etwas scheinbar sinnlos ist und sein muß, und warum wir dennoch an einen Sinn glauben dürfen, der dahintersteckt, der darübersteht, wenn auch in einer anderen Schnittebene, in die hinein wir ihm eben zu folgen haben.

Hier gibt das Wissen auf, und das Glauben hat das Wort. Und wenn die Logotherapie solcherart das Phänomen der Gläubigkeit nicht als ein Glauben an Gott, sondern als den umfassenderen Sinnglauben auffaßt, dann ist es durchaus legitim, wenn sie sich nicht nur mit dem »Willen zum Sinn« befaßt und beschäftigt, sondern auch mit dem Willen zu einem *letzten* Sinn[1], einem Über-Sinn. Und der religiöse Glaube ist letzten Endes ein Glauben an den Über-Sinn – zumindest bietet uns Ludwig Wittgenstein die folgende Definition an: »An Gott glauben heißt sehen, daß das Leben einen Sinn hat.« (Schriften, Bd. 1, Tagebücher 1914–1916)

Es fragt sich nur noch, ob sich dieser Satz auch umkehren läßt. Der Religiöse glaubt an einen Sinn des Lebens; aber ist jemand, der an einen Sinn des Lebens glaubt, auch schon religiös? Tatsächlich wurde eine Umkehrung der These von Wittgenstein einmal gewagt, und zwar von Einstein: »Eine Antwort auf die Frage nach dem Sinn des Lebens gefunden zu haben, heißt religiös sein.« So oder so: eine Antwort auf die Frage, ob nicht nur die These von Wittgenstein gilt, sondern auch ihre von Einstein gewagte Umkehrung, kann nur vom Theologen verlangt und erwartet werden. Nicht vom Psychiater.

Und doch wird auch der Psychiater, wenn er seine Aufgabe, nicht nur Krankheiten, sondern Menschen zu behandeln, ernst nimmt, gelegentlich vor der Frage nach dem Über-Sinn stehen. Und den Mut zu einem sokratischen Dialog aufbringen müssen: Eines Tages stolpere ich in eine von meinem Assistenten, Dr. K. Kocourek, veranstaltete gruppentherapeutische Sitzung hinein. Soeben bespricht die Gruppe den Fall einer Frau,

1 Vgl. Reuven P. Bulka: »The Quest for Ultimate Meaning. Principles and Applications of Logotherapy«, Philosophical Library, New York 1979.

der vor kurzem ihr 11jähriger Junge an einem Blinddarm-Durchbruch zugrunde gegangen war. Die Mutter hatte versucht, sich das Leben zu nehmen, und war daraufhin zu mir in die Klinik gebracht worden. Da schalte ich mich ein: »Stellen Sie sich einmal vor, einem Affen werden schmerzhafte Injektionen gegeben, um ein Serum gegen Poliomyelitis zu gewinnen. Vermöchte der Affe jemals zu begreifen, warum er leiden muß? Aus seiner Umwelt heraus ist er außerstande, den Überlegungen des Menschen zu folgen, der ihn in seine Experimente einspannt; denn die menschliche Welt ist ihm nicht zugänglich. An sie reicht er nicht heran, in ihre Dimension langt er nicht hinein; aber ergeht es dem Menschen anders, ist die Welt des Menschen eine Art Endstation, so daß es jenseits von ihr nichts mehr gäbe? Müssen wir nicht eher annehmen, daß die menschliche Welt selber und ihrerseits überhöht wird von einer nun wieder dem Menschen nicht zugänglichen Welt, deren Sinn, deren Über-Sinn allein seinem Leiden erst den Sinn zu geben imstande wäre?« [1]

1 Eine parallele Analogie verdanke ich dem amerikanischen Logotherapeuten James C. Crumbaugh: »Eines Abends kam ich nach Hause und mußte über eine frisch gestrichene Türschwelle, um in meine Wohnung zu kommen. Da begrüßte mich der Hund von meinem Nachbarn, und ich mußte ihn natürlich um jeden Preis davon abhalten, daß er auf die Schwelle sprang und sich die Pfoten verbrannte. Was tat ich? Ich wies ihn energisch und scheinbar lieblos zurecht. Nun war ich neugierig, wie der Hund auf mich reagieren würde, wenn ich ihn wiedersah: wie sollte er verstehen, daß er einmal gestreichelt, ein andermal verjagt und dann wieder gestreichelt wurde? Wie sollte ich ihm begreiflich machen, daß er sich die Pfoten verätzt und dann womöglich noch abgeschleckt hätte, um die giftige Farbe wieder loszuwerden? Wie hätte ich ihm verständlich machen sollen, was jenseits seiner Welt lag? *Wie erklärt Gott dem Menschen, was jenseits der Welt des Menschen liegt?* Nein: ich hatte dem Hund nichts erklären können. Aber als er mich wiedersah, wedelte er freudig mit dem Schwanz. Er hatte mir die Freundschaft nicht aufgekündigt. Er hatte mir sein *Vertrauen* nicht aufgekündigt! Nein: er war mir nicht böse über etwas, das er nicht verstanden hatte. *Hunde können vernünftiger sein als Menschen.*« Nur ist es so, daß auch noch für einen, der nicht nur nicht religiös ist, sondern auch nicht an einen Sinn des Lebens glaubt, vielmehr an einem solchen Sinn zweifelt, etwas gilt, auf das Peter Göpfert und Hans Ohly (»Keine Angst vor dem Leben«. Kösel-Verlag, München 1978) hinweisen: »Sinnlosigkeit führt zur Klage. Wem klagen wir solche Sinnlosigkeit? In unserer Klage setzen wir – ob gläubig oder nicht – einen Partner, ein Gegenüber immer voraus. Die Sprache der Religion hat für dieses Gegenüber ein Wort: Gott.«

Vom Sinn und Wert des Lebens

(Drei Vorträge, gehalten an der Volkshochschule Wien-Ottakring 1946)

Dem toten Vater

Vorwort

Mit dieser Schrift wird eine Reihe von Vorträgen veröffentlicht, die Dr. Viktor E. Frankl im März und April 1946 an der Volkshochschule Wien-Ottakring gehalten hat.

Der Vortragende – mehr als zehn Jahre hindurch Dozent an unseren Volkshochschulen – hatte für seine Kurse als erster das so wichtige Thema der psychischen Hygiene gewählt. Daß den Fragen seelischen Leidens heute besondere Aktualität zukommt, erwies sich schon am Widerhall, den Frankls jüngst erschienenes Buch »Ärztliche Seelsorge« fand. Um so wünschenswerter mußte es erscheinen, den Verfasser für eine Reihe von Vorträgen vor einem breiteren Publikum zu gewinnen – eben seinem alten Hörerkreis der Volkshochschule Wien-Ottakring. Darüber hinaus mußte uns daran gelegen sein, an noch weitere Kreise jene Grundsätze heranzubringen, die das genannte Buch von Frankl in unseren Augen so wertvoll machen. Liegt es doch im Wesen des darin enthaltenen Gedankengutes, daß es sich über die Hörsäle auch der Volkshochschule hinaus an den im Alltag dieser Zeit stehenden Menschen wendet. Mag auch die eine oder die andere der hier behandelten Fragen glücklicherweise heute nicht mehr jene brennende Aktualität besitzen, die ihr noch bis vor kurzem zukam – gerade an ihrer Besprechung soll sich die geistige Haltung, mit der hier zu ihr Stellung genommen wird, in ihrer ganzen Bedeutsamkeit offenbaren und bewähren. Daß dies im besonderen bezüglich einer Psychologie des Konzentrationslagers gelungen ist, davon bin ich selber – als KZ-Kamerad Frankls – überzeugt.

Der Hauptreferent des Wiener Volksbildungswerkes:
Dr. Leopold Langhammer

I

Vom Sinn und Wert des Lebens zu sprechen, mag heute notwendiger denn je erscheinen; die Frage ist nur, ob und wie es auch »möglich« sei. In gewisser Beziehung ist es heute ja leichter: Man darf über so manches wieder frei sprechen – über so manches, das in innerem Zusammenhang mit dem Problem der Sinnhaftigkeit menschlicher Existenz und ihres Wertes sowie der Würde des Menschen steht. In anderer Beziehung jedoch ist es gegenwärtig wiederum schwerer geworden, von »Sinn«, »Wert« und »Würde« zu reden. Müssen wir uns doch fragen: Kann man heute noch diese Worte so ohne weiteres in den Mund nehmen? Ist jetzt der Sinn dieser Worte nicht selbst irgendwie fragwürdig geworden? Hat denn die letzte Zeit nicht allzuviel negative Propaganda gegen all das gemacht, was diese Worte bedeuten, einstmals bedeutet haben?

Die Propaganda der letzten Jahre kam nachgerade einer Propaganda gegen den allfälligen Sinn und gegen den fraglichen Wert des Daseins gleich! Diese Jahre haben geradezu den Unwert menschlichen Lebens zu demonstrieren versucht.

Seit Kant wußte das europäische Denken um die eigentliche Würde des Menschen Klares auszusagen: Kant selbst hatte in der zweiten Formulierung seines kategorischen Imperativs gesagt, jedes Ding habe seinen Wert, der Mensch aber seine Würde – der Mensch dürfe niemals ein Mittel zum Zweck werden. Doch schon in der *Wirtschaftsordnung* der letzten Jahrzehnte waren *die arbeitenden Menschen* größtenteils zu bloßen Mitteln gemacht worden, entwürdigt zu Mitteln des wirtschaftlichen Lebens. Nicht mehr war die Arbeit ein Mittel zum Zweck, zum Leben – ein Lebens-Mittel, vielmehr der Mensch und sein Leben, seine Lebenskraft, seine Arbeitskraft waren das Mittel zum Zweck.

Und dann kam der Krieg – der Krieg, in dem nunmehr der Mensch und sein Leben in den Dienst sogar des Todes gestellt wurden. Und es kamen die Konzentrationslager. In ihnen wurde selbst jenes Leben, das man als todeswürdig angesehen, in seiner letzten Spanne noch ausgenützt. Welche Entwertung des Lebens, welch eine Entwürdigung und Erniedrigung des Menschen liegt doch darin! Stellen wir uns nur vor – um dies zu ermessen –, ein Staat gehe daran, alle von ihm zum Tode Verurteilten irgendwie noch auszunützen, sich ihre Arbeitskraft bis zum letzten Augenblick gefristeten Lebens noch dienstbar zu machen – etwa aus der Überlegung heraus, dies sei doch vernünftiger, als solche Menschen kurzerhand zu töten oder gar lebenslänglich zu ernähren. Oder hat man uns in den Konzentrationslagern zu wenig oft vorgehalten, wir seien »die Suppe nicht wert« – jene Suppe, die man uns als einzige Mahlzeit im Tage verabreichte und deren Kosten wir in Form geleisteter Erdarbeit hätten hereinbringen sollen? Wir Unwürdige mußten dieses unverdiente Gnadengeschenk auch entsprechend entgegennehmen: Bei seinem Empfang hatten die Häftlinge die Mütze abzunehmen. – Nun, wie unser Leben keine Suppe wert war, so war auch unser Sterben nicht viel wert, nämlich nicht einmal eine Bleikugel – sondern nur: Cyclon B.

Schließlich kam es zu den *Massentötungen in Irrenanstalten*. Hier wurde es offenkundig, daß alles Leben, das nicht mehr – und sei es auch nur noch in der kümmerlichsten Weise – »produktiv« war, wörtlich für «lebensunwert« gehalten wurde.

Aber auch der Un-sinn, sagten wir vorhin, sei von der Zeit propagiert worden. Wie verhält es sich damit?

Unser heutiges Lebensgefühl hat wohl kaum viel Platz für Sinnglauben. Wir leben in einer typischen Nachkriegszeit. Wenn auch ein wenig journalistisch, so läßt sich der Gemütszustand, die seelische Verfassung des Menschen von heute doch am treffendsten charakterisieren als »seelisch ausgebombt«. Das würde alles noch nicht so arg sein, wenn man nicht allenthalben auch von dem Gefühl beherrscht wäre, daß wir zugleich schon wieder in einer Vorkriegszeit leben. Die Erfindung der *Atombombe* nährt die Furcht vor einer Katastrophe im Weltausmaß, und eine Art Weltuntergangsstimmung bemächtigt sich des zu Ende gehenden zweiten Jahrtausends. Solche Weltuntergangsstimmungen kennen wir bereits aus der Geschichte. Es gab sie zu Beginn des ersten Jahrtausends und zu dessen Ende. Und im vorigen Jahrhundert gab es bekanntlich eine Fin de siècle-Stimmung. Nicht nur sie war defätistisch; allen diesen Stimmungen zugrunde liegt ein Fatalismus.

Mit solch einem Fatalismus jedoch können wir nicht an einen geistigen Wiederaufbau schreiten. Ihn müssen wir vorerst überwinden. Aber hierbei hätten wir eines zu berücksichtigen: Heute kann man sich nicht mehr mit billigem Optimismus einfach über das hinwegsetzen, was die letzte Zeit mit sich gebracht hat. Wir sind pessimistisch geworden. Wir glauben nicht mehr an einen Fortschritt schlechthin, an eine Höherentwicklung der Menschheit, als an etwas, was sich selbsttätig durchsetzen würde. Der blinde Glaube an den automatischen Fortschritt ist eine Angelegenheit *des satten Spießbürgers* geworden – heute wäre dieser Glaube *reaktionär*. Heute wissen wir, wessen der Mensch fähig ist. Und wenn es einen grundlegenden Unterschied gibt zwischen der Auffassungsweise vergangener Zeiten und derjenigen der Gegenwart, dann läßt er sich vielleicht am besten folgendermaßen kennzeichnen: Früher einmal war Aktivismus mit Optimismus gekoppelt, während heutzutage der Aktivismus einen Pessimismus zur Voraussetzung hat. Denn heute kommt jeder Antrieb zur Tat aus dem Wissen darum, daß da kein Fortschritt ist, auf den man sich vertrauensselig verlassen könnte; wenn wir heute die Hände nicht in den Schoß legen dürfen, dann gerade deshalb, weil es von jedem einzelnen unter uns abhängt, was und wie weit etwas »fortschreitet«. Wobei wir uns dessen bewußt sind, daß es überhaupt nur ein inneres Fortschreiten jedes einzelnen gibt, der allgemeine Fortschritt jedoch höchstens in einem technischen Fortschritt besteht –, der uns nur deswegen als Fortschritt schlechthin imponiert, weil wir eben in einem technischen Zeitalter leben. Lediglich aus unserem Pessimismus vermögen wir zu handeln, ausschließlich aus einer skeptischen Haltung heraus sind wir noch imstande zuzugreifen; während der alte Optimismus uns nur einlullen und so gerade einen wenn auch rosigen Fatalismus herbeiführen würde. Lieber ein nüchterner Aktivismus als dieser rosige Fatalismus!

Wie unerschütterlich müßte nun der Glaube an die Sinnhaftigkeit des Lebens sein, sofern er auch von solcher Skepsis nicht erschüttert werden soll. Wie unbedingt müssen wir an den Sinn und Wert menschlichen Daseins glauben, wenn dieser Glaube auch jene Skepsis und jenen Pessimismus auf sich nehmen und tragen soll. Und dies just in einer Zeit, in der jeglicher Idealismus so enttäuscht ist, nachdem jedweder Enthusiasmus so mißbraucht wurde. Wo wir doch nur an Idealismus oder Enthusiasmus appellieren können. Die heutige Generation, die Jugend von heute – und bei der jungen Generation hätten wir am ehesten Idealismus und Enthusiasmus zu suchen – hat keine Vorbilder mehr.

Zu viele Umbrüche waren es, die da eine einzige Generation mitansehen mußte, zu viele äußere und in deren Gefolge innere Zusammenbrüche mußte sie erleben – viel zu viel für eine Generation, als daß wir bei ihr so ohne weiteres noch auf Idealismus oder Enthusiasmus rechnen dürften.

Alle Programme, alle Schlagworte, alle Prinzipien wurden im Gefolge dieser letzten Zeit schlechterdings diskreditiert. Nichts konnte bestehen – so daß man sich auch nicht wundern darf, wenn eine zeitgenössische Philosophie die Welt so ansieht, als ob sie aus nichts bestünde. Aber durch diesen Nihilismus, durch den Pessimismus und die Skepsis hindurch, durch die Nüchternheit einer nun schon nicht mehr »neuen« sondern altgewordenen »Sachlichkeit« hindurch, haben wir uns zu *einer – neuen Menschlichkeit* nunmehr durchzuringen. Denn wohl haben uns die vergangenen Jahre ernüchtert; aber sie haben uns auch gezeigt, daß das Menschliche gilt, sie haben uns gelehrt, daß alles auf den Menschen ankommt. Das, was übrigblieb, war »nur« der Mensch – immerhin! Denn er blieb übrig in all dem Dreck der jüngsten Vergangenheit. Und er blieb auch übrig im Erlebnis der Konzentrationslager. (So gab es irgendwo in Bayern eines, in dem der Lagerführer, ein SS-Mann, insgeheim aus seiner eigenen Tasche regelmäßig Geld aufwandte, um in der Apotheke des nahegelegenen bayerischen Marktflekkens Medikamente für »seine« Häftlinge zu besorgen; während im gleichen Lager der Lagerälteste, also selber ein Häftling, die Lagerinsassen auf das schrecklichste mißhandelte: auf den Menschen kam es eben an!)

Was blieb, war der Mensch, der »bloße« Mensch. Alles war in diesen Jahren von ihm abgefallen: Geld, Macht, Ruhm; nichts mehr war für ihn sicher: nicht das Leben, nicht die Gesundheit, nicht das Glück; alles war ihm fragwürdig geworden: Eitelkeit, Ehrgeiz, Beziehungen. Alles wurde reduziert auf die nackte Existenz. Durchglüht vom Schmerz, wurde alles Unwesentliche eingeschmolzen – der Mensch schmolz zusammen auf das, was er letztlich war: entweder der Irgendeine aus der Masse, also niemand Eigentlicher – also eigentlich Niemand –, der Anonyme, das (!) Namenlose, das »er« nur mehr war, etwa eine Häftlingsnummer; oder aber er schmolz zusammen auf sein Selbst.

So gab es also doch noch irgend etwas wie eine Entscheidung? Es wundert uns nicht; denn »Existenz« – auf deren Nacktheit und Blöße der Mensch zurückgeführt wurde – ist ja nichts anderes als: Entscheidung.

Helfen aber konnte dem Menschen bei dieser Entscheidung, mitentscheidend war bei ihr: die Existenz der andern, das Sein der andern, nämlich ihr Vorbild-sein. Es fruchtete mehr als alles Reden oder als alles Schreiben. Denn immer ist das Sein entscheidender als das Wort. Und man mußte und muß immer wieder sich fragen, ob es nicht weit wichtiger ist, als Bücher zu schreiben oder Vorträge zu halten: den Inhalt zu verwirklichen, in je seinem eigenen Sein. Das Verwirklichte ist auch viel wirksamer. Das Wort allein vermag allzu wenig. – Ich wurde einmal zu einer Frau gerufen, die Selbstmord begangen hatte. Über ihrer Couch hing an der Wand, säuberlich eingerahmt, der Spruch: »Gewaltiger noch als das Schicksal ist der Mut, der's unerschüttert trägt.« Und unter diesem Spruch hatte sich dieser Mensch das Leben genommen.

Gewiß: die vorbildlichen Menschen, die durch ihr Sein wirken können und sollen, sind in der Minorität. Das weiß unser Pessimismus; aber gerade dies macht den gleizeitigen Aktivismus aus, gerade dies macht die unerhörte Verantwortung der wenigen aus. Ein alter Mythos weiß davon zu sagen, daß die Existenz der Welt darauf beruhe, daß zu jeder Zeit 36 wahrhaft gerechte Menschen in ihr sind. Nur 36! Eine verschwindende Minorität. Und doch: sie gewährleisten den moralischen Bestand einer ganzen Welt. Aber dieser Mythos berichtet weiter: Sobald einer dieser »Gerechten« als solcher erkannt, von seiner Umgebung, von den Mitmenschen gleichsam durchschaut wird, – dann verschwindet er, wird er »zurückgezogen«, dann muß er augenblicklich sterben. Was ist nun damit gemeint? Wir gehen wohl nicht fehl, wenn wir es so ausdrücken: merkt man die pädagogische Tendenz des Vorbildes, dann »wird man verstimmt«; der Mensch läßt sich nicht gerne schulmeistern.

Was besagt das alles? Was ergab sich uns aus dem Bisherigen? Zweierlei: alles liegt am einzelnen Menschen, ungeachtet der allenfalls geringen Menge Gleichgesinnter, und alles liegt daran, daß er schöpferisch, in der Tat – und nicht mit bloßen Worten – den Sinn des Lebens in je seinem eigenen Sein verwirkliche. Es kann also nur darum gehen, jener negativen Propaganda der letzten Zeit, der Propaganda des »Un-sinns«, eine Propaganda entgegenzustellen, die jeweils erstens individuell und zweitens aktiv zu sein hat. Nur so vermag sie positiv zu sein.

Soviel zur anfänglichen Frage, ob und in welchem Sinne, aus welchem Geiste heraus man heute noch vermöchte, Fürsprecher zu sein für einen Sinn und Wert des Lebens. Aber wenn vom Sinn des Daseins gesprochen wird, dann ist er jeweils vorerst irgendwie in Frage gestellt worden. Wenn nach ihm ausdrücklich gefragt wird, wurde an ihm irgendwie auch schon gezweifelt. Der Zweifel an der Sinnhaftigkeit menschlichen Daseins jedoch führt leicht zur Verzweiflung. Diese Verzweiflung tritt uns entgegen als Entschluß zum Selbstmord.

Wenn von Selbstmord die Rede ist, dann haben wir zu unterscheiden zwischen vier wesentlichen, wesensverschiedenen Gründen, aus denen die innere Bereitschaft zum Selbstmord entsteht. Fürs erste kann der Selbstmord Folge sein – Folge eines eigentlich nicht seelischen, sondern körperlichen, leiblichen Zustands. Zu dieser Gruppe zählen etwa jene Fälle, in denen jemand aus einer letztlich körperlich verursachten Gemütsverstimmung fast zwanghaft sich zu töten versucht. Solche Fälle scheiden naturgemäß von vornherein aus den Überlegungen des heutigen Vortrags aus. Dann gibt es Menschen, in denen der Entschluß zum Selbstmord aufgrund einer Berechnung seiner Wirkungen auf die Umgebung reift – Menschen etwa, die sich an einem andern rächen wollen, für irgend etwas, das man ihnen angetan habe, und die ihre Rachegelüste sich derart auswirken lassen wollen, daß nun die betreffenden anderen lebenslänglich ein Schuldbewußtsein mit sich schleppen müssen: sie sollen sich daran schuld fühlen, daß er selber starb. Auch diese Fälle müssen ausscheiden, wo es uns um die Frage nach dem Sinn des Lebens geht. Drittens gibt es Menschen, deren Selbstmordentschluß davon herrührt, daß sie sich einfach müde fühlen, des Lebens müde sind. Aber diese Müdigkeit ist ja ein Gefühl – und Gefühle sind bekanntlich keine Argumente. Daß jemand müde ist, Müdigkeit verspürt, ist allein und für sich noch lange kein Grund dazu, daß er auf seinem Wege haltmache. Vielmehr kommt alles darauf an, ob das Weitergehen eben Sinn hat, ob es eben dafürsteht, die Müdigkeit zu überwinden. Was hier erst recht not tut, ist eben eine Antwort auf die Frage nach dem Sinn des Lebens, des Weiterlebens trotz bestehender Lebensmüdigkeit. Als solche ist sie also noch kein Gegengrund gegen das Weiterleben; dieses Weiterleben jedoch wird nur möglich sein aus einem Wissen um seinen unbedingten Sinn.

Eigentlich hierher gehört aber jene vierte Gruppe von Menschen, die deshalb Selbstmord anstreben, weil sie eben an den Sinn des Weiterlebens, ja des Lebens schlechthin, so gar nicht glauben können. Einen Selbstmord mit derartiger Motivation nennt man gemeiniglich Bilanzselbstmord. Er erfolgt jeweils aus einer sozusagen negativen Lebensbilanz heraus. So ein Mensch macht Bilanz, vergleicht das Haben mit dem Soll, er stellt gegenüber, was ihm das Leben schuldig blieb und was er im Leben noch erreichen zu können glaubt, und die negative Bilanz, die er dann zieht, bewegt ihn zum Selbstmord. Wir wollen nun darangehen, diese Bilanz zu prüfen.

Gewöhnlich steht auf der Haben-Seite alles Leid und aller Schmerz, auf der Soll-Seite alles Glück, zu dem man nicht gelangte. Diese Bilanz ist aber von Grund auf falsch angelegt. Denn, wie man zu sagen pflegt, man ist »nicht zum Vergnügen auf der Welt«. Und dies stimmt im doppelten Sinne von Sein und Sollen. Wer es nicht zu spüren bekommen hat, der möge sich jene Schrift eines russischen Experimentalpsychologen zur Hand nehmen, der einmal nachgewiesen hat, daß der durchschnittliche Mensch im alltäglichen Leben bedeutend mehr Unlustgefühle erlebt als Lustgefühle. Es wäre also von vornherein auch gar nicht möglich, um der Lust willen zu leben. Ist das aber auch nötig – stünde es überhaupt dafür? Stellen wir uns doch bloß einen Mann vor, der zum Tode verurteilt ist und dem, wenige Stunden vor der Hinrichtung, freigestellt würde, das Menu zu seiner Henkersmahlzeit zusammenzustellen. Der Wärter tritt in die Zelle und fragt ihn, was er sich wünsche, offeriert ihm allerhand Leckerbissen; unser Mann jedoch schlägt jedes Angebot aus: Er denkt sich, es sei doch ganz belanglos, ob er in den Magen dieses seines Organismus, der da in einigen Stunden ein Kadaver werden soll, gute Speisen noch hineinstopft oder nicht. Und auch die Lustgefühle, die in den Großhirnganglienzellen eben dieses Organismus noch stattfinden könnten, seien sinnlos in Anbetracht des Umstands, daß sie in zwei Stunden für immer vernichtet sein würden.

Angesichts des Todes steht aber alles Leben, und wenn dieser Mann recht hat, dann wäre auch unser aller ganzes Leben sinnlos, sofern wir nur und nichts weiter erstreben, als Lust einzuheimsen – möglichst viel und möglichst große Lust. Lust an sich ist nichts, was dem Dasein Sinn zu geben vermöchte; also ist Lustlosigkeit auch nicht imstande – und das sehen wir schon jetzt –, dem Leben Sinn zu nehmen.

Ein Mann, dessen Leben nach einem Selbstmordversuch gerettet werden konnte, berichtete mir eines Tages, wie er außerhalb der Stadt hinausfahren wollte, um sich eine Kugel durch den Kopf zu jagen; und wie er, da es bereits spät am Abend war, keine Straßenbahn mehr bekam und so sich veranlaßt sah, ein Autotaxi zu nehmen; und wie ihm da Bedenken aufstiegen darüber, daß er doch nicht für Taxifahrten das Geld verschwenden wollte, und wie er schließlich darüber lächeln mußte, daß er kurz vor seinem Tode noch solche Bedenken haben konnte. Sinnlos mußte es diesem zum Selbstmord Entschlossenen erscheinen, mit Geld zu geizen – im Angesicht des Todes. Wie schön hat doch dies alles, diese Ernüchterung des Menschen gegenüber seinem Glücksanspruch im Leben, Rabindranath Tagore in jenem Gedicht zum Ausdruck gebracht, wo er sagt:

Ich schlief und träumte,
das Leben wäre Freude.
Ich erwachte und sah,
das Leben war Pflicht.

Ich arbeitete – und, siehe:
die Pflicht *war* Freude.

Und hier haben wir auch schon die Richtung gewiesen, in die wir den Weg zu unseren weiteren Überlegungen nunmehr einzuschlagen haben.

Das Leben ist also irgendwie Pflicht, eine einzige große Verpflichtung. Und: wohl gibt es im Leben auch Freude – aber sie kann nicht angestrebt werden, nicht als Freude »gewollt« werden, sie muß sich vielmehr von selber einstellen –, und sie stellt sich auch von selber ein, so wie sich eine Folge einstellt: Glück soll und darf und kann nie Ziel sein, sondern nur Ergebnis; Ergebnis eben der Erfüllung dessen, was im Gedicht von Tagore Pflicht heißt und was wir später irgendwie noch näher herauszustellen bemüht sein werden. Auf jeden Fall ist alles Glücksstreben des Menschen insofern verfehlt, als ein Glück ihm nur in den Schoß fallen kann, niemals jedoch sich erjagen läßt. Kierkegaard war es, der das weise Gleichnis ausgesprochen hat: die Tür zum Glück geht »nach außen« auf, das heißt sie verschließt sich gerade demjenigen, der die Tür zum Glück gleichsam einzudrücken versucht.

Mir saßen einmal zwei lebensüberdrüssige Menschen gegenüber – zufällig gleichzeitig –, ein Mann und eine Frau. Beide hatten wörtlich übereinstimmend geäußert, ihr Leben sei sinnlos, da sie »sich von ihm nichts mehr erwarten«. Irgendwie hatten beide recht. Alsbald ergab sich jedoch, daß, umgekehrt, auf beide etwas wartete: auf den Mann ein wissenschaftliches Werk, das unabgeschlossen war, und auf die Frau ein Kind, das derzeit fern und unerreichbar im Ausland lebte. Nun galt es jene – man möchte mit Kant sagen: »kopernikanische« Wendung zu vollziehen, eine gedankliche Wendung um 180°, nach der die Frage nicht mehr lauten kann: »*was habe ich vom Leben noch zu erwarten*« – sondern nur mehr lauten darf: »*was erwartet das Leben von mir?*« Welche Aufgabe im Leben wartet auf mich?

Jetzt verstehen wir auch, wie letzten Endes falsch die Frage nach dem Sinn des Lebens gestellt ist, wenn sie so gestellt wird, wie sie im allgemeinen gefragt wird: Nicht wir dürfen nach dem

Sinn des Lebens fragen – das Leben ist es, das Fragen stellt, Fragen an uns richtet – wir sind die Befragten! Wir sind die, die da zu antworten haben, Antwort zu geben haben auf die ständige, stündliche Frage des Lebens, auf die »Lebensfragen«. Leben selbst heißt nichts anderes als Befragt-sein, all unser Sein ist nichts weiter als ein Antworten – ein Ver-Antworten des Lebens. In dieser Denkposition kann uns aber jetzt auch nichts mehr schrecken, keine Zukunft, keine scheinbare Zukunftslosigkeit. Denn nun ist die Gegenwart alles, denn sie birgt die ewig neue Frage des Lebens an uns. Nun kommt alles darauf an, was jeweils von uns erwartet wird. Was jedoch in der Zukunft auf uns wartet, brauchen wir ebenso wenig zu wissen, wie wir es wissen können. In diesem Zusammenhang pflege ich gewöhnlich jene Geschichte zu erzählen, die vor vielen Jahren in einer kurzen Zeitungsnotiz stand: Ein zu lebenslänglichem Zuchthaus verurteilter Neger wurde einmal auf die Teufelsinseln deportiert. Als das Schiff, nämlich der »Leviathan«, auf hoher See war, brach ein Brand aus. In der Not der Situation wurde der Neger von seinen Fesseln befreit und beteiligte sich an den Rettungsarbeiten. Er rettete 10 Menschenleben. Später ist er daraufhin begnadigt worden. Ich frage: Wenn man diesen Neger noch vor der Einschiffung, nämlich am Hafenkai von Marseille, gefragt hätte, ob sein Weiterleben noch irgendeinen Sinn haben könnte – er hätte wohl den Kopf schütteln müssen: was wartete noch auf ihn? Niemand aber von uns weiß, was auf ihn noch wartet, welche große Stunde, welche einmalige Gelegenheit zu einzigartigem Handeln auf ihn noch wartet – so wie die Rettung von 10 Menschen auf jenen Neger vom »Leviathan«.

Aber nicht nur von Stunde zu Stunde wechselt die Frage, die das Leben an uns stellt und in deren Beantwortung wir den Sinn des Augenblicks verwirklichen können, sondern sie wechselt auch von Mensch zu Mensch: Die Frage ist in jedem Augenblick für jeden einzelnen durchaus verschieden. So sehen wir aber auch, wie einfältig die Frage nach dem Sinn des Lebens gestellt ist, sofern sie nicht in aller Konkretheit gestellt wird – in der Konkretheit des Hier und Jetzt. Nach »dem« Sinn »des« Lebens zu fragen, muß uns in dieser Sicht ebenso naiv erscheinen, wie etwa die Frage eines Reporters, der einen Schachweltmeister interviewt und hierbei fragen würde: »Und nun, verehrter Meister, sagen Sie mir: welchen Schachzug halten Sie für den besten?« Gibt es denn einen, einen bestimmten Schachzug, der gut sein könnte oder gar der beste – jenseits einer ganz bestimmten, einer konkreten Spielsituation, einer konkreten Figurenstellung?

Nicht weniger naiv war jener junge Mann, der mich eines Tages, vor vielen Jahren, ansprach, bevor ich irgendwo zu einer kleinen Plauderei über den Sinn des Lebens startete. Seine Worte waren beiläufig folgende: »Geh, Frankl, sei mir nicht bös, ich bin heute abend bei meinen künftigen Schwiegereltern eingeladen, ich muß unbedingt hin und kann nicht bei deinem Vortrag bleiben; sei so lieb und sag mir g'schwind: was ist der Sinn des Lebens?«

Das nun, was jeweils auf uns wartet, diese konkrete »Forderung der Stunde«, kann eine Antwort in verschiedenem Sinne erheischen. In erster Linie kann unser Antworten ein tätiges Antworten sein, ein Antwortgeben durch ein Tun, ein Beantworten von konkreten Lebensfragen mit einer Tat, die wir setzen, oder mit einem Werk, das wir schaffen. Aber auch hier hätten wir einiges zu bedenken. Und auch was ich jetzt meine, läßt sich vielleicht am besten ausdrücken, wenn ich auf ein konkretes Erlebnis zurückgreife: Eines Tages saß ein junger Mann vor mir, der sich mit mir eben über die Frage des Sinns bzw. der Sinnlosigkeit des Lebens auseinandergesetzt hatte. Da machte er folgenden Einwand: »Sie haben leicht reden – Sie haben da irgendwelche Beratungsstellen organisiert, Sie helfen Menschen, richten Menschen auf; aber ich – wer bin ich, was bin ich – ein Schneidergehilfe. Was soll ich tun, wie kann ich in meinem Tun dem Leben Sinn geben?« Dieser Mann vergaß, daß es sich nie und nimmermehr darum handelt, wo jemand im Leben steht, etwa in welchen Beruf er hineingestellt ist, sondern lediglich darum handeln kann, wie er seinen Platz, seinen Kreis ausfüllt, – nicht auf die Größe des Aktionsradius kommt es an, vielmehr bloß darauf, ob der Kreis ausgefüllt ist, ein Leben »erfüllt« wird. In seinem konkreten Lebensumkreis ist jeder einzelne Mensch unersetzlich und unvertretbar, und dort ist es jeder. Die Aufgaben, die ihm sein Leben auferlegt, hat nur er, und ausschließlich von ihm ist gefordert, sie zu erfüllen. Und das Leben eines Menschen, der seinen relativ größeren Lebenskreis nicht zur Gänze ausgefüllt hat, bleibt unerfüllter als das eines Menschen, der seinem enger gezogenen Kreis wirklich genügt. In seiner konkreten Umwelt kann dieser Schneidergehilfe mehr leisten und in seinem Tun und Lassen ein sinnvolleres, ein sinn-erfüllteres Leben führen als der von ihm Beneidete, sofern der sich seiner größeren Lebensverantwortung nicht bewußt bleibt und ihr nicht gerecht wird.

Wie steht es nun aber zum Beispiel mit *den Arbeitslosen*, wird man jetzt einwenden – wenn man nämlich vergißt, daß die Berufsarbeit nicht das einzige Feld ist, wo man tätig seinem Leben Sinn geben kann. Macht denn sie allein das Leben sinnvoll? Fragen wir doch bloß die vielen Leute, die uns – nicht ohne Recht – vorjammern, wie sinnlos ihre (noch dazu oft mechanische) Berufsarbeit sei, ihr ewiges Addieren von Zahlenkolonnen oder ihre immer gleichen Schaltbewegungen an Maschinenhebeln, an *einem laufenden Band*. Das Leben dieser Menschen läßt sich ja gerade erst in der allzu spärlichen Freizeit sinnvoll gestalten, mit persönlichem, menschlichem Sinn erfüllen. In seiner wiederum allzu reichlichen Freizeit hat aber auch der Arbeitslose die Chance, auch seinem Leben Sinn zu verleihen.

Niemand soll glauben, daß wir so frivol sind, wirtschaftliche Schwierigkeiten, eine wirtschaftliche Notlage, überhaupt das *soziologische oder ökonomische Moment* in solchen Zusammenhängen zu unterschätzen. Wir wissen, heute mehr denn je, wie weit »zuerst das Fressen und dann die Moral kommt«. Wir machen uns diesbezüglich auch gar nichts mehr vor. Aber wir wissen in einem, wie sinnlos Fressen ohne alle Moral ist und wie katastrophal diese Sinnlosigkeit dem nur aufs Fressen Bedachten zu Bewußtsein kommen kann; und wir wissen nicht zuletzt, wie sehr nur eine »Moral« – will heißen: der unerschütterliche Glaube an einen unbedingten Lebenssinn, so oder so das Leben erträglich macht. Denn wir haben es erlebt, daß der Mensch auch ehrlich bereit ist, zu hungern, wenn das Hungern nur einen Sinn hat.

Aber wir haben nicht nur gesehen, wie schwer das Hungern ist, sofern man keine »Moral« hat, sondern wir haben auch gesehen, wie schwer von einem Menschen Moral verlangt werden kann, sofern man ihn hungern läßt. Einmal mußte ich irgendwo ein psychiatrisches Gerichtsgutachten abgeben über einen halbwüchsigen Burschen, der – inmitten äußerster Notsituation – einen Laib Brot gestohlen hatte; das betreffende Gericht hatte die präzise Frage gestellt, ob der Junge »minderwertig« sei oder nicht. In meinem Gutachten mußte ich zugeben, daß er vom psychiatrischen Standpunkt keineswegs als minderwertig angesehen werden könne; aber ich tat dies nicht, ohne zugleich zu erklären, daß man in dieser seiner konkreten Situation schon überwertig hätte sein müssen, um angesichts solchen Hungers der Versuchung zu widerstehen!

Nicht nur in unserem Tätigsein können wir dem Leben insofern Sinn geben, als wir seine konkreten Fragen verantwortungsbewußt beantworten, nicht nur als Handelnde können wir Forderungen des Daseins erfüllen, sondern auch als Liebende: in unserer liebenden Hingabe an das Schöne, das Große, das Gute. Soll ich Ihnen nun etwa mit einer Phrase auseinandersetzen, daß und wie das Erlebnis von Schönheit das Leben sinnvoll machen kann? Ich will mich lieber auf folgendes Gedankenexperiment beschränken: Stellen Sie sich vor, Sie sitzen in einem Konzertsaal und lauschen Ihrer Lieblingssymphonie, und an Ihrem Ohr rauschen soeben die Lieblingstakte dieser Symphonie vorbei, und Sie sind so ergriffen, daß es Ihnen kalt über den Rücken läuft; und jetzt stellen Sie sich vor, es wäre denkmöglich, was psychologisch so unmöglich ist: daß man Sie in diesem Augenblick fragt – ob Ihr Leben Sinn habe. Ich glaube, Sie werden mir recht geben, wenn ich behaupte: Sie würden in diesem Falle nur eine einzige Antwort geben können, und die würde etwa lauten: »Allein für diesen Augenblick gelebt zu haben – würde schon dafürgestanden sein!«

Ähnlich mag es aber auch dem ergehen, der nicht Kunst sondern Natur erlebt, und ähnlich ergeht es demjenigen, der einen – Menschen erlebt. Oder kennen wir nicht das Gefühl, das uns angesichts eines bestimmten Menschen packt und, in Worte gekleidet, beiläufig folgendes ausdrückt: daß es so einen Menschen in der Welt überhaupt gibt, das allein macht diese Welt und macht ein Leben in ihr schon sinnvoll.

Tätig geben wir dem Leben Sinn, aber auch liebend – und schließlich: leidend. Denn wie ein Mensch zu der Einschränkung seiner Lebensmöglichkeiten, soweit sie eben sein Handeln und sein Lieben betreffen, Stellung nimmt, wie er sich zu dieser Einschränkung verhält – wie er sein Leiden unter solcher Einschränkung auf sich nimmt, in all dem vermag er noch Werte zu verwirklichen.

Wie wir uns also Schwierigkeiten gegenüber einstellen – darin noch zeigt sich, wer man ist, und auch damit läßt sich das Leben sinnvoll erfüllen. Vergessen wir auch nicht den Geist des Sports – diesen eigentlich so recht menschlichen Geist! Was tut der Sportler anderes, als sich Schwierigkeiten nachgerade zu schaffen, um an ihnen zu wachsen? Im allgemeinen gilt es natürlich nicht, sich Schwierigkeiten noch zu schaffen; im allgemeinen ist es vielmehr so, daß Leiden unter dem Unglück nur dann sinnvolles Leiden ist, wenn dieses Unglück schicksalhaft ist, also unvermeidbar und unausweichlich.

Das Schicksal, das also, was uns widerfährt, läßt sich demnach auf jeden Fall gestalten – so oder so. »Es gibt keine Lage, die sich nicht veredeln ließe, entweder durch Leisten oder durch Dulden«, sagt Goethe. *Entweder wir ändern das Schicksal – sofern dies möglich ist –, oder aber wir nehmen es willig auf uns – sofern dies nötig ist.* Innerlich können wir in beiden Fällen an ihm, am Unglück, nur wachsen. Und jetzt verstehen wir auch, was Hölderlin meint, wenn er schreibt: »Wenn ich auf mein Unglück trete, stehe ich höher.«

Wie mißverständlich muß es uns nun erscheinen, wenn Menschen einfach über ihr Unglück klagen oder gegen ihr Schicksal hadern. Was wäre aus uns geworden ohne je unser Schicksal? Wie anders als unter seinen Hammerschlägen, in der Weißglut unseres Leidens an ihm, hätte unser Dasein Form und Gestalt gewonnen? Wer sich gegen sein Schicksal – also gegen das, wofür er wirklich nichts kann und *was er sicher nicht ändern kann*, – auflehnt, der hat den Sinn alles Schicksals nicht erfaßt. Das Schicksal gehört recht eigentlich so ganz zur Totalität unseres Lebens dazu, und nicht das geringste an Schicksalhaftem läßt sich aus dieser Totalität herausbrechen, ohne das Ganze, die Gestalt unseres Daseins zu zerstören.

Das Schicksal gehört also zu unserem Leben dazu, und so auch das Leiden; also hat, wenn das Leben Sinn hat, auch das Leiden Sinn. Auch das Leiden ist sonach, sofern notwendiges Leiden vorliegt, der Möglichkeit nach etwas Sinnvolles. Als solches wird es auch tatsächlich allenthalben anerkannt und gewürdigt. Vor Jahren kam einmal die Nachricht zu uns, daß die englische Pfadfinderorganisation drei Jungen für höchste Leistungen, die sie vollbracht hatten, ausgezeichnet hat; und wer erhielt diese Auszeichnungen? Drei Jungen, die unheilbar krank im Spital lagen und trotzdem ihr schweres Los tapfer und würdig ertrugen. Damit war offenkundig anerkannt worden, daß das rechte Leiden echten Schicksals eine Leistung, und zwar sogar die höchstmögliche Leistung darstellt. Die Alternative aus dem oben zitierten Goethe-Satz stimmt also bei tiefergehender Betrachtung nicht mehr ganz: nicht Leistung oder Dulden kann letztlich die Frage sein – unter Umständen ist vielmehr Dulden selber die größte Leistung.

Der wesentliche Leistungscharakter wahrhaften Leidens ist meinem Empfinden nach vielleicht am deutlichsten in einem Wort von Rilke getroffen worden, der einmal aufschreit: »Wie viel ist aufzuleiden!« Die deutsche Sprache kennt nur den Ausdruck »aufarbeiten« – Rilke aber erfaßte, daß unsere sinnvolle Lebensleistung mindestens ebenso im Leiden wie in der Arbeit abgestattet werden kann.

Aus der Tatsache, daß es jeweils nur eine Alternative geben kann, so oder so dem Leben, dem Augenblick, Sinn zu verleihen, also jeweils nur eine Entscheidung, wie wir zu antworten haben, daß jedoch jedesmal eine ganz konkrete Frage vom Leben her an uns gestellt ist, aus all dem folgt: immer bietet das Leben eine Möglichkeit zur Sinnerfüllung, fakultativ hat es demnach immer einen Sinn; man könnte auch sagen, das menschliche Dasein läßt sich »bis zum letzten Atemzug« sinnvoll gestalten – solange der Mensch atmet, solange er überhaupt noch bei Bewußtsein ist, trägt er Verantwortung für die jeweilige Beantwortung der Lebens-Fragen. Dies braucht uns nicht zu wundern in dem Moment, wo wir uns darauf zurückbesinnen, was wohl die große Grundtatsache des Menschseins ausmacht, – Menschsein ist nämlich nichts anderes als: Bewußt-sein und Verantwortlich-sein!

Hat aber das Leben der Möglichkeit nach immer einen Sinn, hängt es also jeweils bloß von uns ab, ob es in jedem Augenblick mit diesem möglichen – ständig sich wandelnden – Sinn erfüllt wird, steht es also so ganz in unserer Verantwortung und vor unserer Entscheidung, diesen jeweiligen Sinn zu verwirklichen, dann wissen wir auch eines bestimmt: Sicher sinnlos ist und absolut keinen Sinn hat eines, und dies ist – das Leben wegzuwerfen. Der Selbstmord ist sonach auf keinen Fall Antwort auf irgendeine Frage; der Selbstmord ist nie imstande, ein Problem zu lösen.

Vorhin mußten wir schon einmal das Schachspiel zum Gleichnis nehmen für die Stellung des Menschen im Dasein, für sein jeweils vor eine Frage des Lebens Gestelltsein; wir wollten mit unserem Gleichnis vom »besten Schachzug« zeigen, wie die Frage des Lebens jeweils nur als eine durchaus konkrete gedacht werden kann, als eine auf je eine Person und je eine Situation, auf je einen Menschen und auf je einen Augenblick – auf ein Hier und ein Jetzt sich beziehende Frage. Nun müssen wir abermals das Schachspiel zum Gleichnis nehmen – nun, wo es zu zeigen gilt, wie unbedingt widersinnig der »Lösungs«-Versuch eines Lebensproblems durch den Selbstmord sei.

Stellen wir uns doch bloß einmal vor: ein Schachspieler ist vor ein Schachproblem gestellt, und er findet nicht die Lösung, und – was tut er? – er wirft die Steine vom Brett: Ist das eine Lösung des Schachproblems? Gewiß nicht. Ganz genau so aber verfährt der Selbstmörder: Er wirft sein Leben weg und denkt, damit ein unlösbar erscheinendes Lebensproblem der Lösung zugeführt zu haben. Er weiß nicht, daß er damit die Spielregeln des Lebens verletzt – ebenso wie jener Schachspieler aus unserem Gleichnis die Spielregeln des Schachspiels außer acht läßt, innerhalb deren ein Schachproblem durch Rösselsprünge, Rochieren oder weiß Gott was, jedenfalls nur durch einen Schachzug sich lösen läßt, keinesfalls jedoch durch das geschilderte Vorgehen. Nun, auch *der Selbstmörder verletzt die Spielregeln des Lebens; diese Spielregeln verlangen ja von uns nicht, daß wir um jeden Preis siegen, – wohl aber verlangen sie von uns, daß wir auf keinen Fall den Kampf aufgeben.*

Vielleicht wird jetzt einer aber einwenden, er gebe zu, der Selbstmord sei sinnwidrig; ob aber nicht das Leben selber sinnlos werde bloß schon angesichts der Tatsache des jedem Menschen bevorstehenden natürlichen Todes? Muß er nicht all unser Beginnen von vornherein sinnlos erscheinen lassen – wo doch nichts von Dauer ist? Versuchen wir einmal die Antwort auf diesen Einwand, indem wir umgekehrt fragen; fragen wir uns bloß: was wäre, wenn wir unsterblich wären? Und wir können darauf antworten: Wenn wir unsterblich wären – dann könnten wir alles, aber auch wirklich schon alles, aufschieben. Denn es käme nie darauf an, ob wir etwas gerade jetzt tun oder morgen oder übermorgen oder in einem Jahr oder in zehn Jahren oder wann immer. Uns drohte kein Tod und kein Ende, keine Begrenzung der Möglichkeiten, wir sähen keine Veranlassung, eine Tat eben jetzt zu setzen oder einem Erlebnis uns just jetzt hinzugeben, – es hätte ja Zeit, wir hätten ja Zeit, unendlich viel Zeit. Die Tatsache und nur die Tatsache hingegen, daß wir sterblich, daß unser Leben endlich, daß unsere Zeit begrenzt ist und unsere Möglichkeiten beschränkt sind, diese Tatsache ist es, die es überhaupt sinnvoll erscheinen läßt, etwas zu unternehmen, eine Möglichkeit zu nutzen und zu verwirklichen, zu erfüllen, die Zeit zu nutzen und auszufüllen. Der Tod bedeutet den Zwang hierzu. So macht der Tod erst den Hintergrund aus, auf dem unser Sein eben ein Verantwortlichsein ist.

Schauen wir die Dinge so an, dann mag es sich uns im wesentlichen als recht unerheblich erweisen, wie lange ein Menschenleben dauert. Seine lange Dauer muß es noch lange nicht sinnvoll machen – und seine allfällige Kürze bei weitem nicht sinnlos. Auch die Biographie eines konkreten Menschen beurteilen wir ja nicht nach der Seitenzahl des Buches, das sie darstellt, sondern lediglich nach der Inhaltsfülle, die es birgt.

Und noch eine Frage hätten wir bei dieser Gelegenheit zu streifen: die Frage, ob das Leben eines Menschen, das nicht fortgepflanzt wird, durch eben diese Tatsache allein vielleicht schon sinnlos werde. Darauf können wir antworten: Entweder das Leben, das Einzelleben, hat Sinn – dann muß es seinen Sinn auch behalten, wenn es nicht fortgepflanzt wird, wenn es sich also nicht dieser – nebenbei bemerkt: höchst illusorischen – biologischen »Verewigung« anvertraut. Oder aber das Einzelleben, das Leben des einzelnen Menschen, hat keinen Sinn – dann könnte es auch niemals Sinn bekommen bloß dadurch, daß es sich durch Fortpflanzung zu »verewigen« trachtet. Denn etwas an sich »Sinnloses« zu verewigen ist selber sinnlos.

Wir ersehen aus all dem nur eines: der Tod gehört zum Leben sinnvoll dazu – ebenso, wie das menschliche Leiden. Beide machen das Dasein des Menschen nicht sinnlos, sondern überhaupt erst sinnvoll. Es ist also gerade die Einmaligkeit unseres Daseins in der Welt, die Unwiederbringlichkeit unserer Lebenszeit, die Unwiderruflichkeit all dessen, womit wir sie ausfüllen – oder unerfüllt lassen –, das ist es, was unserem Dasein Bedeutungsschwere gibt. Aber nicht nur die Einmaligkeit des Einzellebens als eines Ganzen gibt ihm Gewicht – auch die Einmaligkeit jedes Tages, jeder Stunde, jedes Augenblicks stellt etwas dar, das unser Dasein mit dem Gewicht einer furchtbaren und doch so herrlichen Verantwortung belädt! Die Stunde, deren Forderung wir nicht verwirklichen, so oder so verwirklichen, diese Stunde ist verwirkt, verwirkt »für alle Ewigkeit«. Umgekehrt aber ist das, was wir, die Gelegenheit des Augenblicks benützend, verwirklichen, ein für allemal hineingerettet in die Wirklichkeit, in eine Wirklichkeit, in der es nur scheinbar »aufgehoben« wird, indem es zur Vergangenheit geworden ist: in ihr ist es nämlich in Wahrheit aufgehoben ganz im Sinne von »Aufbewahrtsein«! Das Vergangensein ist in diesem Sinne vielleicht sogar die sicherste Form von Sein überhaupt. Dem Sein, das wir so in die »Vergangenheit« hineingerettet haben, kann die »Vergänglichkeit« eben nichts mehr anhaben.

Gewiß, unser Leben als biologisches, das Leibliche, ist seiner Natur nach vergänglich. Nichts bleibt von ihm – und doch: wie viel! Was von ihm bleibt, was von uns übrigbleiben wird – was uns überdauern kann, das ist das in unserem Dasein Verwirklichte, das über uns hinaus und über uns hinweg Nachwirkende.

Unser Leben verpufft in seine Wirksamkeit – und insofern gleicht es etwa dem Radium, dessen Materialität ebenfalls im Laufe seiner »Lebenszeit« (und die radioaktiven Stoffe haben bekanntlich eine beschränkte Lebenszeit) zunehmend in Strahlungsenergie sich umsetzt, um nie wieder zur Stofflichkeit zurückzukehren. Was wir »ausstrahlen« in die Welt, die »Wellen«, die von unserem Sein ausgehen – das ist es, was von uns bleiben wird, wenn unser Sein selbst längst dahingegangen ist.

Es gäbe ein einfaches Mittel – man möchte fast sagen: einen Trick, um die Verantwortung in ihrer ganzen Größe eindringlichst sich sichtbar zu machen, mit der unser Dasein in jedem Augenblick so beladen ist, – eine Verantwortung, vor der wir nur zitternd und letztlich doch irgendwie freudig stehen können. Es gibt nämlich eine Art kategorischen Imperativs, also *auch* eine Formel des »Handle so als ob« – formal ähnlich der bekannten Maxime von Kant; und sie müßte beiläufig so lauten: »*Lebe so, als ob du zum zweiten Male lebtest und das erste Mal alles so falsch gemacht hättest, wie Du es zu machen – im Begriffe bist!*«

Die wesentliche Endlichkeit unseres Daseins in der Zeit, aufscheinend im Tatbestand des wenn auch in weiter Sicht vor uns stehenden Todes, ist nicht das einzige, was dieses Dasein sinnvoll macht: auch unsere Endlichkeit im Nebeneinander der einzelnen Menschen macht das Leben jedes einzelnen ebenfalls nicht sinnlos sondern erst sinnvoll. Was hiermit gemeint wird, ist die Tatsache unserer Unvollkommenheit, unserer inneren Beschränkungen, wie sie etwa mit der unterschiedlichen Anlage der Menschen gegeben sind. Bevor wir aber den Gedanken, der uns zur Sinnhaftigkeit gerade unserer Unvollkommenheit hinleiten soll, durchführen, wollen wir vorerst fragen, ob die Verzweiflung eines Menschen über seine eigene Unvollkommenheit und Unzulänglichkeit jemals überhaupt zu recht bestehen kann. Müssen wir doch fragen, ob ein Mensch, der sein Sein an einem Sollen mißt, der also den Maßstab eines Ideals an sich selber anlegt, jemals ganz wertlos sein kann. Ist es nicht vielmehr so, daß gerade die Tatsache, daß er über sich selbst verzweifeln kann, ihn irgendwie auch schon rechtfertigt und in gewissem Maße seiner Verzweiflung die Berechtigung zuletzt entzieht? Könnte er denn überhaupt über sich selbst zu Gericht sitzen, wenn er so ganz wertlos wäre, daß er des Ideals nicht einmal ansichtig ist? Bestätigt nicht der Abstand vom Ideal, sobald er ihn nur wahrnimmt, auch schon, daß er diesem Ideal nicht ganz abtrünnig geworden ist?

Und nun zur Frage des Sinnes unserer Unvollkommenheit und je unserer Einseitigkeiten: Vergessen wir doch nicht, daß jeder einzelne Mensch zwar unvollkommen ist, aber jeder unvollkommen in einer andern Weise – jeder »in seiner Art«. Und so unvollkommen, wie er es ist, ist es nur er. So wird er, positiv ausgedrückt, irgendwie unersetzlich, unvertretbar, unaustauschbar. Hierzu bietet sich uns aus der Welt des Biologischen ein recht passendes Modell an: Ursprünglich in der Entwicklung der Lebewesen sind die Zellen bekanntlich »zu allem fähig« – eine »primitive« Zelle kann alles, sie kann fressen, sich bewegen, sich fortpflanzen, ihre Umgebung irgendwie »empfinden« usw., und erst im Gefolge der langen Entwicklung zu höheren organismischen Zellverbänden wird die Einzelzelle spezialisiert, so daß sie schließlich nur zu einer einzigen Funktion taugt – gemäß dem Prinzip der fortschreitenden Arbeitsteilung innerhalb des gesamten Organismus; um den Preis der ursprünglichen »Vollkommenheit« ihrer Fähigkeiten hat sie sich dann aber eine relative funktionelle Unersetzlichkeit erkauft! So kann beispielsweise eine Zelle der Netzhaut des Auges nicht mehr fressen, nicht mehr sich bewegen, nicht mehr sich fortpflanzen; aber das eine, was sie kann: sehen – das kann sie nun in außergewöhnlichem Maße, und in dieser ihrer spezifischen Funktion ist sie unvertretbar geworden: Sie ist etwa durch eine Zelle der Haut, eine Muskelzelle oder eine Keimzelle keineswegs mehr vertretbar.

So wie sich uns der Tod im vorhin Gesagten als sinnhaft notwendig erwies, indem er *die Einmaligkeit unseres Daseins* und mit ihr unser Verantwortlichsein begründet, so erweist sich uns jetzt die Unvollkommenheit des Menschen als sinnotwendig, indem sie – nunmehr werthaft positiv gesehen – sich als etwas darstellt, das *die Einzigartigkeit unseres Soseins* ausmacht. Diese Einzigartigkeit als positiver Wert kann jedoch nicht in ihr selber gründen – Wertbedeutung erhält die Einzigartigkeit jedes einzelnen Menschen vielmehr erst dadurch, daß sie sich (analog der funktionellen Bedeutung einer Einzelzelle für den Gesamtorganismus) auf ein übergeordnetes Ganzes bezieht, nämlich auf eine menschliche Gemeinschaft. Einzigartigkeit vermag nur dann wertvoll zu sein, wenn sie nicht Einzigartigkeit für sich ist, sondern Einzigartigkeit für die menschliche Gemeinschaft. Die schlichte und bloße Tatsache, daß jedes menschliche Individuum ganz »einzigartige« Hautfurchenmuster an den Fingerkuppen besitzt, hat höchstens für den Kriminalisten, für die Verbrechensforschung oder die Ausforschung eines Verbrechers Relevanz; aber diese biologische »Individualität« jedes einzelnen macht ihn noch nicht zur »Persönlichkeit«, noch nicht zu einem in seiner Einzigartigkeit für die Gemeinschaft wertvollen Lebewesen.

Versuchen wir, die Einmaligkeit des Daseins und die Einzigartigkeit jedes Menschen und diese Einzigartigkeit als eine Einzigartigkeit »für« – also eine auf die andern, auf Gemeinschaft bezogene Einzigartigkeit – zusammenfassend in eine Formel zu bringen, eine Formel, die uns gemahnen soll an dic »furchtbare und herrliche« Verantwortung des Menschen, an die »Ernstlichkeit« seines Lebens, dann könnten wir auf einen Ausspruch zurückgreifen, den Hillel, einer der Begründer des Talmud, vor fast zweitausend Jahren zu seinem Wahlspruch gemacht hat. Dieser Spruch lautet: »Wenn ich es nicht tue – wer sonst wird es tun? Wenn ich es aber nur für mich tue – was bin ich dann? Und wenn ich es nicht jetzt tue – wann denn soll ich es tun?« – »Wenn nicht ich ...« – darin steckt die Einzigartigkeit jeder einzelnen Person; »wenn für mich ...« – darin steckt die Wertlosigkeit und Sinnlosigkeit solcher Einzigartigkeit, sofern sie nicht eine dienende ist; »und wenn nicht jetzt ...« – darin steckt die Einmaligkeit jeder einzelnen Situation!

Fassen wir nun zusammen, was wir zur Frage nach dem »Sinn« des Lebens zu sagen hatten, dann können wir formulieren: Leben selbst heißt Gefragtwerden, heißt antworten – je sein eigenes Dasein ver-antworten. Das Leben erscheint so nicht mehr als eine Gegebenheit, sondern als eine Aufgegebenheit – es ist in jedem Moment Aufgabe. Daraus resultiert aber auch schon, daß es nur um so sinnvoller werden kann, je schwieriger es wird. Der Sportler, etwa der Kletterer, der sich Aufgaben *sucht*, schafft sich die Schwierigkeiten sogar selber: Wie froh ist doch der Kletterer, wenn er in einer Wand noch eine schwierige – eine noch schwierigere »Variante« findet! An dieser Stelle müssen wir jedoch vermerken, daß der religiöse Mensch in seinem Lebensgefühl, in seinem »Seinsverständnis«, insofern ausgezeichnet ist, als er noch einen Schritt weiter geht, über den das Leben als Aufgabe verstehenden Menschen noch hinausgeht, indem er zur Aufgabe gleichsam jene Instanz hinzuerlebt, die ihm eine Aufgabe »stellt«, oder die ihn vor Aufgaben gestellt hat, – die göttliche Person! Mit andern Worten: der religiöse Mensch erlebt sein Leben als göttlichen Auftrag.

Und was, um es zum Schluß zusammenzufassen, konnten wir zur Frage nach dem »Wert« des Lebens aussagen? Die Ansicht, die sich uns bot, läßt sich vielleicht am treffendsten mit Worten von Hebbel ausdrücken, der sagt: »Das Leben ist nicht etwas – es ist die Gelegenheit zu etwas!«

II

Eines der Ergebnisse, zu dem wir uns in unserem ersten Gespräch durchzuringen versuchten, lautet: Wenn das Leben einen Sinn hat – dann muß auch das Leiden einen Sinn haben. Zum Leiden gehört nun die Krankheit dazu. »Gehört dazu«, sagen wir; denn »Leiden« und »Krankheit« sind nicht dasselbe. Der Mensch kann leiden, ohne krank zu sein; und er kann krank sein, ohne zu leiden. So sehr ist das Leiden eine schlechthin menschliche Angelegenheit, zum menschlichen Leben als solchem irgendwie schon dazugehörend, daß unter Umständen gerade das Nicht-leiden – Krankheit sein kann. Das sehen wir namentlich im Falle jener Krankheiten, die man gemeiniglich als Geisteskrankheiten bezeichnet und die trotzdem nichts weniger sind als Krankheiten des Geistes. Der Geist kann nämlich gar nicht krank werden – Geistiges kann jeweils nur wahr oder falsch sein, gelten oder ungültig sein, niemals aber krank sein. Das, was allein krank sein, was erkranken kann, ist lediglich das Seelische. Bei solchen seelischen Krankheitsfällen jedoch, und zwar bei jenen, die selber nicht seelisch verursacht sind, vielmehr letztlich vom Körperlichen her bedingt werden – eben bei den sogenannten Geisteskrankheiten (Psychosen, im Gegensatz zu den seelisch verursachten Neurosen): hier zeigt sich mitunter, daß das Nicht-leiden-Können nachgerade ein Symptom ist.

Ein Mensch, der eine syphilitische Infektion gehabt hat, ist in gewissem Maße, mit einem bestimmten kleinen Prozentsatz von Wahrscheinlichkeit, Jahre oder Jahrzehnte später von einer syphilitischen Nachkrankheit des Gehirns, Paralyse genannt, bedroht. Sofern er nicht weiß, daß man – durch Untersuchung seiner Rückenmarksflüssigkeit zu gewissen Zeiten bzw. in gewissen Zeitabständen – genau und sicher feststellen kann, ob er zu diesen bedrohten Fällen gehört oder nicht, wird er sich vor dem Ausbruch dieser Geistesstörung fürchten. (Daß sie in den Fällen mit positivem Befund der Rückenmarksflüssigkeit durch eine Malariabehandlung ebenso verhütet werden kann, wie die bereits aufgetretene Paralyse durch eine solche Frühbehandlung geheilt werden kann, sei nur nebenbei bemerkt.) Diese Furcht vor der Paralyse kann nun ihrerseits krankhafte Dimensionen annehmen, sie kann also selber bis ins Krankhafte, ins Neurotische übertrieben sein. Was sehen wir aber, wenn ein solcher Mensch dann tatsächlich an der Paralyse erkrankt, wenn die (krankhaft) gefürchtete Krankheit dann tatsächlich zum Ausbruch kommt? Dann hört er auch im gleichen Augenblick auf – sich vor ihr noch zu fürchten! Und warum? Weil es zum Krankheitsbild der Paralyse gehört, daß sie den Betroffenen in eine wohlige Stimmung versetzt, aus der heraus er nicht leiden kann – quasi unter dem »Leiden«, an dem er leidet, nicht leiden kann.

Der Arzt wird sich im allgemeinen hüten, vor einem Kranken oder gar ihm selbst gegenüber die Diagnose einer so allgemein gefürchteten, schweren Erkrankung, wie sie die Paralyse darstellt, auszusprechen; nur eben im Falle eines Paralytikers sind diese Bedenken unbegründet: Einem Paralytiker gegenüber kann der Arzt ungeniert erklären, um welche Krankheit es sich dabei handelt: Der betreffende Patient wird lächelnd behaupten, die Diagnose sei unrichtig; und wenn dann der Arzt etwa darauf hinweisen würde, daß der Kranke nicht einmal ordentlich zu sprechen imstande sei, dann würde letzterer ganz unerschüttert bleiben und – wie meistens in solchen Fällen – die Schuld an seiner Sprachstörung auf seine schlechten Zähne oder sein falsches Gebiß schieben.

All das, was den normalen Menschen beeindruckt oder erschüttert, geht am Menschen, dessen Leidensfähigkeit durch eine seelische Krankheit beeinträchtigt ist, vorüber, ohne ihn zu rühren oder Eindruck auf ihn zu machen. Nehmen wir bloß schon die Tatsache der Aufnahme in eine Irrenanstalt zum Beispiel! Ich erinnere mich an einen Paralytiker, der ins Zimmer trat, in dem die Ärzte der Anstalt die neuaufgenommenen Patienten erstmalig untersuchten: mit jovialem Lächeln und in ausgesprochen freudiger Stimmung begrüßte er uns mit Worten, in denen er beteuerte, wie sehr er sich freue, bei uns zu sein. Und als man ihn später zu einer Punktion vorbereitete, zeigte er nicht die geringste Angst und meinte nur: »Ich weiß ja, warum ihr das alles mit mir treibt: damit ich mich nicht langweilen soll!« Und als man schließlich die Punktion durchführte, bei der er immerhin einen Stich verspüren mußte, ließ er zwar – sozusagen reflektorisch – ein »Au« hören, nicht aber ohne gleich darauf hinzuzusetzen: »– war das fein ...«

Wenn man diese Tatsache ignoriert, daß gerade der seelisch erkrankte Mensch, und zwar im besonderen der im Sinne von »Geisteskrankheit« erkrankte Mensch, die normale Leidensfähigkeit verloren hat, dann kann einem das passieren, was eines Tages mir passierte: Ich hatte in einer Irrenanstalt Aufnahmedienst und wurde in den Aufnahmepavillon gerufen, wo soeben eine Neuaufnahme erfolgte. Dort angelangt, fand ich eine ältere und eine jüngere Frau vor, sichtlich Mutter und Tochter. Die Mutter gebärdete sich ganz aufgeregt und jammerte, wie schrecklich das alles sei, während die Tochter sich darum bemühte, die Mutter zu beruhigen und zu trösten, indem sie beteuerte, alles würde wieder gut werden usw. Als ich nun irgendeine Frage an die Patientin zu richten hatte und mich hierbei an die so aufgeregte Mutter wandte, da deutete die Frau hinter dem Rücken der Tochter mit dem Finger auf diese – die war die Kranke! Und die Kranke selbst war gar nicht aufgeregt, war gar nicht so entsetzt über ihre Einlieferung in eine Irrenanstalt: Gerade aus ihrer Krankheit heraus reagierte sie auf diese gewiß nicht alltägliche und nichts weniger als angenehme Situation – in eine Irrenanstalt eingeliefert zu werden – mit relativer Apathie. Es ist eben so, daß die abnorme (aufgeregte, gefühlsbetonte) Reaktion auf eine abnorme Situation das normale Verhalten darstellt.

Aber es gibt auch seelische Krankheitszustände, in denen – gleichsam paradoxerweise – der Mensch gerade darunter, daß er nicht leiden kann, – leidet! Es gibt nämlich eine Sonderform der Melancholie, die nicht, wie die gewöhnliche, mit einer Gemütsverstimmung im Sinne von Traurigkeit oder Angst einhergeht, in der die Kranken vielmehr ausschließlich darüber klagen, daß sie sich nicht freuen, aber auch nicht leiden können, daß sie überhaupt keiner Gefühlsregung fähig seien, weder in Richtung auf angenehme noch auf unangenehme Erlebnisse, daß sie gemütsstumpf und gefühlskalt seien; ja diese Kranken klagen sogar darüber, daß sie nicht einmal weinen können, und die Verzweiflung dieser Menschen just darüber, daß nicht imstande sind zu leiden, gehört sogar zu der größten Verzweiflung, deren der Psychiater je ansichtig werden kann. Wie tief muß im Bewußtsein des Menschen sonach das Wissen darum stecken, daß das Leiden zum eigentlichen Leben dazugehört!

Aber uns allen selbst ist dieser Tatbestand gar nichts so Befremdliches, als was er auf den ersten Blick erscheinen mag; auch im normalen Seelenleben weiß der Mensch irgendwie darum, wie sehr alles Leiden zum Leben eigentlich hinzugehört. Denn fragen wir uns bloß einmal, und zwar ehrlich und ernstlich, ob wir die traurigen Erlebnisse aus der Vergangenheit unseres Lebens, etwa unseres Liebeslebens, streichen wollten, ob wir all das missen wollten, was sich darin an Leidvollem, an »Erleidnissen« ereignet hat – dann werden wir wohl alle nein sagen. Denn irgendwie wissen wir darum, wie wir gerade in diesen wenn auch unlustbetonten Stücken und Zeiten unseres Daseins innerlich gewachsen und gereift sind.

Nun mag der eine oder andere unter Ihnen einwenden, das sei eine sophistische Täuschung, sozusagen ein demagogisches Manöver von mir; ich solle doch einmal einen Menschen befragen, der noch und solange er noch »mitten drin« im Leiden steht – ihn soll ich doch einmal fragen, ob er sein Leiden als solches bejahe! Nun, auch diesbezüglich liegen uns Erfahrungen, unmittelbare, lebendige Erfahrungen vor:

Es ist nicht viel länger als ein Jahr her, da standen die Männer aus den Konzentrationslagern in den Gräben und schufteten und schaufelten und pickelten den vereisten Boden auf, so daß die Funken nur so stoben. Und wenn der wachhabende Posten sich gerade von der Gruppe entfernte, und wenn für eine Weile des Unbeobachtetseins die Schaufeln und die Pickeln in den müden Händen ruhten, dann begannen die Gespräche unter den Männern da draußen auf dem »Außenkommando«, und diese Gespräche am Arbeitsplatz – sie waren immer dieselben, sie drehten sich mit unheimlicher seelischer Automatie immer wieder um den gleichen Denkinhalt: das Fressen. Da wurden Kochrezepte ausgetauscht und Speisezettel zusammengestellt und der eine fragte den andern nach seinen Lieblingsspeisen oder schwärmte ihm von Leckerbissen vor – und sie malten sich aus, was sie einander vorsetzen würden, wenn sie dereinst, nach der Befreiung aus dem Lager, einander zu Gaste laden und bewirten würden. Aber die besten unter ihnen wünschten diesen Tag der Befreiung nicht deshalb herbei, damit sie wieder schwelgen könnten in kulinarischen Genüssen, sondern aus einem ganz andern Grund: damit endlich dieser ganze menschenunwürdige Zustand aufhöre, in dem man zwanghaft an nichts anderes denken kann als eben bloß ans Fressen; dieser Zustand, in dem man an nichts anderes denken kann als daran, ob es schon ¼ oder ½10 Uhr vormittags ist oder ½ oder ¾12 Uhr mittags, und wieviel Stunden noch vergehen werden in diesem kalten Graben, mit diesem leeren Magen, bis die kurze Mittagspause da ist oder bis es Abend geworden und man den Marsch ins Lager antreten kann, um endlich in der Küche die Schüssel Suppe zu fassen. Wie sehnten wir uns damals nach eigentlich menschlichem Leiden, nach eigentlich menschlichen Problemen, nach eigentlich menschlichen Konflikten – an Stelle dieser menschenunwürdigen Fragen des Fressens oder Hungerns, des Frierens oder Schlafens, des Schuftens oder Geschlagenwerdens. Mit welcher Wehmut und Trauer dachten wir zurück an jene Zeit, da wir noch unsere menschlichen Leiden, Probleme und Konflikte hatten, und nicht die Leiden und Fährnisse eines Tieres; aber eben auch in Richtung auf die Zukunft – wie echt war da nicht unsere Sehnsucht nach dem Zustand, in dem wir keineswegs leidlos, problemlos und konfliktfrei leben könnten, wo wir vielmehr wohl zu leiden hätten, aber zu leiden unter jenem Leiden, das dem Menschen als solchem nun einmal sinnvoll auferlegt ist.

Wir haben schon gehört, daß die Sinnerfüllung in drei Hauptrichtungen möglich ist: Der Mensch vermag seinem Dasein Sinn zu geben erstens, indem er irgend etwas tut, indem er handelt, indem er etwas schafft – indem er ein Werk verwirklicht; zweitens jedoch auch, indem er etwas erlebt – Natur, Kunst, Menschen liebt; und drittens schließlich vermag der Mensch auch noch dort, wo ihm weder in der ersten noch in der zweiten Richtung die Möglichkeit gegeben ist, seinem Leben Wert zu verleihen, in ihm einen Sinn zu finden – nämlich gerade darin, wie er zu der unabänderlichen, schicksalhaften, unausweichlichen und unvermeidlichen Einschränkung seiner Möglichkeiten Stellung nimmt, wie er sich zu ihr einstellt, zu ihr verhält, wie er dieses Schicksal auf sich nimmt. Im Ablauf des Lebens muß nun der Mensch bereit sein, entsprechend den jeweiligen »Forderungen der Stunde« die Richtung solcher Sinnerfüllung jeweils zu ändern, oft jäh zu ändern. Denn wir haben schon darauf hingewiesen, daß der Sinn des Lebens nur ein konkreter sein kann, konkret sowohl in bezug auf jeden einzelnen Menschen als auch in bezug auf jede einzelne Stunde: Die Frage, die das Leben an uns stellt, wechselt von Person zu Person ebenso wie von Situation zu Situation. Ich möchte nun anhand eines beispielhaften Falles zeigen, wie dieser Richtungswechsel sowohl vom Schicksal her »gefordert« als auch vom betreffenden Menschen »gehorsam« vollzogen wurde.

Es handelt sich um einen jüngeren Mann, der mitten in einem regen und fruchtbaren Berufsleben stand – er war ein vielbeschäftigter Reklamegraphiker –, aus seiner Berufsarbeit jedoch plötzlich herausgerissen wurde, indem er an einer bösartigen, inoperablen, hochsitzenden Rückenmarksgeschwulst erkrankte. Diese Geschwulst führte dazu, daß er recht rasch an den Armen und Beinen gelähmt wurde. Nun konnte er die Richtung, in der er hauptsächlich sein Leben sinnvoll gestaltet hatte, nämlich die Richtung des Tätigseins, nicht mehr einhalten: Er wurde abgedrängt, in eine andere Richtung gedrängt – das Tätigsein wurde ihm in zunehmendem Maße verschlossen, und immer mehr wurde er darauf angewiesen, in einem passiven Erleben den Sinn seiner solcherart eingeengten Situation zu finden und auch noch innerhalb dermaßen beschränkter Möglichkeiten dem Leben Sinn abzuringen; denn was tat unser Patient? Als er im Spital lag, beschäftigte er sich intensivst mit Lektüre, er las Bücher, für die er vorher, in seinem ausgefüllten Berufsleben, niemals Zeit gefunden hatte, er hörte fleißig Musik im Radio und führte die anregendsten Gespräche mit einzelnen Mitpatienten. Er hatte sich also zurückgezogen auf jenes Feld des Daseins, auf dem es dem Menschen möglich ist, jenseits vom Tätigsein, im passiven Aufnehmen der Welt in das Selbst, die Sinngebung des Lebens, das Antwortgeben auf die Lebensfrage, zu vollziehen. So ist es begreiflich, daß dieser tapfere Mensch auch jetzt noch keineswegs das Gefühl hatte, sein Leben – auch in aller Eingeschränktheit – sei sinnlos geworden. Dann aber kam der Zeitpunkt, an dem seine Krankheit so fortgeschritten war, daß seine Hände kein Buch mehr halten konnten – so sehr versagte die Muskelkraft; auch konnte er dann die Kopfhörer nicht mehr vertragen – so sehr verursachten sie ihm Nervenschmerzen am Schädel; und auch das Sprechen fiel ihm schließlich schwer, und er konnte seine geistvollen Diskussionen mit den andern Kranken nicht mehr abhalten. So war dieser Mann neuerlich abgedrängt, vom Schicksal her verwiesen worden – nunmehr aber nicht bloß aus dem Reich schöpferischer Wertverwirklichung, sondern auch aus dem der Erlebniswerte. Dies war die krankheitsbedingte Situation seiner letzten Lebenstage. Aber auch ihr vermochte er noch Sinn abzuringen – eben in der Weise, wie er zu dieser Situation Stellung nahm. Unser Patient wußte ganz genau, daß seine Tage, schließlich seine Stunden, gezählt waren. Ich erinnere mich nun deutlich an die Visite, die ich damals als gerade diensthabender Arzt jenes Spitals am letzten Nachmittag machen mußte, den dieser Mann erlebte. Als ich an seinem Bett vorüberkam, winkte er mich herbei. Mühsam sprechend gab er mir zu verstehen, er hätte vormittags, bei der Chefvisite, vernommen, daß Professor G. Auftrag gegeben hatte, dem Kranken in den letzten Stunden zur Erleichterung der bevorstehenden Todesqualen eine Morphiuminjektion zu verabreichen. Da er nun Grund zur Annahme habe, meinte er weiter, in der kommenden Nacht werde es mit ihm »so weit sein«, bitte er mich nun, die Injektion ihm jetzt schon, gleich bei der Visite, zu geben – damit die Nachtschwester mich nicht rufen und seinetwegen mich eigens im Schlafe stören müsse ... In den letzten Stunden seines Lebens war somit dieser Mensch noch bedacht darauf, andere zu schonen statt zu »stören«! Abgesehen von aller Tapferkeit, mit der er all sein Leid und jeden Schmerz ertrug – welche Leistung, nicht berufliche aber menschliche Leistung sondergleichen steckt doch in dieser schlichten Bemerkung, in diesem Rücksichtnehmenwollen auf den anderen, buchstäblich noch in letzter Stunde! Sie werden mich verstehen, wenn ich nunmehr behaupte: keine noch so großartige Reklamezeichnung, nicht die beste und schönste der Welt, wenn sie diesem unserem Patienten noch zur Zeit voller beruflicher Tätigkeit gelungen wäre, wäre als Leistung gleichgekommen – dieser schlichten menschlichen Leistung, die sich im geschilderten Verhalten des Mannes in seinen letzten Stunden aussprach.

So sehen wir, daß Krankheit keineswegs einen Sinnverlust, eine Sinnverarmung des Daseins notwendig mit sich bringt; sie ist der Möglichkeit nach vielmehr immer etwas Sinnvolles. Daß ein Sinnverlust nicht notwendig eintreten muß auch dort, wo ein Mensch körperlich, an seinem Leib, einen Verlust erleidet, möge aus folgendem Fall hervorgehen: Eines Tages wurde einer der angesehensten Juristen Österreichs in ein Spital eingeliefert, in dem ich damals tätig war. Durch Arterienverkalkung war ein »Brand« aufgetreten, und man mußte den Patienten einer Beinamputation unterziehen. Nachdem er die Operation gut überstanden hatte, war es eines Tages so weit, daß er die ersten einbeinigen Gehversuche unternehmen sollte. Unter meiner Assistenz stieg er aus dem Bett heraus und begann nun mühselig und armselig, auf einem Bein, wie ein Spatz, im Zimmer herumzuhüpfen. Da brach er plötzlich in Tränen aus, und der ehrwürdige, weltberühmte Greis, den ich da mit meinen Händen hielt, weinte leise wie ein kleines Kind. »Das werd ich nicht aushalten – so ein Leben als Krüppel hat doch keinen Sinn!«, so wimmerte er. Da schaute ich ihm in die Augen und fragte ihn eindringlich, doch spöttisch: »Sagen Sie, Herr Präsident, haben Sie die Absicht, Kurz- oder Langstreckenläufer zu werden und als solcher noch Karriere zu machen?« Erstaunt blickte er auf. »Dann nämlich«, fuhr ich fort, »aber auch nur dann, würde ich Ihre Verzweiflung und Ihre vorige Äußerung verstehen können: denn dann hätten Sie ausgespielt, dann allerdings wäre Ihr weiteres Leben, wäre ein Weiterleben für Sie sinnlos: weder als Kurz- noch als Langstreckenläufer kommen Sie noch in Frage. Sollte aber darüber hinaus, für einen Menschen, der ein ganzes Leben höchst sinnvoll gestaltet hat, der gewirkt hat und sich einen Namen geschaffen hat in der Fachwelt, wie Sie, sollte für so einen Menschen das Leben bloß deshalb den Sinn verloren haben, weil er ein Bein verloren hat?« Der Mann verstand sofort, was ich meinte, und ein Lächeln huschte über sein verweintes Gesicht.

Krankheit muß also keineswegs einen Sinnverlust darstellen. Aber mehr als das: mitunter kann sie sogar einen Gewinn bedeuten. Um Ihnen diese Möglichkeit klarzumachen, möchte ich Ihnen einen Fall erzählen, der sich in einem Konzentrationslager ereignete. Dort begegnete mir einmal eine Frau in jüngeren Jahren, die ich schon von früher her kannte. Als ich sie im Lager wiedersah, war sie in einem elenden Zustand und sterbenskrank – und wußte dies auch. Wenige Tage vor ihrem Tode meinte sie aber: »Ich bin dem Schicksal dankbar dafür, daß es mich hierher gebracht hat; in meinem früheren, gutbürgerlichen Leben hatte ich zwar so manche schöngeistige Ambition, irgendwie aber war es mir nicht ganz ernst damit. Jetzt jedoch bin ich glücklich, trotz allem. Jetzt ist alles ernst geworden, und ich kann, ich muß mich bewähren.« Als sie dies sagte, war sie heiterer, als ich sie je zuvor gekannt hatte. So war es ihr vergönnt – war es ihr »geglückt«, das zu tun, was Rilke von jedem Menschen verlangt bzw. für jeden Menschen gewünscht hat: »seinen Tod sterben zu können«! Mit andern

Worten, auch noch den Tod dem Ganzen des Lebens sinnvoll einzubauen, ja sogar im Tode den Lebenssinn eigentlich zu erfüllen.

Es braucht uns daher jetzt nicht mehr zu wundern, wenn es Menschen gibt, die (in solcher Blickwendung auf die Sinnhaftigkeit selbst noch des Todes innerhalb des Gesamtsinns des Lebens) in Krankheit und Tod nicht nur keinen Verlust und nicht nur einen Gewinn sehen, sondern geradezu ein »Geschenk«. Vor mir liegt ein Originalbrief – ein Brief, von dem ich betonend bemerken möchte, daß er nicht an mich geschrieben wurde, daß der Schreiber also gewiß nicht ahnen konnte, daß ich sein Schreiben jemals als Exempel in einem Vortrag verwerten würde. Aber bevor ich Ihnen die betreffenden Stellen aus dem Briefe vorlese, will ich Ihnen die Vorgeschichte erzählen. Dieser Mann wurde ziemlich plötzlich von einer schweren und lebensbedrohlichen Rückenmarkskrankheit befallen. Zur besseren Pflege hielt er sich fern von Wien im Landhaus einer befreundeten Dame auf. Bekannte hatten einen der berühmtesten europäischen Spezialisten befragt und dieser hatte sich bezüglich einer Operation ablehnend geäußert; selbst eine Operation, hatte er gemeint, könnte höchstens 5% Erfolgschance haben. Über all dies berichtete nun einer der Bekannten in einem Brief an die Herrin des Hauses, deren Gast mein Patient damals war. Dieser Brief wurde vom ahnungslosen Stubenmädchen während des gemeinsamen Frühstücks der Gastgeberin und des kranken Gastes auf dem Tablett ins Zimmer gebracht. In dem Schreiben des Kranken nun, das ich in Händen halte, schildert er das alles und schreibt dann weiter: »So war es für ... unausweichlich, mir Einblick in den Brief von ... zu gewähren, andernfalls sie mit einer jahrelangen Gepflogenheit hätte brechen müssen und ich daraus ja auch hätte Rückschlüsse bilden können. – Eines Tages wurde ich von einem Freund mit Nachdruck gebeten, mit ihm den, wenn ich mich recht entsinne, ersten Tonfilm, der in ... lief, zu besuchen: ›Titanic‹. Fritz Kortner spielte mit seiner Meisterschaft den gelähmten Dichter im Rollstuhl, der nach vergeblichem Aufbäumen die Wasserfluten an sich hochsteigen läßt und dann, das Vaterunser vorbetend, fest und bewußt eine kleine Schicksalsgemeinschaft dem Tode entgegenführt. Ich kam erschüttert aus diesem ersten Kinoerlebnis und dachte, es müsse ein Geschenk des Schicksals sein, bewußt auf den Tod zuzugehen. Nun hat meines mir's gewährt! Ich darf nochmals das Kämpferische in mir erproben; aber in diesem Kampf geht es zum Voraus nicht um Sieg, sondern um ein letztes Anspannen der Kräfte als solche, um eine letzte gymnastische Übung gleichsam. Ich will die Schmerzen, solange es irgend geht, ertragen, ohne Narkotika. ›Kampf auf verlorenem Posten‹ ... dieses Wort darf es im Sinne unserer Weltanschauung gar nicht geben! Aufs Kämpfen allein kommt es an. – Nach der Lektüre des Briefes von ... mit dem Urteil von Professor ... haben wir abends die ›Vierte‹ Bruckner, die Romantische, gespielt. Es war alles voll strömender, wohltuender Weite in mir. – Im übrigen arbeite ich täglich Mathematik und bin gar nicht sentimental. Alles Liebe, Dein ...«

Jetzt kann mir wohl niemand von Ihnen mehr vorhalten, ich hätte leicht reden, er aber möchte einmal einen Kranken sehen, der wirklich angesichts des Todes Haltung in dem Sinne bewahrt, wie ich sie als möglich und sonach als nötig hinstelle: Der Schreiber dieses Briefes hatte nicht leicht reden, und doch hat er gehandelt und damit gezeigt, daß das Geforderte auch verwirklicht werden kann.

Daß dem Sinn, der sich aus Kranksein und Sterben ergeben mag, alle äußere Erfolglosigkeit und alles Scheitern in der Welt nichts anhaben kann, daß es sich hier vielmehr um einen inneren Erfolg handelt und dieser innere Erfolg trotz äußerer Erfolglosigkeit besteht, wird Ihnen nunmehr klar sein. Klar aber vielleicht auch, daß dies alles nicht nur für besondere Fälle gilt, sondern daß wir es auch auf unser aller Leben und unser ganzes Leben anzuwenden haben. Denn irgendwie ist ja unser aller Leben schließlich erfolglos – sofern wir unter Erfolg eben nur den äußeren Erfolg verstehen: Kein äußerer Erfolg, kein Effekt, kein biologischer oder soziologischer nämlich, da draußen in der Welt – hat die Gewähr, uns zu überdauern oder gar ewig zu dauern. Der innere Erfolg jedoch, die innere Sinnerfüllung des Lebens, ist etwas, das, wenn überhaupt, dann »ein für allemal« erreicht wurde. Daß dieses Ziel oftmals erst am Ende des Daseins erreicht wird, tut dem Sinn des Lebens nicht Abbruch, es rundet vielmehr dieses »Ende« zu einer Voll-endung erst ab. Es ist schwer, diese Dinge anhand alltäglicher Beispiele sichtbar und glaubhaft zu machen. Dazu bietet sich uns um so mehr die Kunst an. Ich erinnere Sie beispielsweise bloß an die Novelle von Werfel »Der Tod des Kleinbürgers«. Hier schildert Werfel die Gestalt des alltäglichen, kleinen, kleinbürgerlichen Menschen, dessen ganzes Leben aus Elend und Sorgen besteht und in ihnen aufzugehen scheint. Da wird dieser Mann krank und in ein Spital gebracht. Und nun zeigt uns Werfel, wie dieser Mann einen heroischen Kampf gegen den nahenden Tod führt, weil seine Familie eine Versicherungsprämie ausbezahlt bekäme, wenn er erst nach dem Neujahrstag stirbt, andernfalls jedoch der Versicherungsfall nicht eintreten würde. Und in diesem Kampf mit dem Tode nun, in diesem Ringen um das Erleben des Neujahrstags, in diesem Ringen um die finanzielle Sicherstellung der Familie, wächst dieser schlichte und einfache Mensch zu einer menschlichen Größe hinan, die eben nur ein Dichter darzustellen vermag. Oder denken Sie an das irgendwie parallele Geschehen in der Tolstoi-Novelle »Der Tod des Iwan Iljitsch«. Auch hier haben wir es mit einem spießbürgerlichen Menschen zu tun, der erst angesichts des Todes und der abgründigen Sinnlosigkeit bisheriger Existenz, wie sie jetzt vor sein Bewußtsein tritt, verzweifelt, aber in der Verzweiflung über diese Sinnlosigkeit sich wandelt und in dieser Wandlung, mit dieser Wandlung, gleichsam rückwirkend seinem vergeblichen Leben irgendwie doch noch Sinn verleiht, ja gerade durch dieses Erleben der bisherigen Vergeblichkeit sein Leben als ganzes zu einem sinnvollen weiht.

Wenn sich nach all dem erwiesen hat, daß auch das kranke Leben, ja das unmittelbar todgeweihte Leben keineswegs sinnloses Leben vorstellt, dann müssen wir uns nunmehr der Frage zuwenden, mit welchem Recht je behauptet werden konnte, der kranke oder unmittelbar todgeweihte, der »sterbenskranke« Mensch sei ein wertloser Mensch, sein Leben sei somit »lebensunwertes Leben«. Wir wollen dabei absehen von allem Wert im Sinne von Nutzen, also von allem »Nutzwert«, den auch das Leben kranker Individuen, ja gerade ihr Leben haben könnte, sofern es nämlich einen Beitrag zur Entdeckung neuer

Krankheiten oder zur Erfindung neuer Behandlungen leisten kann; warum aber wollen wir diesen Standpunkt der Bewertung von vornherein ausschalten?

Diesen Standpunkt einzunehmen hätte unseres Erachtens höchstens der kranke Mensch selber ein Recht; von ihm aus gesehen mag die Frage berechtigt erscheinen, welchen »Wert« sein krankes Leben für die Wissenschaft besitzen könnte; ist es doch bekannt, daß vielfach Menschen ihren Leichnam einem anatomischen Institut vermachen, um sogar noch nach Abschluß ihres Lebens der Wissenschaft einen Dienst erweisen zu dürfen. Von uns aus gesehen jedoch, vom Arzt aus gesehen, ist diese höchst sachliche Bewertung von Menschen unstatthaft. Gewiß, dem Arzt »liegt« die Sachlichkeit, die ärztliche Einstellung zum Kranken ist notwendigerweise voll innerer Distanz. Denken wir doch nur daran, wie eine ärztliche Visite in einem Spital vor sich geht. Man hat jeweils nicht den Menschen, sondern den »Fall« vor Augen. Der Assistent, der den Chef bei der Visite »führt«, stellt ihm die Kranken vor als je »einen Fall von« dieser oder jener Krankheit. Im allgemeinen neigt der Arzt auch dazu, die Krankheit zu behandeln, und nicht den Kranken, nicht den kranken Menschen. Und immer wieder hört man den Ausdruck »das ist ein Fall von« ...Bemerken Sie: »das« – also nicht »der«, nicht »dieser Mensch da«; weiter: »ist«, also nicht »hat« – also ist nicht die Rede von einer Krankheit, die dieser Mensch hat, sondern nur von dem Fall, der dieser Mensch »ist«; dann: »ein« Fall, also ein beliebiger, der bloße Repräsentant einer bestimmten Krankheit – oder vielleicht der Fall Nummer soundsoviel aus einer Reihe, genannt das Kranken-»Material«. Mit diesen Redewendungen, die sich unbewußt in den ärztlichen Jargon einschleichen, ist zur Genüge gekennzeichnet, wie tief und weit diese Distanzierungstendenz seitens des Arztes, dessen Verdinglichung von Menschen geht. Der gute Arzt, der bekanntlich immer auch ein guter Mensch ist, der gute Arzt wird daher immer wieder sich aus der Sachlichkeit in die Menschlichkeit zurückrufen. Er wird, je sachlicher seine Einstellung zu werden droht – und sie wird es gerade angesichts der Fälle von Geisteskrankheit – um so mehr die Wendung zur menschlichen Einstellung in sich erzwingen, und sei es auch nur, indem er sich gelegentlich etwa fragt: Gut – das ist »ein Fall von Jugendirresein« – nun: was würde ich an seiner Stelle tun ...? – Es ist eine Sache für sich, die wir hier nicht weiter berühren wollen, daß diese Wendung zum Menschlichen, diese Abwendung von der rein sachlichen, wissenschaftlichen Einstellung zur menschlichen und eigentlich ärztlichen Einstellung, daß diese Menschlichkeit im Arzt das Menschliche im Kranken überhaupt erst entdeckt (was ja vor allem beim Seelenarzt bedeutsam ist) – und, darüber hinaus, das Menschliche im Kranken erweckt (was wiederum hauptsächlich in der Seelenheilkunde ausschlaggebend ist).

Wenn also die Frage nach dem bloßen Nutzwert auch kranken Lebens für die menschliche Gesellschaft und den wissenschaftlichen Fortschritt je erhoben wird, dann verrät diese Fragestellung bereits einen un-menschlichen und sonach einen auch un-ärztlichen Standpunkt, einen Standpunkt radikaler Verdinglichung und Entwürdigung des Menschen, den einzunehmen wir von vornherein ablehnen. Selbst der geisteskranke Mensch »ist« für uns keine Krankheit, sondern in erster Linie Mensch, also ein Mensch, der eine Krankheit »hat«. Und wie menschlich kann dieser Mensch sein, wenn er auch noch so krank ist, und auch wenn er geisteskrank ist, wie menschlich kann er nicht nur trotz und in seiner Krankheit sein, sondern in seiner Einstellung zur Krankheit. Da lernte ich vor vielen Jahren eine alte Frau kennen, die seit Jahrzehnten an einer schweren Geistesstörung litt und ständig von Sinnestäuschungen gepeinigt wurde: Immer hörte sie »Stimmen«, die all ihr Tun und Lassen kritisierten und mit höhnischen Bemerkungen quittierten – gewiß ein höchst qualvoller Zustand. Wie aber hatte diese Frau zu diesem ihrem schrecklichen Schicksal Stellung genommen, wie hatte sie sich mit diesem Schicksal – ausgesöhnt! Denn sichtlich hatte sie das getan: war sie doch in ihrem Gespräch, während der Schilderung ihres Zustands, trotzdem gelassen und heiter; war sie doch im Rahmen des Möglichen sogar ein arbeitsamer Mensch geblieben. Selber erstaunt darüber, erlaubte ich mir die vorsichtige Frage, was sie denn von diesem Zustand denke und wie sie so lächeln könne, ob denn dieses fortwährende Stimmenhören nicht allzu grauenhaft sei. Und was gab sie zur Antwort? »Mein Gott – ich denk mir halt, Herr Doktor, 's ist noch immer besser, ich hör Stimmen, als wann ich terrisch (schwerhörig) wär.« Und schelmisch lächelte sie weiter. Welche Menschlichkeit, welche menschliche Leistung – man ist verführt zu sagen: welche Lebenskunst birgt doch diese Äußerung!

Und jetzt fragen wir uns, was wir andererseits dazu zu sagen haben, wenn man unheilbare Kranke, im besonderen unheilbare Geisteskranke, allein aus dem Grunde dieses ihres Krankseins als »lebensunwertes Leben« hingestellt und als solches mit Vernichtung bedroht oder auch tatsächlich vernichtet hat. Denn immer wieder hört man sagen, die Tötung unheilbar geisteskranker Menschen sei etwas, was man an einem ansonsten unbedingt abzulehnenden politisch-ideologischen Programm als das einzig Berechtigte »noch am ehesten verstehen könne«. Deshalb wollen wir es hier unternehmen, alle jene Gründe, die zumeist die nur stillschweigende Voraussetzung derartiger Bemerkungen sind, zu perlustrieren und ihnen eine möglichst hieb- und stichfeste Gegenargumentation entgegenzuhalten.

Da es in erster Linie um unheilbare Geisteskranke geht, zu deren Vernichtung als sinnlosen, wertlosen, »lebensunwerten« Lebens das Recht in Frage steht, hätten wir uns fürs erste zu fragen: was heißt »unheilbar«? Statt vieler für Sie als Nicht-Fachmänner unvollkommen verständlicher und vor allem unkontrollierbarer Darlegungen möchte ich mich darauf beschränken, Ihnen einen selbsterlebten, konkreten Einzelfall darzustellen. In einer Irrenanstalt lag ein jüngerer Mann, der sich in einem sogenannten Hemmungszustand befand: Durch volle fünf Jahre sprach er kein Wort, aß nicht spontan, so daß er künstlich, mittels eines Schlauches durch die Nase, ernährt werden mußte, und hielt sich tagein tagaus im Bette auf, so daß die Muskulatur seiner Beine schließlich verkümmerte. Wenn ich anläßlich einer der so häufigen Führungen von Medizinern durch die Anstalt diesen Fall gezeigt hätte, dann hätte gewiß einer der Studenten – wie so häufig – die Frage an mich gerichtet: «Sagen Sie nun ernstlich, Herr Doktor, wäre es nicht besser, man würde so einen Menschen vertilgen?« Nun, die Zukunft hätte ihm die Antwort gegeben. Denn eines Tages, ohne jeden ersichtlichen Grund, erhob sich unser Kranker im Bett, verlangte vom Pfleger, seine Mahlzeit auf gewöhnliche Weise einnehmen zu dürfen, und verlangte auch, aus dem Bett herausgenommen zu werden, um mit Gehübungen zu beginnen. Auch sonst verhielt er sich völlig normal, das heißt seiner Situation gemäß. Allmählich begannen die Muskeln an seinen Beinen wieder kräftiger zu werden, und es dauerte nur wenige Wochen, bis der Patient »geheilt entlassen« werden konnte. Kurz darauf arbeitete er nicht nur wieder in seinem früheren Beruf, sondern hielt er auch wieder Vorträge an einer der Wiener Volkshochschulen, und zwar über Auslandsreisen und Hochtouren, die er einmal gemacht und von denen er wunderschöne Fotos mitgebracht hatte. Einmal aber sprach er auch vor einem kleinen intimen Kreis psychiatrischer Fachkollegen, nachdem ich ihn dorthin zu einem Vortrag über sein Innenleben während der kritischen fünf Jahre seines Anstaltsaufenthalts eingeladen hatte. In diesem Vortrag schilderte er nun alle möglichen interessanten Erlebnisse aus jener Zeit und gewährte uns einen Einblick nicht nur in den seelischen Reichtum, der sich seinerzeit hinter der äußeren »Bewegungsarmut« (wie sich die Psychiatrie auszudrücken pflegt) verborgen hatte, sondern auch so manches bemerkenswerte Detail des Geschehens »hinter den Kulissen« – jenes Geschehens, von dem ein nicht höchst gewissenhafter Arzt, der nämlich nur Visiten macht und außerhalb dieser Visiten nicht viel zu Gesicht bekommt, nichts ahnt. Der Kranke erinnerte sich noch nach Jahren an dieses oder jenes Ereignis – sehr zum Leidwesen des einen oder anderen Pflegers, der wohl nie damit gerechnet haben mag, daß der Kranke gesunden und seine Erinnerungen preisgeben werde.

Aber selbst angenommen, es handle sich in einem bestimmten Fall tatsächlich um einen nach allgemeiner und übereinstimmender Ansicht unheilbaren Fall; wer sagt uns, wie lange dieser Fall, nämlich die betreffende Krankheit, werde als unheilbar gelten müssen? Haben wir nicht in der Psychiatrie gerade in den letzten Jahrzehnten erlebt, daß bis dahin als unheilbar geltende Geistesstörungen schließlich doch durch irgendeine Behandlungsmethode zumindest gemildert wenn nicht wirklich ausgeheilt werden konnten? Wer sagt uns also jeweils, ob nicht auch der bestimmte Fall von Geistesstörung, mit dem wir es gerade zu tun bekommen, durch eine derartige Behandlungsmaßnahme noch beeinflußbar würde – durch eine Heilmethode, an der gerade jetzt irgendwo in der Welt, in irgendeiner Klinik, gearbeitet wird, ohne daß wir davon eine Ahnung haben?

Wir müssen uns nun weiter fragen: Angenommen, wir wären tatsächlich so allwissend, wie es not täte, um mit absoluter Sicherheit von nicht nur momentaner sondern dauernder Unheilbarkeit zu sprechen; wer gibt auch dann dem Arzt das Recht zu töten? Ist der Arzt als solcher von der menschlichen Gesellschaft je dazu eingesetzt? Ist er nicht vielmehr dazu bestellt: zu retten, wo er kann, zu helfen, wo er kann, und – zu pflegen, sobald er nicht mehr heilen kann? (Nicht umsonst heißen die meisten Irrenanstalten ausdrücklich »Heil- und Pflegeanstalten«.) Der Arzt als Arzt ist also gewiß nicht Richter über Sein und Nichtsein der ihm anvertrauten oder gar sich selbst ihm anvertrauenden kranken Menschen. Es steht ihm daher von vornherein nicht das Recht zu – und er dürfte es sich auch niemals anmaßen –, ein Urteil über den angeblichen Lebenswert oder -unwert angeblich oder tatsächlich unheilbarer Kranker zu fällen.

Malen Sie sich aber jetzt einmal aus, wohin es führen würde, wenn dieses »Recht« (das er somit gar nicht hat) zu einem Gesetz erhoben würde (und sei es auch nur einem ungeschriebenen). Ich sage Ihnen: mit dem Vertrauen der Kranken und der Angehörigen zum ärztlichen Stande wäre es ein für allemal dahin! Denn nie wüßte einer, ob ihm der Arzt noch als Helfer und Heiler naht – oder bereits als Richter und Henker.

Nun werden Sie weitere Einwände erheben: Vielleicht werden Sie sich auf den Standpunkt stellen, die angeführten Gegengründe seien insofern nicht stichhaltig, als wir uns doch ehrlich zu fragen hätten, ob der Staat nicht eben die Pflicht hat, dem Arzt jenes Recht zur Vernichtung überflüssiger, unnützer Individuen einzuräumen. Es wäre immerhin denkbar, daß der Staat als Wahrer der allgemeinen Interessen die Gemeinschaft von der Last dieser höchst »unproduktiven« Individuen zu befreien hätte, die doch den gesunden, lebenstüchtigen Menschen nur das Brot wegessen.

Nun, sofern es sich um ein »Konsumieren« von Gütern wie Nahrungsmittel, Spitalsbetten, die Arbeitsleistung von Ärzten oder Pflegepersonal usw. handelt, erübrigt sich jedes Eingehen auf eine Diskussion dieses Arguments, wenn wir uns nur eines vor Augen halten: Ein Staat, dem es wirtschaftlich bereits so dreckig geht, daß er darauf angewiesen ist, den relativ doch so geringfügigen Prozentsatz seiner Unheilbaren zu vertilgen, um damit an den genannten Gütern einzusparen, – ein solcher Staat hat wirtschaftlich ohnehin schon längst ausgespielt!

Was aber die andere Seite der Frage anlangt, die Tatsache nämlich, daß die unheilbaren Kranken für die menschliche Gemeinschaft nicht mehr nützlich seien, daß eine Fürsorge für sie somit eine »unproduktive« Fürsorge darstelle, so wäre daran zu erinnern, daß die Nützlichkeit für die Gemeinschaft nie und nimmermehr der einzige Maßstab ist, den an ein menschliches Wesen anzulegen wir berechtigt sind. Es ist nicht schwer, gerade am vorliegenden Fragenkomplex den Beweis zu führen: Die Idioten, die da in den Irrenanstalten gehalten werden und die dort ihre primitiven Arbeiten verrichten, einen Schiebkarren mit Ziegeln führen oder auch nur beim Geschirrwaschen helfen – die sind noch immer viel viel nützlicher und produktiver als etwa unsere Großeltern, die ihren Lebensabend höchst »unproduktiv« verbringen und deren Vertilgung einzig und allein aus dem Grunde dieser ihrer Unproduktivität selbst jene Leute perhorreszieren würden, die ansonsten für die Vernichtung unproduktiven Lebens eintreten. Wie unproduktiv ist doch die Existenz einer alten Frau, die da zu Hause halb gelähmt im Lehnstuhl beim Fenster sitzt und vor sich hindöst – und doch: wie wird sie umgeben und umhegt von der Liebe ihrer Kinder oder Enkelkinder. Innerhalb dieser Liebe ist sie eben diese eine Großmutter – nicht mehr und nicht weniger; als solche ist sie aber innerhalb dieser Liebe unvertretbar und unersetzlich wie ein anderer, ein noch in seiner Berufsarbeit stehender Mensch unvertretbar und unersetzlich sein mag in seiner gemeinschaftsbezogenen Leistung! Wenn wir in unserem ersten Vortrag davon sprachen, daß die Einzigartigkeit und Einmaligkeit jedes Menschen den Wert seiner Person ausmacht, daß dieser

Wert auf eine Gemeinschaft bezogen sein müsse, »für die« die Einzigartigkeit werthafte Bedeutung hat, dann dachten wir alle hierbei vornehmlich an ein Leisten für die Gemeinschaft; doch nun erweist es sich, daß es auch noch einen zweiten Weg gibt, auf dem der Mensch als je einzigartiges und einmaliges Wesen in dieser seiner Einzigartigkeit zur Geltung kommt, auf dem also sein Persönlichkeitswert verwirklicht und insofern sein persönlicher, konkreter Lebenssinn erfüllt wird: es ist dies der Weg der Liebe – besser gesagt: des Geliebt-werdens. Es ist dies ein gleichsam passiver Weg; ohne irgendein Leisten, ohne irgendein Tun – »ohne eigenes Hinzutun« fällt im Geliebtwerden dem Menschen das gleichsam in den Schoß, worum er ansonsten und im allgemeinen erst in seinem Tätigsein ringen muß; auf diesem Wege des Geliebtwerdens erreicht er das, was er sich in seinen Leistungen als Verdienst erst erkämpfen muß, ohne jedes Verdienst: Man kann sich Liebe ja nicht verdienen, Liebe ist überhaupt kein Verdienst, sondern Gnade. Auf dem Weg über die Liebe wird dem Menschen somit »im Gnadenwege« das zuteil, was er sonst erwirken muß, sich erst durch ein Wirken verschaffen muß: die Verwirklichung je seiner Einzigartigkeit und Einmaligkeit. Ist es doch das Wesen der Liebe, daß sie uns des geliebten Menschen ansichtig werden läßt eben in seiner Einzigartigkeit und Einmaligkeit.

Jetzt bin ich auf folgendes Argument gefaßt: Alles, was ich sage, treffe im allgemeinen wohl zu, gelte jedoch wohl kaum von jenen armen Lebewesen, die irgendwie zu Unrecht den Titel Mensch führen – etwa für idiotische, geistig völlig zurückgebliebene Kinder. Sie werden aber erstaunt sein – der erfahrene Psychiater ist es keineswegs –, wenn ich Ihnen erkläre, daß man immer wieder sieht, wie gerade derartige Kinder in besonderem Maße mit zärtlichster Liebe von seiten der Eltern gehegt und gepflegt werden. Erlauben Sie mir nur, Ihnen eine Stelle aus dem Brief einer Mutter vorzulesen, die ihr Kind im Zuge der bekannten Euthanasiemaßnahmen verloren hat: »Durch eine frühzeitige Verwachsung der Schädelknochen im Mutterleib wurde mein Kind am 6. Juni 1929 als unheilbar krank geboren. Ich selbst war damals 18 Jahre alt. Ich vergötterte mein Kind und liebte es unendlich. Meine Mutter und ich taten alles, um dem armen kleinen Wurm zu helfen, jedoch vergebens. Das Kind konnte nicht gehen, nicht sprechen, aber ich war jung und gab die Hoffnung nicht auf. Ich arbeitete Tag und Nacht, nur um meinem geliebten Mäderl Nährpräparate sowie Medikamente kaufen zu können, und wenn ich ihre kleinen mageren Händchen um meinen Hals legte und zu ihr sagte: ‹Hast du mich lieb, Mädi?›, da drückte sie sich ganz fest an mich, lachte und fuhr mir unbeholfen mit den kleinen Händchen ins Gesicht. Dann war ich glücklich, trotz allem, unendlich glücklich.«

Aber noch immer bleiben Ihnen Argumente, wenigstens scheinbare. Sie könnten nämlich schließlich behaupten, der Arzt, der einen unheilbaren Kranken töte, handle in den angeführten Fällen von Geistesstörung letztlich gleichsam in Vertretung des wohlverstandenen eigenen Willens der betreffenden Patienten, weil eben dieser Wille »umnachtet« sei; eben weil diese Kranken ihren eigenen Willen und ihr wahres Interesse vermöge der geistigen Störung nicht selbst wahrnehmen können, eben darum sei der Arzt, sozusagen als Anwalt dieses Willens, nicht nur berechtigt, sondern nachgerade verpflichtet, die Tötung vorzunehmen. Diese Tötung sei ja, richtig verstanden, eine Ersatzhandlung für eine Selbsttötung, die der Kranke zweifelsohne ausführen würde, wenn er nur wüßte, wie es um ihn steht.

Was ich Ihnen hierzu, das heißt gegen dieses Argument, zu sagen habe, will ich wiederum anhand eines selbsterlebten Falles entwickeln: Als junger Arzt war ich auf einer internistischen Klinik tätig, in die sich eines Tages ein junger Kollege aufnehmen ließ. Die Diagnose hatte er bereits mitgebracht – die Diagnose eines höchst gefährlichen, nicht mehr operierbaren und besonders heimtückisch verlaufenden eigenartigen Krebsleidens – und seine Diagnose stimmte! Nun handelte es sich um eine krebsartige Sonderform – die Medizin nennt sie Melanosarkom –, die durch eine bestimmte Harnreaktion nachweisbar ist. Natürlich versuchten wir, den Patienten zu täuschen: Wir vertauschten seinen Harn mit dem eines andern Kranken und zeigten ihm den negativen Ausfall der Reaktion. Was aber tat er? Um Mitternacht schlich er sich eines Tages ins Laboratorium ein und stellte dort die Reaktion an seinem eigenen Harn an – um uns am nächsten Tag bei der Visite mit ihrem positiven Ergebnis zu überraschen. Nichts half uns mehr aus unserer Verlegenheit, und es blieb uns nichts anderes übrig, als einen Selbstmord des Kollegen zu erwarten. Jedesmal, wenn er – und wir hätten es ihm kaum verbieten können – Ausgang hatte, um, wie gewöhnlich, in ein nahegelegenes kleines Kaffeehaus zu gehen, zitterten wir davor, daß wir nun verständigt würden, er habe sich dort auf der Toilette vergiftet. Was aber geschah wirklich? Je mehr die Krankheit sichtlich fortschritt – um so mehr begann der Kranke, an seiner Diagnose zu zweifeln; als er schon Tochtergeschwülste in der Leber hatte, begann er sogar, harmlose Leberkrankheiten zu diagnostizieren. Denn – was war eingetreten? Je näher das Ende seines Lebens heranrückte, um so mehr bäumte sich der Lebenswille dieses Menschen auf, um so weniger wollte er das nahe Ende wahrhaben. Man mag darüber denken, wie man will; Tatsache ist und bleibt es, daß sich hier ein Lebenswille regte – und diese Tatsache muß uns eindeutig und ein für allemal, mit Geltung in bezug auf alle analogen Fälle, daran gemahnen: daß wir diesen Lebenswillen keinem einzigen Kranken abzusprechen das Recht haben!

Dies geht so weit, daß wir diese These auch dort zu verfechten haben, wo wir als Ärzte vor vollzogene Tatsachen gestellt werden, wo nämlich ein Mensch durch die Tat bewiesen hat, daß er keinen Lebenswillen mehr hatte. Ich meine die Selbstmörder. Und ich stehe auf dem Standpunkt, daß auch im Falle eines vorliegenden Selbstmordversuchs der Arzt nicht nur das Recht, sondern die Pflicht hat, ärztlich zu intervenieren, und das heißt: zu retten und zu helfen, sofern und soviel er kann. Diese Frage entbehrte einstens nicht der Aktualität. Denn vor Jahren war ich selbst einmal bemüht, ein Verfahren auszuarbeiten, durch das es gelingen sollte, auch in Fällen schwerster Schlafmittelvergiftung, in denen jede bisher übliche Behandlung versagte, den Kranken doch noch zu retten. Da wurden unter Kollegen Stimmen laut, die mich darauf hinweisen wollten, ich hätte nicht das Recht, Menschen, deren Selbstmordentschluß menschlich so verständlich war (es handelte sich um eine ganze Selbstmordepidemie angesichts besonderer, eine ganze Menschengruppe aufs äußerste bedrohender Umstände), dem Leben zurückzugeben, sie ins Leben zurückzureißen. Was ich da tue, sei Schicksal spielen. Ich beharrte jedoch auf meinem Standpunkt – und ich habe diesen Grundsatz nicht einmal aufgegeben, als meine eigene Assistentin, die ebenfalls immer wieder diesen Grundsatz kritisiert hatte, eines Tages selber nach einem Selbstmordversuch ins Spital eingeliefert wurde: Auch in ihrem Fall hielt ich an meinem Prinzip fest, und auch in ihrem Fall wandte ich meine Technik an – zwar ohne Dank, aber mit Erfolg. Doch was ich den moralischen Kritikern meiner Methode (eine medizinische Kritik wäre ja durch die Tatsachen widerlegt gewesen) entgegnete, war etwa folgendes: Nicht ich will Schicksal spielen, sondern *der* Arzt versucht Schicksal zu spielen, der einen Selbstmörder seinem Schicksal überläßt, der dem Schicksal »freien Lauf« läßt und, wo er vielleicht noch helfend eingreifen könnte, die Hände in den Schoß legt. Denn wenn es dem »Schicksal« gefallen hätte, den betreffenden Selbstmörder wirklich zugrunde gehen zu lassen, dann hätte dieses Schicksal sicher auch Mittel und Wege gefunden, um den Sterbenden nicht rechtzeitig in die Hände eines Arztes fallen zu lassen. *Ist* er aber einmal dem Arzt in die Hände gespielt worden, dann hat dieser Arzt auch als Arzt zu handeln und nicht *diesem* Schicksal, dem »gnädigen« Schicksal, in die Arme zu fallen.

Ich hoffe nunmehr, Ihnen durch dieses Durchdiskutieren aller scheinbaren Argumente, die für eine Euthanasie sprechen könnten, gezeigt zu haben, wie unbedingt die Sinnhaftigkeit des Daseins ist und wie unerschütterlich daher auch unser Sinnglaube im Leben sein darf. Wenn sich uns zuerst das Leben als schlechthin sinnvoll erwies, dann ergab sich später, daß auch noch das Leiden eingeht in den Sinn, teilhat am Sinn des Lebens. Und dann ergab sich, daß auch Sterben einen Sinn haben kann – daß es sinnvoll sein kann, »seinen Tod« zu sterben. Und schließlich ergab sich, daß auch Krankheit, auch unheilbare Krankheit, ja selbst unheilbare Geisteskrankheit niemandem das Recht gibt, einem Menschenleben als »lebensunwertem Leben« das Lebensrecht abzusprechen. Somit hätten wir das Gebiet der Frage nach dem Sinn des Lebens nach verschiedenen Seiten hin ein wenig durchgeackert. Bei einer groben Rückbesinnung auf unser Hauptergebnis erinnern wir uns hierbei vor allem der Grundfeststellung, daß ja unser Leben selber Befragtsein heißt und daß so nach seinem Sinn füglich nicht gefragt werden kann, da dieser Sinn jeweils im Antwortgeben besteht. Die Antworten aber, sagten wir, die wir dem Leben auf seine konkreten Fragen geben müssen, können nun nicht mehr in Worten bestehen, sondern nur noch in einem Tun – mehr als das: eben in unserem Leben, in unserem ganzen Sein! Die Fragen »des« Lebens lassen sich nur beantworten, meinten wir, indem wir »je unser« Leben ver-antworten.

Aber wir dürfen zum Schluß nicht vergessen, daß sich der ursprünglichen Frage nach dem Sinn auch eine andere Wendung geben läßt, daß sie auch anders gemeint sein kann, insofern sie nämlich in bezug auf das Ganze der Welt gestellt wird, im besonderen etwa in bezug auf das, was uns widerfährt, was uns begegnet, unverschuldet und unvermeidbar – in bezug auf das Schicksal. Das Schicksal vermögen wir ja nicht zu dirigieren – Schicksal nennen wir just das, worauf wir eben keinen Einfluß haben, das, was sich der Macht unseres Willens wesentlich entzieht. Gewiß: wir haben gesehen, daß der Sinn unseres Lebens zum nicht geringen Teil gerade darin besteht, wie wir uns zu unserem äußeren Schicksal einstellen, wie wir uns zu ihm dort verhalten, wo wir es nicht mehr gestalten können oder wo es von vornherein unabänderlich ist. Aber wir müssen nun weitergehend fragen, ob es nicht denkbar wäre, daß selbst dieses reine, echte Schicksal und mit ihm, über es hinaus, dieses ganze Weltgeschehen da draußen einen Sinn habe?

Ich meine, hier stellen sich uns zwei große Denkmöglichkeiten, jede von ihnen unwiderlegbar und jede von ihnen unbeweisbar! Letztlich könnte man nämlich ebenso gut behaupten, alles sei letzten Endes völlig sinnlos – ebensogut wie sich behaupten ließe, alles sei nicht nur höchst sinnvoll, sondern dermaßen sinnvoll, daß wir diesen Sinn des Ganzen, diesen All-Sinn gar nicht mehr zu erfassen vermögen, daß wir hier vielmehr nur noch von einem »Über-Sinn der Welt« sprechen könnten. Mit gleichem Recht also läßt sich für den totalen Un-Sinn der Welt plädieren, wie für einen All-Sinn der Welt. Mit gleichem Recht – das heißt hier aber: mit gleichem logischem Recht bzw. Unrecht. Tatsächlich ist die Entscheidung, vor die wir uns hiermit gestellt finden, keine logische Entscheidung mehr. Logisch spräche ebensoviel für das eine wie das andere, logisch sind beide Denkmöglichkeiten echte Möglichkeiten des Denkens. Die Entscheidung, um die es hier geht, ist, logisch gesehen, eine grundlose Entscheidung; sie hat nichts zur Grundlage – sie hat zur Grundlage das Nichts: in dieser Entscheidung schweben wir über dem Abgrund des Nichts – gleichzeitig aber stehen wir in dieser Entscheidung unter dem Horizont des Über-Sinns! Nicht mehr aus einem logischen Gesetz heraus, nur mehr aus der Tiefe seines eigenen Seins heraus vermag der Mensch diese Entscheidung zu treffen, vermag er sich für das eine oder für das andere zu entschließen. Eines aber wissen wir: entschließt sich der Mensch für den Glauben an einen letzten Sinn, an den Über-Sinn des Seins, dann wird sich dieser Glaube, wie jeder Glaube, schöpferisch auswirken. Denn der Glaube ist nicht einfach Glaube an »seine« Wahrheit – er ist mehr, viel mehr: er macht das wahr, woran er glaubt! Wir können somit sagen: Das Ergreifen der einen Denkmöglichkeit ist mehr als das bloße Ergreifen einer Denkmöglichkeit – es ist das Verwirklichen einer bloßen Denkmöglichkeit.

III

In Bayern gibt es eine kleine Stadt namens Landsberg, ungefähr 50 km westlich von München. Südwärts von ihr führt eine Straße zu dem 5 km entfernten Markt Kaufering. Zu Beginn des vorigen Jahres zogen eines Morgens, zur Zeit des Morgengrauens, 280 Männer über diese Straße. Die Kolonne bestand aus Fünferreihen und war eskortiert von SS-Männern: Es handelte sich um eine Gruppe von Häftlingen des in Kaufering befindlichen Konzentrationslagers. Sie gingen in einen in der Nähe gelegenen Wald, wo es galt, eine getarnte Rüstungsfabrik von riesigen Ausmaßen aufzubauen. Es waren zerlumpte, herabgekommene Gestalten, die da über die Straße gingen. Gingen ist ein falscher Ausdruck: sie humpelten – sie schleppten sich dahin, vielfach ineinander eingehängt, einander stützend; die Beine, prall angeschwollen vom Hungerödem, konnten selbst die durchschnittlich nur 40 kg schweren Leiber kaum tragen; die Füße schmerzten, denn sie waren wund, voll vereiterter Schuhdruckstellen und aufgebrochener Frostbeulen. Und was ging in den Gehirnen dieser Männer vor? Sie dachten an die Suppe, die bei der einmal täglichen Essenausgabe abends im Lager, nach der Rückkehr vom Arbeitsplatz, verteilt wurde, und fragten sich, ob sie an diesem Abend wohl das Glück haben würden, außer dem Suppenwasser auch eine darin schwimmende Kartoffel zu erwischen. Und sie dachten daran, in welche Arbeitsgruppe sie in der nächsten Viertelstunde, beim Antritt der Arbeit eingeteilt würden: ob sie da in eine der Gruppen unter einem gefürchteten Aufseher geraten würden oder in eine der relativ angenehmen. Und so kreisten die Gedanken dieser Menschen um die alltäglichen Sorgen eines Lagerhäftlings.

Dann wurden einem dieser Männer diese Gedanken irgendwie zu dumm. Und er versuchte, sich aufzuschwingen zu andern Gedanken, zu – »menschenwürdigeren« Sorgen. Aber es wollte ihm nicht recht gelingen. Da gebrauchte er einen Trick: Er bemühte sich, zu diesem ganzen qualvollen Leben Distanz zu gewinnen, sich darüberzustellen, indem er es, wie man sagt, von einer höheren Warte betrachtete, oder vom Gesichtspunkt der Zukunft, im Sinne einer zukünftigen theoretisierenden Betrachtung. Und was tat er? Er stellte sich vor, er stünde vor einem Vortragspult einer Wiener Volkshochschule und hielte einen Vortrag – und zwar darüber, was er gerade erlebte: Im Geiste hielt er einen Vortrag unter dem Titel »Psychologie des Konzentrationslagers«.

Wenn Sie den Mann aus jener Gruppe näher ins Auge gefaßt hätten, dann hätten Sie bemerkt, daß er an seinem Rock und an seiner Hose je ein kleines Leinenfetzchen angenäht hatte, auf dem eine Nummer zu lesen stand: 119104. Und wenn Sie in den Dachauer Lagerbüchern nachgeschlagen hätten, dann hätten Sie gefunden, daß bei dieser Nummer als Häftlingsname angegeben stand: Frankl Viktor.

Den Vortrag, den dieser Mann also damals im Geiste hielt, will ich Ihnen jetzt in diesem realen Saal dieser Wiener Volkshochschule erstmalig wirklich halten: ich werde ihn nacherzählen! – Der damalige Vortrag begann mit den Worten:

In der Psychologie des Konzentrationslagers können wir, was die seelische Reaktion des Lagerhäftlings auf das Lagerleben angeht, mehrere Phasen unterscheiden. Die erste Phase ist die zur Zeit der Einlieferung des Häftlings ins Lager. Es ist dies jene Phase, die man als Aufnahmeschock bezeichnen und kennzeichnen könnte. – Stellen Sie sich vor: Der Häftling wird – sagen wir: in Auschwitz, eingeliefert. Gehörte er beispielsweise in meinem Transport zur Majorität von etwa 95 %, dann führte sein Weg vom Bahnhof direkt in eine der Gaskammern; gehörte er aber, wie zufällig ich, zur Minorität von 5 %, dann führt der Weg fürs erste ins Desinfektionsbad – ihn also in ein wirkliches ... Brausebad. Bevor er den eigentlichen Baderaum betreten kann, wird ihm alles, was er bei sich hat, abgenommen – er darf nur die Hosenträger oder einen Gürtel behalten, allenfalls die Brille oder ein Bruchband. Aber auch kein Haar bleibt an seinem Körper, er wird kahlgeschoren. Wenn er dann endlich unter der Brause steht, ist ihm von seinem ganzen bisherigen Leben nichts geblieben außer seiner im buchstäblichen Sinne »nackten« Existenz. Und nun geschieht das Eigentliche, mit dem er in die erste Phase des Erlebnisses des Konzentrationslagers eintritt: Er macht einen Strich unter sein ganzes bisheriges Dasein.

Niemanden wird es wundern, daß nunmehr der nächstliegende Gedanke der Frage gilt, auf welche Weise am besten Selbstmord begangen werden könne. Tatsächlich kokettiert wohl jedermann in dieser Lage, wenn auch nur für einen Augenblick, mit der Idee, »in den Draht zu gehen«, Selbstmord zu begehen, nämlich mit der lagerüblichen Methode: indem man den mit elektrischer Hochspannung geladenen Stacheldraht berührt. Alsbald jedoch läßt man diesen Vorsatz fallen und zwar einfach deshalb, weil er so ziemlich gegenstandslos geworden ist; denn ein Selbsttötungsversuch erübrigt sich in dieser Situation insofern, als die durchschnittliche Wahrscheinlichkeit, nicht »ins Gas zu gehn« – früher oder später –, ohnehin eine äußerst geringe ist. Wer braucht in den Draht zu gehen, wenn er über kurz oder lang ins Gas gehen wird? Den »Draht« braucht er sich ja nicht mehr zu wünschen, sobald er das »Gas« zu fürchten hat; aber das »Gas« muß er gar nicht fürchten, sobald er sich einmal den »Draht« gewünscht hat ...

Wenn ich von diesen Dingen erzähle, dann pflege ich immer folgendes Erlebnis zu berichten: Am ersten Morgen, den wir in Auschwitz verbrachten, schlich sich ein Kollege, der schon einige Wochen vor uns dorthin gekommen war, zu unserer Gruppe von Neuangekommenen, die wir in einer gesonderten Baracke beisammen waren. Er wollte uns trösten – und warnen. Vor allem gab er uns zu verstehen, daß wir nur ja auf unser Aussehen achten sollten – wir sollten unbedingt danach trachten, einen arbeitsfähigen Eindruck zu machen. Es genüge, daß man, etwa wegen eines an sich harmlosen Umstands, zum Beispiel wegen unpassender Schuhe, hinke; ein SS-Mann, der einen hinken sähe, wäre glattwegs imstande, einen herbeizuwinken – und schnurstracks ins Gas zu schicken: nur arbeitsfähige Menschen kämen hier für ein Weiterleben in Betracht, alle übrigen gälten hier als lebensunwert, des Überlebens unwert! In diesem Sinne forderte uns der Kollege auch auf, uns täglich zu rasieren, um nach dem Schaben der Gesichtshaut mit irgendeinem improvisierten Rasierzeug, beispielsweise mit einer Glasscherbe, »rosiger«, frischer, gesünder auszusehen. Und als er schließlich unsere Gruppe daraufhin musterte, ob wir durchwegs den erforderlichen Eindruck von Gesundheit und Arbeitsfähigkeit machten, bemerkte er beruhigend: »Wie ihr da vor mir steht, braucht ihr alle vorläufig keine Angst zu haben, ins Gas geschickt zu werden, – vielleicht bis auf einen da – bis auf dich, Frankl, du bist mir doch nicht bös, nicht wahr? Aber du bist der einzige, der – seinem Aussehen nach – für eine Selektion momentan in Betracht kommt.« (Selektion war der im Lager gebräuchliche Ausdruck für die Auswahl derjenigen, die mit dem nächsten Schub ins Gas gehen sollten.) Nun, ich war ihm keineswegs bös; denn was ich in diesem Moment empfand, war höchstens die Genugtuung darüber, daß mir, auf diese Art, mit ziemlicher Wahrscheinlichkeit ein Selbstmordversuch erspart bleiben würde.

Diese Gleichgültigkeit gegenüber dem eigenen Schicksal schreitet nun immer mehr fort. In zunehmendem Maße wird der Lagerhäftling schon innerhalb weniger Tage seines Lageraufenthalts immer mehr abgestumpft. Immer weniger berühren ihn die Dinge, die um ihn vorgehen. Während in den ersten Tagen die für den Außenstehenden unvorstellbare Fülle von Eindrücken voll Häßlichkeit – Häßlichkeit in jedem Sinne – mit Gefühlen wie Grauen, Empörung und Ekel beantwortet wird, verebben diese Gefühle schließlich, und das Gemütsleben als ganzes wird auf ein Minimum reduziert. Alles Sinnen und Trachten beschränkt sich dann bloß darauf, den heutigen Tag zu überleben. Ausschließlich auf dieses einzige Interesse wird das Seelenleben gleichsam abgeblendet. Allem sonstigen gegenüber umgibt sich die Seele mit einer Panzerschicht, von der die sonst erschütternden und aufwühlenden Eindrücke abprallen müssen. So schützt sich die Seele, und so versucht sie, sich vor der Übermacht dessen, was auf sie einströmt, zu sichern und ihr Gleichgewicht zu retten – in die Gleichgültigkeit sich hineinzuretten. Damit aber vollzieht der Häftling bereits den Schritt in die zweite Phase seiner seelischen Reaktion auf das Lagerleben: in jene Phase, die sich kennzeichnen ließe als die Phase der Apathie.

Wenn aber das ausschließliche Interesse nunmehr lediglich der Selbsterhaltung, der eigenen Lebenserhaltung und der von einigen wenigen Freunden gilt, dann sinkt das innere Niveau des Menschen herab – hinab fast zu dem eines Tieres. Und wenn man näher zusieht, dann kann man ergänzend bemerken: – zu dem eines Herdentieres. Man hätte, um es beurteilen zu können, das Verhalten der Häftlinge beobachten müssen, wenn sie sich zu einer Kolonne formierten, wobei ihnen nämlich vorwiegend daran lag, in die Mitte des Zuges und jeweils in die Mitte der Fünferreihe zu stehen zu kommen, um den Stiefeltritten der Wachtposten nicht so ausgesetzt zu sein; überhaupt war das Bestreben jedes einzelnen hauptsächlich darauf gerichtet, nicht aufzufallen, sich in keiner Weise zu exponieren, vielmehr in der Masse unterzutauchen. Wen wundert es da, wenn dieses Untergehen in der Masse zu einem Untergehen, einem Niedergang des Persönlichen führte. Der Mensch drohte im Lager zu einem Massenwesen zu werden. Im Durchschnitt wurde er auch so primitiv wie ein Massenwesen. Seine ganze Triebeinstellung wurde eine primitive. Sie wurde insofern primitiv, als sie überhaupt eben eine triebhafte Einstellung war. So ist es auch zu verstehen, daß Psychoanalytiker unter meinen Kollegen, die im Konzentrationslager mit mir zusammen waren, ganz in ihrem Sinne von einer »Regression« sprachen: Regression bedeutet das Zurückschreiten der Seele zu primitiveren Stadien der Triebhaftigkeit.

Tatsächlich ließ sich schon an den typischen Träumen der Häftlinge beobachten, welch primitiven Wünschen sie innerlich hingegeben waren. Denn wovon träumte man im Lager im allgemeinen? Immer wieder vom gleichen: von Brot – Zigaretten – von einem guten Bohnenkaffee – und, nicht zuletzt, von einem guten warmen Wannenbad. (Und ich persönlich immer wieder von einer ganz bestimmten Tortenart.)

Und doch war das Gerede der einseitig psychoanalytisch orientierten Kollegen grundfalsch. Denn es ist nicht wahr, daß das Erlebnis des Konzentrationslagers den Menschen in schicksalhafter Notwendigkeit zur Regression trieb, also zu einem inneren Rückschritt zwang. Ich kenne viele Fälle – und mag es sich auch nur um einzelne handeln, so haben sie doch grundsätzliche Beweiskraft –, in denen die betreffenden Menschen innerlich nichts weniger als regredierten, zurückschritten, in denen sie vielmehr, im Gegenteil, innerlich fortschritten, über sich selbst innerlich hinauswuchsen, zu wahrer menschlicher Größe emporwuchsen, gerade im Konzentrationslager, gerade durch das Erlebnis des Konzentrationslagers.

Nun, andere Fachmänner, Nicht-Psychoanalytiker, haben das, was mit dem Menschen im Konzentrationslager seelisch geschah, anders ausgelegt. Der bekannte Charakterologe Professor Utitz, der selbst mehrere Jahre in einem Lager verbrachte, glaubte beobachten zu können, daß sich der Charakter der Lagerinsassen im allgemeinen gegen jenen seelischen Typus hin entwickelte, den man mit Kretschmer als den schizoiden bezeichnet. Er ist bekanntlich dadurch ausgezeichnet, daß der mit ihm behaftete Mensch vornehmlich zwischen den Affektlagen der Apathie einerseits und andererseits der Gereiztheit hin- und herpendelt – während der wichtigste andere Typus, gekennzeichnet durch das »zykloide« Temperament, bald

»himmelhoch jauchzend« bald »zu Tode betrübt« ist, also im Sinne freudiger Erregung bzw. trauriger Verstimmung gleichsam kreist. – Es ist hier nicht der Ort, um auf eine fachliche Diskussion dieser psychopathologischen Auffassung einzugehen; ich will mich auf das grundsätzlich Wichtige beschränken, und das ist die Feststellung, die ich am identischen Beobachtungs-»Material«, entgegen Utitz, machen konnte: daß nämlich der Mensch im Konzentrationslager keineswegs unter dem äußeren Zwang steht, seine innere Entwicklung in der Richtung zum »typischen KZler«, mit dessen (scheinbarer) Schizoidie, mitzumachen, daß er vielmehr eine Freiheit behält, die menschliche Freiheit, zu seinem Schicksal, zu seiner Umwelt, sich so oder so einzustellen – und es gab ein so oder so! Und es gab Menschen im Lager, die beispielsweise ihre Apathie eben überwinden und ihre Gereiztheit eben unterdrücken konnten, und es galt nicht zuletzt, an dieses Können zu appellieren, dieses Auch-anders-Können aufzuzeigen – und nicht nur das angebliche So-Müssen! Das innere Können, die eigentliche menschliche Freiheit – sie konnte man dem Häftling nicht nehmen, auch wenn man ihm sonst alles dort nehmen konnte und auch tatsächlich dort genommen hat; sie blieb ihm, sie blieb ihm auch dann noch, wenn selbst die Brille, die man ihm gelassen haben mochte, durch einen Faustschlag ins Gesicht zertrümmert worden war, und auch dann noch, wenn er seinen Gürtel eines Tages gegen ein Stück Brot einzutauschen gezwungen war, so daß ihm schließlich gar nichts mehr von seiner letzten Habe verblieb – jene Freiheit blieb ihm, und sie blieb ihm bis zum letzten Atemzug!

Sofern der Mensch im Konzentrationslager den seelischen Gesetzmäßigkeiten verfiel, dann hatte auch er, trotzdem, die Freiheit besessen, sich der Macht und dem Einfluß der Umgebung zu entziehen und jenen »Gesetzmäßigkeiten« nicht zu unterliegen, sondern zu widerstehen, sich ihnen zu entziehen, statt ihnen blind zu gehorchen. Mit andern Worten: Jene Freiheit hatte auch dieser Mensch; aber er hatte sich ihrer begeben, er hatte auf ihren Gebrauch gleichsam verzichtet – freiwillig auf ihn verzichtet! Damit jedoch hatte er sich selbst, sein Selbst, sein Eigentlichstes – aufgegeben. Er hatte sich seelisch fallen gelassen.

Wann aber, so müssen wir uns nun fragen, trat dieser Verfall an den Typus ein, wann ließ sich der Mensch seelisch fallen? Und unsere Antwort muß lauten: wenn er den geistigen Halt verloren hatte – sobald er keinen inneren Halt mehr besaß! Dieser Halt konnte in zweierlei bestehen: Entweder es handelte sich um einen Halt an der Zukunft, oder es handelte sich um einen Halt in der Ewigkeit. Letzteres war der Fall bei allen wahrhaft religiösen Menschen; die brauchten nicht einmal den Halt an der Zukunft, am zukünftigen Leben dort draußen in der Freiheit, nach der künftigen Befreiung – diese Menschen konnten aufrecht bleiben unabhängig davon, ob sie einem künftigen Geschick zumuteten, daß sie eine solche Zukunft überhaupt erlebten, daß sie das Konzentrationslager überlebten. Die andern aber waren darauf angewiesen, Halt zu finden an ihrem zukünftigen Leben – an dem Lebensinhalt ihrer Zukunft. Aber es war ihnen schwer gemacht, an die Zukunft zu denken – ihr Denken daran fand keinen Anhaltspunkt, keinen Endpunkt: ein Ende, das Ende war nicht abzusehen. Wie beneidenswert mußte uns etwa ein Schwerverbrecher erscheinen, der genau wußte, er hätte seine zehn Jahre abzusitzen, – der sich jeweils ausrechnen konnte, wieviel Tage bis zum Termin seiner Entlassung noch zu verstreichen hatten ... glücklicher Mann! Denn wir im Lager hatten oder kannten alle mitsammen keinen »Termin« und niemand von uns wußte, wann das Ende kommen würde. Das war nach übereinstimmender Aussage der Kameraden vielleicht sogar eine der seelisch bedrückendsten Tatsachen des Lagerlebens! Und die immer wieder auftauchenden Gerüchte von einem nahe bevorstehenden Kriegsende waren nur dazu angetan, die Qualen des Wartens zu steigern. Denn immer wieder mußten die Termine hinausgeschoben werden. Wer aber hätte an solche Nachrichten dann noch glauben sollen? Durch volle drei Jahre habe ich immer wieder gehört: »In sechs Wochen ist der Krieg aus, in längstens sechs Wochen sind wir wieder daheim.« Die Enttäuschung wurde immer bitterer und immer gründlicher, die Erwartung immer zaghafter. Aber – wie heißt es in der Bibel? »Das Herz, das immer wieder enttäuscht wird, wird krank.«

Fürwahr, es wird krank – so krank, daß es schließlich zu schlagen aufhören mag. Sie werden dies verstehen, wenn ich Ihnen über folgenden Fall berichte: Anfang März vorigen Jahres erzählte mir mein damaliger Blockältester – ein Budapester Operettenlibrettist und Tangokomponist –, er hätte einen merkwürdigen Traum gehabt. »Mitte Februar hat mir geträumt«, sagte er, »eine Stimme spricht zu mir und sagt mir, ich soll mir was wünschen, ich soll sie etwas fragen, was ich wissen will, sie kann es mir beantworten, sie kann mir die Zukunft prophezeien. Und da hab ich sie gefragt: wann wird der Krieg für mich aus sein – verstehst du mich? Für mich: also wann werden wir durch die heranrückenden amerikanischen Truppen befreit werden ...« – »Und was hat dir die Stimme geantwortet?!« – Da neigt er sich zu mir und flüstert mir geheimnisvoll ins Ohr: »Am 30. März!« – Mitte März kam ich mit Fleckfieber ins Krankenrevier. Am 1. April wurde ich von dort entlassen und kehrte in meine Erdhütte zurück. Wo ist der Blockälteste – frage ich. Und was erfahre ich? Gegen Ende März – als der von seiner Traumstimme prophezeite Termin immer nähergerückt war, ohne daß die militärische Lage ihr recht zu geben schien, war unser Blockältester zunehmend kopfhängerisch geworden. Am 29. März begann er hoch zu fiebern. Am 30. März – dem Tage, an dem der Krieg »für ihn« zu Ende sein sollte, – verlor er das Bewußtsein. Am 31. März war er tot. Er war am Fleckfieber gestorben. –

Sie sehen also, daß das seelische Sich-fallen-Lassen aus geistiger Haltlosigkeit, insbesondere aus dem Verlust eines Halts an der Zukunft, auch zu einem leiblichen Verfall führt. Nun wollen wir uns fragen, ob es gegen diesen geistig-seelisch-leiblichen Verfall nicht auch irgendeine Therapie gab; ob man nicht irgend etwas dagegen hätte unternehmen können – und was? Darauf kann ich Ihnen nur antworten: Wohl gab es eine Therapie, aber es ist klar, daß sie sich von vornherein auf das Seelische beschränken mußte, sonach nur eine Psychotherapie sein konnte. Und innerhalb solcher Psychotherapie galt es selbstverständlich in erster Linie, einen geistigen Halt zu geben, dem Leben Inhalt zu geben. Eingedenk der Worte Nietzsches, der einmal sagte: »Wer ein Warum zu leben hat, erträgt fast jedes

Wie.« Ein Warum – das ist ein Lebensinhalt; und das Wie – das waren jene Lebensumstände, die das Lagerleben so schwierig machten, daß es eben nur im Hinblick auf ein Warum, ein Wozu, überhaupt tragbar wurde. Gab es also im wesentlichen keine andere als eine Psychotherapie, um den Menschen im Lager durchhalten zu lassen, dann war diese Psychotherapie in einem besonderen Sinne festgelegt, insofern sie sich nämlich bemühen mußte, dem Menschen, von dem man da verlangte, daß er den Willen zum Überleben aufbringt, überhaupt erst einmal zu beweisen, daß dieses Überleben einen Sinn hat. Darüber hinaus war aber die seelenärztliche Aufgabe, die im Lager so recht eine Aufgabe ärztlicher Seelsorge war, dadurch erschwert, daß sie es ja mit Leuten zu tun hatte, die im allgemeinen, im Durchschnitt, mit einem Überleben gar nicht rechnen durften! Was hätte man ihnen sagen sollen? Und gerade ihnen hätte man doch etwas sagen müssen. So war diese Situation das Experimentum crucis jener ärztlichen Seelsorge.

Nun, ich habe schon im vorigen Vortrag gesagt, daß nicht das Leben schlechthin, sondern mit ihm auch das Leiden einen Sinn hat, und zwar einen Sinn, der so unbedingt ist, daß er sich auch erfüllen kann, wo das Leiden äußerlich zu keinem Erfolg führt, wo es demnach scheinbar vergebens gelitten wird. Und solches Leiden war es vorwiegend, mit dem wir es in den Konzentrationslagern zu tun bekamen. Was hätte ich aber diesen Menschen sagen sollen, die da in der Baracke neben mir lagen und ziemlich genau wußten, daß und wann, wie bald, sie sterben mußten. Sie wußten ebenso wie ich, daß kein Leben, kein Mensch und kein Werk – erinnern Sie sich doch an den Doppelfall, von dem ich Ihnen im ersten Vortrag erzählte! – auf sie wartet, bzw. daß es auf sie vergeblich warten würde ... So galt es, neben dem Sinn des Lebens, des Überlebens, auch den Sinn des Leidens, des Umsonst-Leidens – ja, viel mehr als dies: auch noch den Sinn des Sterbens aufzuzeigen! Eines Sterbens freilich, das nur mehr sinnvoll hätte sein können im Sinne jener Rilkeschen Redewendung, von der wir das letzte Mal gesprochen haben und die da meint, es gelte, »seinen« Tod zu sterben. Unseren Tod, galt es für uns, zu sterben – und nicht etwa jenen Tod, den uns die SS aufdiktiert hatte! Dieser Aufgabe gegenüber tragen wir ebenso Verantwortung, wie gegenüber der Aufgabe des Lebens. Verantwortung – wem gegenüber, vor welcher Instanz? Nun, wer dürfte diese Frage für den andern beantworten? Hat diese letzte Frage nicht jeder letztlich für sich zu entscheiden? Was macht es da aus, wenn sich etwa der eine in der Baracke seinem Gewissen gegenüber in diesem Sinne verantwortlich fühlte und der andere seinem Gott gegenüber und ein dritter einem Menschen gegenüber, der nun fern war. Jeder von ihnen wußte jedenfalls darum, daß irgendwie, irgendwo, irgendwer da war, der unsichtbar auf ihn sah, der von ihm verlangte, daß er »seiner Qual würdig« sei – wie Dostojewski einmal gesagt hat –, und von ihm erwartete, daß er »seinen Tod sterbe«. Diese Erwartung fühlte jeder von uns, damals, in unser aller Todesnähe – und er fühlte sie um so mehr, je weniger er das Gefühl hatte, daß er selber sich vom Leben überhaupt noch etwas erwarten durfte, daß jemand oder etwas auf ihn überhaupt noch warten durfte – daß man auch nur sein Überleben erwarten durfte.

Viele unter Ihnen, die das Konzentrationslager nicht selber erlebt haben, werden sich wundern und mich fragen, wieso ein Mensch all das, wovon ich gesprochen, überhaupt aushalten kann. Seien Sie getrost: Derjenige, der alles erlebt und überlebt hat, wundert sich selber noch viel mehr als Sie! Aber vergessen Sie eines nicht: Die menschliche Seele scheint in einer bestimmten Hinsicht sich wie ein Gewölbe zu verhalten: Ein Gewölbe, das baufällig geworden ist, wird dadurch gestützt, daß man es – belastet. Auch die Seele des Menschen erscheint, zumindest bis zu einem gewissen Grad und innerhalb gewisser Grenzen, dadurch eher gefestigt zu werden, daß sie eine »Belastung« erfährt. Und so kommt es, und nur so ist es zu verstehen, daß so mancher Schwächling das Konzentrationslager in einer besseren, sozusagen verfestigten Gemütsverfassung verlassen konnte, als er es betreten hatte. Zugleich aber werden wir jetzt verstehen, daß andererseits die Befreiung, die Entlassung aus dem Lager, die plötzliche Entlastung des Häftlings vom schweren Druck, unter dem er die ganze Zeit über gestanden, ihrerseits seine Seele gefährdet. Ich pflege in diesem Zusammenhang zum Vergleich die sogenannte Caisson-Krankheit heranzuziehen. Hier handelt es sich um Arbeiter, die unter Wasser, unter hohem atmosphärischem Druck arbeiten und niemals plötzlich, sondern nur allmählich unter normalen Luftdruck gesetzt werden dürfen, weil sonst schwerste körperliche Krankheitserscheinungen auftreten.

Hiermit stünden wir aber auch schon vor der Besprechung der dritten und letzten Phase innerhalb der Psychologie des Konzentrationslagers. Es handelt sich um die Psychologie des befreiten Häftlings. Das Wichtigste nun, was ich in bezug auf ihn zu sagen hätte, betrifft etwas, was Sie wohl am meisten in Erstaunen versetzen wird; es betrifft nämlich die Tatsache, daß es viele Tage dauert, bis der Befreite imstande ist – sich über seine Befreiung zu freuen. Er muß es tatsächlich, buchstäblich erst wieder lernen, sich zu freuen. Nun, mitunter muß er sich beeilen, dies zu erlernen; denn mitunter wird er es bald auch wieder verlernen müssen – und wieder lernen müssen zu leiden. Darüber möchte ich nun einige Worte verlieren.

Stellen Sie sich vor, der aus dem Konzentrationslager Befreite kehrt zurück, kommt heim. Da mag es nun geschehen, daß ihm da und dort mit einem gewissen Achselzucken begegnet wird. Und vor allem wird er von den anderen immer wieder zwei Phrasen zu hören bekommen, und die lauten: »Wir haben von nichts gewußt« – und: »Wir haben *auch* gelitten«. Bleiben wir zuerst einmal bei der zweiten Redewendung, und fragen wir uns fürs erste, ob sich menschliches Leid denn überhaupt abmessen und abwägen lasse, derart, daß sich das Leiden des einen mit dem Leiden eines andern vergleichen läßt. Und hierzu möchte ich sagen: Das Leiden der Menschen ist inkommensurabel! Wirkliches Leid erfüllt den Menschen ganz und gar, füllt ihn voll aus. Ich habe einmal mit einem Freund über meine Erlebnisse im Konzentrationslager gesprochen – er selbst war in keinem Lager gewesen, er war »bloß Stalingrad-Kämpfer« gewesen. Und der Mann fühlte sich, wie er sich ausdrückte, mir gegenüber irgendwie beschämt. Mit Unrecht. Denn wohl gibt es einen wesentlichen Unterschied zwischen dem, was der Mensch in der Schlacht erlebt, und dem, was der Mensch in einem Konzentrationslager erfährt: In der Schlacht steht er dem Nichts gegenüber, sieht er dem drohenden Tod ins Angesicht – im Lager aber waren wir selber das Nichts, waren wir schon zu Lebzeiten tot. Wir galten nichts; wir sahen nicht nur das Nichts – wir waren es. Nichts galt unser Leben, nichts galt unser Sterben. Da war keine Gloriole, auch keine fiktive, um unseren Tod; er war das Abgehen eines kleinen Nichts in das große Nichts. Und dieser Tod wurde auch kaum bemerkt; wir hatten ihn schon längst vorweg »gelebt«! Oder was wäre geschehen, wenn ich im Lager gestorben wäre? Am nächsten Morgen, auf dem Appellplatz, hätte in irgendeiner Fünferreihe irgend jemand, auch äußerlich unbewegt – wie gewöhnlich dastehend: den Kopf vor Frost hinter dem aufgeschlagenen Rockkragen verborgen, die Schultern hochgezogen –, zu seinem Nebenmann hinübergemurmelt: »Gestern ist der Frankl gestorben.« Und wenn es viel gewesen wäre, dann hätte dieser Nebenmann »hm« gemacht.

Und trotz allem: kein menschliches Leid läßt sich vergleichen, denn es gehört zum Wesen des Leidens dazu, daß es das Leiden eines Menschen ist, daß es *sein* Leiden ist – daß seine »Größe« allein am Leidenden, also am Menschen liegt; ebenso einzigartig und einmalig wie jeder einzelne Mensch ist aber auch jedes einzelnen Menschen einsames Leid.

Von Größenunterschieden des Leids zu sprechen, wäre also von vornherein sinnlos; ein Unterschied jedoch, auf den es tatsächlich und wesentlich ankommt, ist der Unterschied zwischen sinnlosem und sinnvollem Leiden. Aber – und ich denke, das werden Sie aus den bisherigen Vorträgen zur Genüge entnommen haben – dieser Unterschied liegt wiederum zur Gänze am Menschen: Vom Menschen und nur von ihm ist es abhängig, ob sein Leiden Sinn hat oder nicht. Und wie steht es nun mit dem Leiden jener Menschen, die, wie wir gehört haben, so sehr beteuern, sie hätten »*auch* gelitten« – und sie hätten »von nichts gewußt«? Sehen Sie: gerade diese Beteuerung, von nichts gewußt zu haben, ist meines Erachtens so recht geeignet, jenes Gelitten-haben sinnlos zu machen. Und warum? Weil es einem ethischen Mißverstehen der Situation entspringt. Einem Mißverstehen, dem wir uns nunmehr zuwenden wollen – nicht weil mir daran liegt, die Politik des Tages in die Debatte zu ziehen, sondern weil ich es für notwendig halte, die «Metaphysik des Alltags«, mit der wir uns bisher befaßt haben, durch eine »Ethik des Alltags« zu ergänzen.

Wir sprachen vorhin vom Warum des Nicht-wissens – und sagten: es sei ein Mißverstehen; fragen wir aber nach dem Wozu eben dieses Mißverstehens, dann werden wir vielleicht entdecken, daß es sich bei solchem Nichtwissen um eine Nichtwissen-Wollen handelt. Das nun, was ihm zugrunde liegt, ist: Flucht vor der Verantwortung! Allerdings wird der Mensch hier und heute in die Flucht vor der Verantwortung – getrieben. Was ihn in diese Flucht treibt, das ist die Furcht, eine *Kollektivschuld* übernehmen zu müssen. Er wird nämlich allenthalben schuldig gesprochen, als mitschuldig hingestellt an Dingen, die er gar nicht selber getan hat, ja von denen er in vielen Fällen tatsächlich »nichts gewußt« hat. Sollte der Anständige wirklich dafür zur Verantwortung gezogen werden dürfen, was andere verbrochen haben – mag es sich hierbei auch um andere Angehörige derselben Nation handeln? War er, dieser Anständige, nicht vielmehr selber das Opfer von Verbrechen, das Objekt eines Terrors, der von einer herrschenden, führenden Schicht seines Volkes ausgeübt wurde, ohne daß er sich gegen diesen Terror hätte auflehnen können – hatte er unter ihm nicht wirklich auch selber zu leiden? Wäre die Statuierung einer Kollektivschuld nicht ein Rückfall gerade in jene Weltanschauung, die man doch bekämpfen möchte? In jene Weltanschauung, die da den einzelnen Menschen schuldig spricht, weil andere aus der nämlichen Gruppe, der er zufällig angehört, tatsächlich oder angeblich irgend etwas verbrochen haben. Und wie lächerlich erscheint uns doch diese Auffassung – heute, endlich! Jemanden wegen seiner Nationalität oder Muttersprache oder seines Geburtsorts zur Verantwortung zu ziehen, muß uns heute genauso lächerlich erscheinen wie: ihn für seine Körpergröße verantwortlich zu machen. Wenn ein Verbrecher eingefangen wird, der 1,64 m groß ist, – soll ich mich deswegen mithängen lassen, weil ich zufällig ebenso groß bin?

Aber hier müssen wir eine wichtige Unterscheidung vornehmen: Wir müssen unterscheiden zwischen kollektiver Schuld und – kollektiver Haftung. An einem gleichnishaften Beispiel werden Sie mich sofort verstehen. Nehmen Sie an, ich erkranke plötzlich an einer Blinddarmentzündung – bin ich schuld daran? Gewiß nicht; und dennoch: wenn ich operiert werden muß, was dann? Dann bin ich trotzdem dem Arzt, der mich operiert, das Operationshonorar – schuldig. D. h. ich »hafte« für die Begleichung der Arztrechnung. Es gibt also sehr wohl so etwas wie »Haftung – ohne Schuld«. Und so ähnlich steht es nun auch mit dem Kollektiv jener Menschen, die kollektiv von einem Terror befreit wurden. Sie konnten sich nicht selber befreien – andere Kollektive, andere, freiheitsliebende Nationen mußten auf den Plan treten, mußten zum Kampf antreten – ihre Besten, ihre Jugend opfern, um eine gegen ihre eigene Führerschaft ohnmächtige Nation von dieser Führung zu befreien. Diese Ohnmacht war nicht Schuld – aber sollte es ungerecht, unbillig sein, für solche Befreiung mit dem einen oder andern Opfer zahlen zu müssen und sich mithaftbar zu fühlen, auch wenn man sich nicht mitschuldig, auch wenn man sich unschuldig weiß?

Wenn Sie dieses letzte Kapitel dieser Psychologie verstehen wollen, dann hätten Sie mich im Vorjahr nach der Befreiung des Türkheimer Konzentrationslagers an jenem Frühlingsabend begleiten müssen, an dem ich bei untergehender Sonne allein in das unweit vom Lager liegende Wäldchen ging. Dort waren auf höchst illegalen Befehl unseres Lagerführers – jenes SS-Mannes, von dem ich im ersten Vortrag erwähnte, daß er aus eigener Tasche Medikamente für »seine« Lagerhäftlinge bezahlt hatte – die im Lager gestorbenen Kameraden verscharrt worden, wobei, eben entgegen den Weisungen, die dieser Mann erhalten hatte, nicht verabsäumt wurde, an den schlanken jungen Tannenbaumstämmen, die hinter den Massengräbern standen, nach Entfernung eines Rindenstückchens jeweils die Namen der Toten mit Tintenblei unauffällig hinzuzukritzeln. Wenn Sie damals mit mir gewesen wären, dann hätten Sie sich mit mir geschworen, dafür zu sorgen, daß durch das Weiterleben von uns Überlebenden unser aller Schuld getilgt werde – jawohl: *unser aller* Schuld! Denn wir Überlebenden wußten ganz genau, daß die Besten, die unter uns dort waren, von dort nicht herausgekommen sind – *die Besten* waren es, die nicht zurückgekehrt sind! So konnten wir unser Überleben nicht anders denn als unverdiente Gnade empfinden. Sie nachträglich zu verdienen und ihrer halbwegs würdig zu werden, das, schien uns, waren wir den toten Kameraden schuldig. Und diese Schuld abzustatten schien nur möglich durch ein Aufrütteln und Wachhalten des Gewissens der andern ebenso wie je unseres eigenen.

Was dann, nach solchem Erleben, kam, was dann auf den Befreiten wartete, wenn er heimkehrte, ließ ihn freilich nur allzu oft an jenen Schwur vergessen. Es gibt jedoch Augenblicke in seinem Leben – und sie sind die entscheidenden –, in denen er das hält, was er sich einstmals geschworen: das kleinste Stückchen Brot, die Tatsache, daß er in einem Bett schlafen kann, den Umstand, daß er nicht Appell stehen oder in ständiger Todesgefahr leben muß – zu segnen. Alles ist für ihn relativiert – und so auch jedes Unglück. Er, der – wie wir sagten – buchstäblich ein Nichts war, fühlt sich buchstäblich wiedergeboren, aber nicht als der, der er gewesen, sondern als ein wesenhafter. Schon im ersten Vortrag habe ich darauf hingewiesen, wie alles Unpersönliche an ihm »eingeschmolzen« wurde. Auch von seinem allfälligen Ehrgeiz wird wohl nicht viel übrig geblieben sein; was standgehalten haben mag, kann höchstens Leistungsgeiz sein: eine weitaus höhere Form des Geizens, des Drängens nach *Selbstverwirklichung* – eben die wesenhaftere Form.

Wie Sie wohl merken, sind wir hier gleichzeitig am Ende des Themas angelangt und – an den Grenzen eines Gesprächs. Hier hilft uns kein Reden, kein Vortrag weiter – hier bleibt uns nur mehr eines noch: handeln, und zwar handeln im Alltag.

Es war soeben vom Alltag die Rede; ja, einmal fiel sogar das Wort »Metaphysik des Alltags«. Ich hoffe nun, daß Sie dieses Wort richtig verstehen: Es galt nicht nur, den Alltag – der nur scheinbar grau, so banal, so alltäglich ist – gleichsam durchsichtig zu machen, uns durch ihn hindurchsehen zu lassen auf das Ewige; sondern es galt letzten Endes, sehen zu lassen, wie dieses Ewige auf das Zeitliche zurückverweist – auf das Zeitliche, das Alltägliche, als auf die Stätte einer fortwährenden Begegnung des Endlichen mit dem Unendlichen. Was wir in der Zeit schaffen, erleben, erleiden, das schaffen, erleben, erleiden wir zugleich für alle Ewigkeit. Soweit wir für das Geschehen Verantwortung tragen, soweit es also »Geschichte« ist, wird diese unsere Verantwortung unerhört belastet dadurch, daß nichts Ungeschehenes sich »aus der Welt schaffen« läßt. Gleichzeitig jedoch ist diese unsere Verantworung aufgerufen – dazu, das Ungeschehene nun eben in die Welt zu schaffen! Und zwar im Rahmen je unseres Tagewerks, im Rahmen je unseres Alltags. So wird der Alltag zu der Wirklichkeit schlechthin – und diese Wirklichkeit zur Wirkensmöglichkeit. Und so führt die Metaphysik des Alltags nur zuerst aus dem Alltag heraus, dann jedoch – bewußt, verantwortungsbewußt! – in den Alltag wieder zurück.

Was uns auf diesem Wege vorwärtsführt und -hilft, was uns da geleitet und leitet, das ist: Verantwortungsfreude. Wie steht es jedoch um die Freudigkeit des durchschnittlichen Menschen, Verantwortung auf sich zu nehmen?

Verantwortung ist dasjenige, wozu man »gezogen« wird und – dem man sich »entzieht«. Die Weisheit der Sprache deutet damit an, daß es im Menschen Gegenkräfte gibt, welche ihn davon abhalten, Verantwortung zu übernehmen. Und tatsächlich – es ist etwas an der Verantwortung, das abgründig ist: Je länger und tiefer wir sie in den Blick nehmen, um so mehr werden wir dessen gewahr – bis uns schließlich eine Art Schwindel packt; vertiefen wir uns in das Wesen menschlicher Verantwortlichkeit, dann erschauern wir: Es ist etwas Furchtbares um die Verantwortung des Menschen – und zugleich etwas Herrliches!

Furchtbar ist es: zu wissen, daß ich jeden Augenblick Verantwortung trage für den nächsten; daß jede Entscheidung, die kleinste wie die größte, eine Entscheidung ist »für alle Ewigkeit«; daß ich jeden Augenblick eine Möglichkeit, die Möglichkeit des einen Augenblicks, verwirkliche oder verwirke. Nun birgt jeder einzelne Augenblick Tausende von Möglichkeiten – und ich kann nur eine einzige wählen, um sie zu verwirklichen; alle andern aber habe ich damit auch schon gleichsam verdammt und zum Nie-sein verurteilt – und auch dies: »für alle Ewigkeit«!

Doch herrlich ist es: zu wissen, daß die Zukunft, meine eigene Zukunft und mit ihr die Zukunft der Dinge, der Menschen um mich, irgendwie – wenn auch in noch so geringem Maße – abhängig ist von meiner Entscheidung in jedem Augenblick. Was ich durch sie verwirkliche, »in die Welt schaffe«, wie wir sagten – das rette ich in die Wirklichkeit hinein und bewahre es so vor der Vergänglichkeit.

Aber im Durchschnitt sind die Menschen zu träge, um ihre Verantwortlichkeit zu tragen. Und hier setzt die Erziehung zur Verantwortung an. Gewiß: die Last ist schwer; es ist schwierig, nicht nur die Verantwortlichkeit zu erkennen, sondern auch zu ihr sich zu bekennen. Ja zu sagen zu ihr – und zum Leben. Aber es hat Menschen gegeben, die allen Schwierigkeiten zum Trotz dieses Ja gesagt haben. Und wenn die Häftlinge vom Konzentrationslager Buchenwald in ihrem Lied gesungen haben: »Wir wollen trotzdem Ja zum Leben sagen«, dann haben sie es nicht nur gesungen, sondern vielfach auch geleistet; sie, und viele von uns in den andern Lagern ebenfalls. Und sie haben es geleistet unter unsäglichen Bedingungen – unter äußeren wie inneren Bedingungen, von denen wir ja erst heute schon zur Genüge gesprochen haben. Da sollten wir alle es heute, unter verhältnismäßig doch unvergleichlich milderen Umständen, nicht leisten können? Zum Leben Ja zu sagen ist also nicht nur unter allen Umständen sinnvoll – das Leben ist es nämlich selbst –, sondern auch unter allen Umständen möglich.

Und das war schließlich auch der ganze letzte Sinn dieser drei Vorträge: Ihnen zu zeigen, daß der Mensch trotzdem – trotz allem: trotz Not und Tod (1. Vortrag), trotz Leiden an körperlicher oder seelischer Krankheit (2. Vortrag) oder unter dem Schicksal des KZ (3. Vortrag) – Ja sagen kann zum Leben!

Eine autobiographische Skizze*

(Ein Beitrag zu »Psychotherapie in Selbstdarstellungen« herausgegeben von Ludwig J. Pongratz)

* Meiner Weggefährtin Eleonore Katharina zur Silbernen Hochzeit gewidmet.

Meine Mutter stammte aus einem alteingesessenen Prager Patriziergeschlecht – der Prager deutsche Dichter Oskar Wiener (dessen Gestalt in Meyrinks Roman »Der Golem« verewigt wurde) war ihr Onkel. Ich sah den längst Erblindeten im Lager Theresienstadt zugrunde gehen.

Mein Vater stammte aus Südmähren. Der mittellose Sohn eines Buchbindermeisters hungerte sich bis zum Absolutorium durch das Studium der Medizin, mußte dann aber aus finanziellen Gründen aufgeben und in den Staatsdienst eintreten, wo er es im Ministerium für soziale Verwaltung bis zum Direktor brachte. Bevor er im Lager Theresienstadt Hungers starb, wurde der Herr Direktor einmal dabei angetroffen, wie er aus einer leeren Tonne den Rest von Kartoffelschalen herauskratzte.

Mag sein, daß er es gerne sah, wie ich bereits im Alter von drei Jahren entschlossen war, Arzt zu werden. Die Ideale, die zu meiner Zeit in beruflicher Hinsicht in Schwang waren, nämlich das des Schiffsjungen und das des Offiziers, verschmolz ich zwanglos mit dem Arzttum, indem ich einmal Schiffsarzt werden wollte, ein andermal Militärarzt. Aber über die Praxis hinaus muß mich auch die Forschung frühzeitig interessiert haben. Zumindest sehe ich mich heute noch vor mir, im Alter von nicht viel mehr als drei Jahren, und höre mich zu meiner Mutter sagen: »Ich weiß schon, Mama, wie man Medikamente erfindet: man läßt sich Leute kommen, die sich das Leben nehmen wollen und zufällig krank sind, und gibt ihnen alles mögliche zu essen und zu trinken – sagen wir Schuhwichse oder Petroleum (wörtlich!). Gehen sie dann zugrunde, dann haben die es ja nur so gewollt. Kommen sie aber mit dem Leben davon, dann haben wir für ihre Krankheit das Medikament entdeckt.« Und da werfen mir meine Gegner vor, ich sei zu wenig experimentell eingestellt und ausgerichtet.

Mit vier Jahren muß es gewesen sein, daß ich eines Abends, kurz vor dem Einschlafen, aufschreckte, und zwar von der Einsicht aufgerüttelt, eines Tages würde auch ich sterben müssen. Was mir aber zu schaffen gab, war eigentlich zu keiner Zeit meines Lebens die Furcht vor dem Sterben, vielmehr nur eines: die Frage, ob nicht die Vergänglichkeit des Lebens dessen Sinn zunichte macht. Und die Antwort auf die Frage, die Antwort, zu der ich mich schließlich durchzuringen vermochte, war die folgende: In mancherlei Hinsicht macht der Tod das Leben überhaupt erst sinnvoll. Vor allem aber kann die Vergänglichkeit des Daseins dessen Sinn aus dem einfachen Grunde nicht Abbruch tun, weil in der Vergangenheit nichts unwiederbringlich verloren, vielmehr alles unverlierbar geborgen ist. Im Vergangensein ist es also vor der Vergänglichkeit sogar bewahrt und gerettet. Was immer wir getan und geschaffen haben, was immer wir erlebt und erfahren haben – wir haben es ins Vergangensein hineingerettet, und nichts und niemand kann es jemals wieder aus der Welt schaffen. Was aber meine eigenen Erlebnisse anlangt, gehört zu den kostbarsten eine Diskussion, die sich zu dem angedeuteten Thema zwischen Martin Heidegger und mir entspann, als er das erste Mal nach Wien kam und mich besuchte. Die Widmung, die er dann unter ein Foto setzte, auf dem unser Besuch eines Wiener »Heurigen« festgehalten wurde, und mit der er eine Verwandtschaft zwischen unseren Ansichten hervorheben wollte, verdient es ebenfalls, festgehalten zu werden: »Das Vergangene geht. Das Gewesene kommt.«

Wie ich denn überhaupt immer wieder die Erfahrung machen konnte, daß die wirklich Großen, zu denen ich aufblicke, soviel sie an mir zu kritisieren das Recht gehabt hätten, nachsichtig waren und über all die Unzulänglichkeit meiner Bemühungen hinwegsahen, hinter ihnen noch immer etwas Positives zu sehen vermochten. So erging es mir nicht nur mit Martin Heidegger, sondern auch mit Karl Jaspers, Ludwig Binswanger und Gabriel Marcel. (Ich will gar nicht wiedergeben, was diese großen Männer von meinen Bemühungen hielten – es würde mir niemand glauben.) Während die sich groß *Dünkenden* an meinen Bemühungen wieder nur das Unzulängliche suchen und finden – als ob nicht auch in meinem Falle gälte, was Goethe sagte: »Was ihr an mir tadelt, ihr dummen Teufel – ich weiß es besser als ihr.«

In der Kindheit wurde mir ein Gefühl der Geborgenheit selbstverständlich nicht von philosophischen Überlegungen und Erwägungen geschenkt, sondern vielmehr vom Milieu. Ich muß fünf Jahre alt gewesen sein, als ich – und ich halte diese Kindheitserinnerung für paradigmatisch – an einem sonnigen Morgen in der Sommerfrische Hainfeld erwachte und, während ich die Augen noch geschlossen hielt, von dem unsäglich beglückenden und beseligenden Gefühl durchflutet war, geborgen, bewacht und behütet zu sein. Als ich die Augen öffnete, war mein Vater lächelnd über mich gebeugt.

In der Sommerfrische Pottenstein gab es eine Erzieherin, die mit meinen Eltern befreundet war und so denn auch viel mit uns Kindern zusammenkam. Mich pflegte sie als den »Denker« zu apostrophieren – unaufhörlich stellte ich ihr Fragen, wollte ich von ihr etwas wissen, immer mehr wissen. Allein, ich glaube nicht, daß ich jemals wirklich ein großer Denker war – eines mag ich gewesen sein: ein konsequenter Zu-Ende-Denker.

Dann kam der Erste Weltkrieg. Staatsbeamten ging es wirtschaftlich miserabel. Wir verbrachten die Sommer nicht mehr in einer Sommerfrische, sondern am Geburtsort meines Vaters, in Pohrlitz (Südmähren). Wir Kinder gingen auf die Bauernhöfe um Brot betteln – und auf die Felder hinaus den Kukuruz stehlen.

Dann kam die hektische Zwischenkriegszeit. Inzwischen hatte ich mich in die Lektüre von Naturphilosophen wie Wilhelm Ostwald und Gustav Theodor Fechner gestürzt. Mit letzterem war ich aber noch nicht in Berührung gekommen, als ich ein paar Schulhefte vollschrieb und den anspruchsvollen Titel wählte: »Wir und der Weltprozeß«. Ich war überzeugt, im Makro- wie im Mikrokosmos walte ein universelles »Ausgleichsprinzip« (in meiner »Ärztlichen Seelsorge« nahm ich ja den Faden solcher Gedankengänge wieder auf). Und als wir eines Tages doch wieder in eine Sommerfrische (Eferding) fuhren, mit einem Donaudampfer stromaufwärts, und ich um Mitternacht auf Deck lag und »den bestirnten Himmel über mir und das« Ausgleichsprinzip »in mir« betrachtete (um auf Kant anzuspielen), wurde mir das »Aha-Erlebnis« zuteil: Das Nirwana ist der Wärmetod »von innen gesehen«. Es läßt sich verstehen, welchen Eindruck später Fechner mit seiner »Tagesansicht gegenüber der Nachtansicht« auf mich machte – wie faszinierend aber auch, noch später, Sigmund Freuds »Jenseits des Lustprinzips« auf mich wirkte. Womit wir auch schon vor meiner Konfrontation mit der Psychoanalyse stünden.

Noch in der Untermittelschule war ich Vorzugsschüler gewesen. Dann aber begann ich, meine eigenen Wege zu gehen. Ich ging in die Volkshochschule, um Angewandte Psychologie zu hören, interessierte mich aber auch für Experimentelle Psychologie. In der Schule machte ich dann aus einer Redeübung einen Vortrag mit Experimenten, unter anderen einer Demonstration von Veraguths psychogalvanischem Reflexphänomen. Ein Mitschüler mußte herhalten. Als ich, nach einer Reihe anderer Worte, den Vornamen seiner Freundin fallen ließ, schlug der Zeiger des Galvanometers – vergrößert an die Stirnwand des Physiksaals projiziert – über deren ganze Breite aus. Damals wurde man in einer solchen Situation auch noch rot. Aber der Raum war ja verdunkelt.

Immer mehr aber wurden meine Redeübungen und meine Schulaufsätze zu Abhandlungen über die Psychoanalyse. Und meine Mitschüler wurden von mir immer mehr mit Wissen auf diesem Gebiete versorgt. So daß jeder wußte, was da im Unbewußten unseres Logikprofessors vorgegangen sein mußte, als er eines Tages, mitten im Unterricht, eine Fehlleistung produzierte und nicht von Gattungsbegriffen sprach, sondern »Begattungsgriffe« sagte.

Mein eigenes Wissen bezog ich zunächst von so bedeutenden unmittelbaren Freud-Schülern wie Eduard Hitschmann und Paul Schilder, welch letzterer seine von mir jahrelang besuchten Vorlesungen an der Psychiatrischen Universitätsklinik bereits unter Wagner-Jauregg hielt.

Bald begann ich, mit Freud zu korrespondieren. Ich sandte ihm Material ein, das von meiner reichlichen und reichlich interdisziplinären Lektüre her anfiel und von dem ich annehmen konnte, daß es ihn interessieren mochte. Und jeder Brief wurde von ihm prompt beantwortet. Leider wurden alle Briefe und Postkarten von ihm – unsere Korrespondenz zog sich durch die ganzen Jahre hindurch, die ich in der Obermittelschule verbrachte – Jahrzehnte später, als ich ins Konzentrationslager kam, von der Gestapo ebenso konfisziert wie ein paar Krankengeschichten, die der junge Freud an der Psychiatrischen

Universitätsklinik verfaßt und mit der Hand geschrieben hatte – der Archivar der Klinik machte sie mir zum Geschenk, als ich selbst an ihr arbeitete.

Und eines Tages saß ich wieder einmal in der Prater-Hauptallee auf einer Bank – meinem damals bevorzugten geistigen Arbeitsplatz – und brachte zu Papier, was mir »zur Entstehung der mimischen Bejahung und Verneinung« eingefallen war. Ich legte das Manuskript einem Brief bei, der ohnehin an Freud abging, und war nicht wenig überrascht, als er mir schrieb, er habe es an die »Internationale Zeitschrift für Psychoanalyse« weitergeleitet. Wenige Jahre später, nämlich 1924, ist es im Rahmen dieser Zeitschrift auch veröffentlicht worden. Meine erste Publikation erschien allerdings bereits 1923, und zwar in der Jugendbeilage einer Tageszeitung. Es entbehrt nicht der Pikanterie, daß diese Arbeit aus der Feder eines angehenden Psychiaters ausgerechnet mit der Feststellung eröffnet wird, er hasse nichts so sehr wie den gesunden Menschenverstand. (Gemeint hatte ich natürlich das unbesehene Hinnehmen überkommener Denkansätze.)

Mit Freud habe ich aber nicht nur korrespondiert, sondern ich bin ihm einmal auch begegnet. Da war ich aber nicht mehr Mittelschüler, sondern bereits Medizinstudent. Die Begegnung fand zufällig statt – und zu spät: schon war ich in die Einflußsphäre von Alfred Adler geraten, und schon hatte Adler meine zweite wissenschaftliche Arbeit schnurstracks zur Veröffentlichung in der »Internationalen Zeitschrift für Individualpsychologie« bestimmt (1925 wurde sie publiziert). Welchen Eindruck Freud auf mich machte, nicht zuletzt welch einen mit Adler so durch und durch kontrastierenden Eindruck – dies zu besprechen, würde zu weit führen. Kurt Eissler, dem das Freud-Archiv in New York untersteht, hat mich einmal in Wien besucht und gebeten, meine Erinnerungen an diese Begegnung mit Freud eingehend und ausführlich auf einem Tonband festzuhalten, das er dann dem Archiv einverleibt hat.

Noch war ich Mittelschüler, als sich mein frühkindlicher Berufswunsch, Arzt zu werden, unter dem Einfluß der Psychoanalyse zu dem Wunsche verdichtete, Psychiater zu werden. Freilich kokettierte ich eine Zeitlang damit, mich der Dermatologie oder aber der Geburtshilfe zuzuwenden. Bis mich eines Tages ein anderer Medizinstudent, W. Oesterreicher, der sich später in Amsterdam niederließ, fragte, ob ich denn noch nichts von Sören Kierkegaard gehört hätte – auf mein Kokettieren mit nicht psychiatrischen Fächern passe nämlich das Wort von Kierkegaard: verzweifelt nicht man selbst sein wollen. Ich sei nun einmal für die Psychiatrie begabt, meinte er, und habe mich daher zu dieser Begabung auch zu bekennen. Es ist kaum zu glauben, welch eine entscheidende Wendung wir unter Umständen der einfach so achtlos hingeworfenen Bemerkung eines anderen zu verdanken haben. Jedenfalls war ich von nun an entschlossen, der »psychiatrischen Selbstverwirklichung« nicht mehr immer wieder davonzulaufen.

Bin ich aber auch wirklich psychiatrisch begabt? Eines weiß ich: wenn dem so ist, dann hängt diese Begabung mit einer anderen zusammen, nämlich mit meiner karikaturistischen Begabung. Als Karikaturist werde ich ebenso wie als Psychiater zunächst einmal der Schwächen eines Menschen gewahr. Nur daß ich als Psychiater oder zumindest als Psychotherapeut dann auch über die (faktischen) Schwächen hinaus intuitiv der (fakultativen) Möglichkeiten ansichtig werde, die Schwächen zu überwinden, und über die Jämmerlichkeit einer Situation hinaus immer noch Möglichkeiten aufspüre, der Situation einen Sinn abzuringen und so denn auch noch ein scheinbar sinnloses Leiden in eine echte menschliche Leistung zu verwandeln. Und im Grunde bin ich davon überzeugt, daß es eigentlich keine Situation gibt, die nicht irgendeine Sinnmöglichkeit in sich schlösse. Zu einem wesentlichen Teil wird ja diese meine Überzeugung von der Logotherapie thematisiert und systematisiert.

Was wäre aber die psychiatrische Begabung ohne ein psychiatrisches Bedürfnis? Fragen wir uns also nicht nur, was jemanden dazu befähigt, Psychiater zu werden, sondern auch, was jemanden dazu veranlaßt! Ich halte nun dafür, daß für den Unreifen die Verlockung, die von der Psychiatrie ausgeht, in dem Versprechen liegt, über die anderen Macht zu gewinnen, sie zu beherrschen, sie zu manipulieren. Wissen, heißt es, ist Macht, und so verleiht uns denn auch unser Wissen um die den anderen nicht, uns selbst aber eben sehr wohl bewußten Mechanismen zunächst einmal eines, und das ist *Macht* über die anderen. Am augenfälligsten tritt uns dies gegenüber im Falle der Hypnose. Ich muß gestehen, daß ich mich in der Jugend auch für Hypnose interessierte – und bereits im Alter von fünfzehn Jahren richtiggehend hypnotisieren konnte.

Während ich mich solcherart für die Psychiatrie im allgemeinen, im besonderen aber für die Psychoanalyse begeisterte, ließ mich die Philosophie nicht mehr los. An der Volkshochschule gab es eine Philosophische Arbeitsgemeinschaft, die von Edgar Zilsel geleitet wurde, und im Alter von sechzehn Jahren hielt ich in diesem Rahmen einen Vortrag über nicht mehr und nicht weniger als den Sinn des Lebens. Und bereits damals entwickelte ich zwei von meinen Grundgedanken: daß wir nach dem Sinn des Lebens eigentlich nicht fragen dürften, da wir selbst es sind, die da befragt werden – wir sind es, die zu antworten haben, nämlich auf die Fragen, die uns das Leben stellt, und diese Lebensfragen können wir nur beantworten, indem wir unser Dasein verantworten. Der andere Grundgedanke aber besagt, daß der letzte Sinn über unser Fassungsvermögen hinausgeht, hinausgehen muß, mit einem Wort, daß es sich um einen Übersinn handelt, wie ich ihn nannte, *aber nicht etwa im Sinne von etwas Übersinnlichem*. An ihn können wir nur glauben. An ihn müssen wir aber auch glauben. Und wenn auch nur unbewußt, so glaubt doch jeder unter uns ohnehin immer schon an ihn.

Noch war ich aber zu unreif, um der psychologistischen Versuchung zu widerstehen. Erst in meiner Matura-Arbeit, der ich den Titel »Zur Psychologie des philosophischen Denkens« gab und eine noch ganz und gar psychoanalytisch orientierte Pathographie über Arthur Schopenhauer anschloß, gab ich es wenigstens auf, a priori für falsch zu halten, was krank ist. Wie sagte ich später (in meiner »Ärztlichen Seelsorge«)? »Zwei mal zwei ist vier, auch wenn ein Schizophrener es behauptet.«

Zur psychologistischen trat aber auch noch die soziologistische Versuchung hinzu. War ich doch als Mittelschüler Jahre hindurch Funktionär der Sozialistischen Arbeiterjugend und 1924 eine Zeitlang geschäftsführender *Obmann der Sozialistischen Mittelschüler von ganz Österreich*. Meine Freunde und ich strolchten halbe Nächte lang durch den Prater und diskutierten nicht nur die Alternativen »Marx und Lenin«, sondern auch die Alternativen »Freud und Adler«.

Welchem Thema war nun die Arbeit von mir gewidmet gewesen, die Adler in seiner Zeitschrift herausbrachte? Dem Thema, das sich wie ein roter Faden durch alle Arbeiten von mir zieht: die Aufhellung des Grenzgebiets, das sich zwischen Psychotherapie und Philosophie erstreckt, unter besonderer Berücksichtigung der Sinn- und Wertproblematik der Psychotherapie, und ich muß sagen, ich kenne kaum jemanden, der mit dieser Problematik so sehr gerungen hätte wie ich mein ganzes Leben lang. Es ist dies das Leitmotiv, das hinter allen meinen Arbeiten steht. Das Motiv aber, das mich dazu bewog, sie zu erstellen, war die Überwindung des Psychologismus auf dem Gebiete der Psychotherapie, wie er für gewöhnlich mit einem »Pathologismus« – sit venia verbo – einhergeht. Beide aber sind Aspekte eines umfassenderen Phänomens, nämlich des Reduktionismus, zu dem ja auch Soziologismus und Biologismus gehören. Der Reduktionismus ist jedenfalls der Nihilismus von heute. Er reduziert den Menschen um nicht mehr und nicht weniger als eine ganze Dimension, und zwar die menschliche Dimension. Er projiziert das spezifisch Humane aus dem Raum des Menschlichen heraus in die subhumane Ebene. Mit einem Wort, der Reduktionismus ist ein Subhumanismus, wenn ich so sagen darf.

Zurück zu Adler: 1925 war meine Arbeit »Psychotherapie und Weltanschauung« in seiner Zeitschrift herausgekommen, 1926 folgte eine weitere. In demselben Jahr mußte ich auf dem Internationalen Kongreß für Individualpsychologie, der in Düsseldorf stattfand, ein Haupt- und Grundsatzreferat halten, konnte dies aber nicht mehr, ohne bereits von der Orthodoxie abzuweichen: Ich bestritt nämlich, daß die Neurose auch wirklich überall und allezeit, im Sinne der Lehre von ihrem »Arrangementcharakter«, ein bloßes Mittel zum Zweck sei, bestand und beharrte vielmehr auf einer Alternative, sie zu interpretieren, nämlich (nicht als bloßes »Mittel«, sondern auch) »als Ausdruck«, also nicht nur im instrumentalen, sondern auch in einem expressiven Sinne.

Diese meine erste Vortragsreise unterbrach ich auf dem Hinweg in Frankfurt am Main und auf dem Rückweg in Berlin. In Frankfurt am Main – es ist kaum zu glauben, eher zum Lachen – hielt ich, der 21jährige Medizinstudent, auf Einladung der Sozialistischen Arbeiterjugend wieder einmal einen Vortrag über den Sinn des Lebens, und zum Vortrag marschierten ganze Kolonnen von Jugendlichen, Fahnen tragend, von einem Treffpunkt und Sammelplatz. Auf der Rückreise hielt ich in Berlin einen Vortrag im Rahmen der Gesellschaft für Individualpsychologie.

1927 spitzte sich dann mein Verhältnis zu Adler immer mehr zu. Ich war in den Bann von zwei Männern geraten, die mich nicht nur als Menschen beeindruckten, sondern auch auf das nachhaltigste beeinflußten: Rudolf Allers und Oswald Schwarz. Unter Allers begann ich, an dem von ihm geleiteten Sinnesphysiologischen Laboratorium experimentell zu arbeiten. Schwarz wieder – der Begründer der Psychosomatischen Medizin und einer »Medizinischen Anthropologie« – würdigte mich eines Vorworts zu einem Buch, das ich für den individualpsychologischen Verlag Hirzel hatte schreiben müssen, das aber dann nicht mehr gedruckt werden konnte, weil ich inzwischen aus dem Verein für Individualpsychologie ausgeschlossen worden war. (Eine Kurzfassung der Hauptgedanken dieses »abortiven« Buches erschien 1939 in der »Schweizerischen medizinischen Wochenschrift«.) In seinem Vorwort meinte nun Schwarz, mein Buch bedeutete für die Geschichte der Psychotherapie dasselbe wie Kants »Kritik der reinen Vernunft« für die Philosophie. Und er glaubte es wirklich.

Um diese Zeit wurde ich endgültig aus dem Schlaf gerüttelt, aus dem eigenen Psychologismus wachgerüttelt. Doch vollends wurde mir der Star von Max Scheler gestochen, dessen »Formalismus in der Ethik« ich wie eine Bibel mit mir herumtrug. Es war höchste Zeit für solche Selbstkritik des eigenen Psychologismus. Schon hatte der so weise Bohémien unter den Adlerianern, Alexander Neuer, mich ins Literatenkaffee von Wien, das »Herrenhof«, zu einer Aussprache eingeladen und mir dann zunächst einmal vorgerechnet, daß mir, soweit er aufgrund einer Reihe von Manuskripten von mir hatte feststellen können, gegenüber Max Plancks Versuch, das Problem der Willensfreiheit zu lösen, und in einer ganz bestimmten Hinsicht gegenüber den Begründern der Gestaltspsychologie Prioritäten zukämen. (Ich glaube es ihm heute noch nicht.) Dann aber hub er an und verurteilte mich leidenschaftlich, wieder aufgrund meiner Manuskripte, als einen »Renegaten des Geistes«. Das »saß«. Und ich war für keine Kompromisse mehr zu haben.

Dann kam der Abend, an dem Allers und Schwarz, die ihren Austritt aus dem Adler-Verein angemeldet hatten, diesen ihren Austritt coram publico vertraten und begründeten. Die Sitzung fand im Großen Hörsaal des Histologischen Instituts der Universität Wien statt. In den letzten Reihen saßen ein paar Freudianer, die nun schadenfroh das Schauspiel betrachteten, daß es Adler nicht anders erging als Freud, aus dessen Verein ja seinerzeit Adler ausgetreten war. Wieder gab es eine »Sezession«. Adler aber machte die Anwesenheit der Psychoanalytiker nur um so empfindlicher.

Allers und Schwarz hatten ihre Ausführungen beendet. Spannung lag in der Luft. Vor allem waren wir »gespannt«, wie Adler reagieren würde. Wir warteten vergeblich. Entgegen seiner Gewohnheit meldete er sich nicht zum Wort. Peinliche Minuten vergingen. Ich saß ebenso wie er in der ersten Reihe, zwischen uns eine Schülerin von Adler, von deren Vorbehalten gegenüber seiner Lehre Adler ebenso wohl wußte wie von meinen. Endlich wandte er sich uns beiden zu und höhnte uns: »Nun, ihr Helden?« Er meinte damit, wir sollten doch nicht so feige sein, sondern mutig Farbe bekennen und uns zum Wort melden. So blieb mir denn nichts anderes übrig, als hinauszugehen und auseinanderzusetzen, inwiefern die Individualpsychologie noch immer über den Psychologismus hinauszuwachsen hätte. Und ich beging den Fehler, mich »vor dem Feinde«, den Psychoanalytikern, zu Schwarz zu bekennen, ja ihn als »meinen Lehrer« zu apostrophieren. Was half es da, wenn ich auch noch so beteuerte, ich sähe keinen Grund, aus dem Verein auszutreten, denn die Individualpsychologie könnte ihren Psychologismus aus eigener Kraft hinter sich lassen. Vergeblich bemühte ich mich, zwischen Allers, Schwarz und Adler zu vermitteln. Adler hat seit diesem Abend kein Wort mehr mit mir gewechselt und keinen Gruß mehr von mir erwidert, wenn ich, wie es Abend für Abend üblich gewesen war, das Kaffee Siller betrat und mich seinem Stammtisch näherte, an dem er Hof hielt. Er konnte es eben nicht mehr verwinden, daß ich nicht bedingungslos für ihn eingetreten war. Wiederholte Male ließ er mir nahelegen, ich möchte aus dem Verein austreten, während ich dazu nach wie vor keinen Grund sah. Schließlich wurde ich, ein paar Monate später, in aller Form aus dem Verein ausgeschlossen. Für mich bedeutete dieser »Exodus« viel. Ein Jahr hindurch hatte ich eine individualpsychologische Zeitschrift herausgegeben (»Der Mensch im Alltag«), die nun selbstverständlich über kurz oder lang ihr Erscheinen einstellen mußte. Aber auch sonst hatte ich mein Forum verloren. Nur wenige unter den Individualpsychologen hielten mir, wenn schon nicht wissenschaftlich, so doch wenigstens menschlich die Treue, und dankbar gedenke ich in diesem Zusammenhang des so früh dahingegangenen Erwin Wexberg, Rudolf Dreikurs' und last but not least Alfred Adlers Tochter Alexandra. Nur soll mir niemand mehr damit kommen, die Logotherapie sei bloß »Adlerian psychology at its best«, und es gebe daher keinen Grund, sie als eine Forschungsrichtung sui generis auszugeben und ihr eigens einen Namen zu geben. Ich pflege auf dergleichen Vorhaltungen wie folgt zu reagieren: Wer wäre legitimiert, zu entscheiden, ob die Logotherapie nun wirklich noch Individualpsychologie ist, oder aber längst nicht mehr – wer anders als Adler? Und er bestand nun einmal darauf, daß ich aus dem Verein für Individualpsychologie ausgeschlossen werde. Roma locuta causa finita.

Inzwischen war von Fritz Wittels, der die erste Freud-Biographie geschrieben hatte, Maximilian Silbermann und mir der Akademische Verein für medizinische Psychologie gegründet worden, und ich wurde zu seinem Vizepräsidenten gewählt. Silbermann war Präsident, und seine Nachfolger waren Fritz Redlich und Peter Hofstätter. Im Beirat jedoch saßen Freud, Schilder und was sonst noch Rang und Namen hatte im Wien der zwanziger Jahre, dem Mekka der Psychotherapie. In diesem Verein gab es nun eine Arbeitsgemeinschaft, in deren Rahmen ich 1926 einen Vortrag hielt und erstmalig in der akademischen Öffentlichkeit von »Logotherapie« sprach. Die alternative Bezeichnung, »Existenzanalyse«, gebrauchte ich erst von 1933 an. Zu dieser Zeit hatte ich mein Gedankengut allerdings bereits bis zu einem gewissen Grade systematisiert.

So hatte ich bereits 1929 die Unterscheidung von drei Wertgruppen beziehungsweise der drei Möglichkeiten konzipiert, dem Leben – bis zu dessen letztem Augenblick, bis zum letzten Atemzug – einen Sinn abzugewinnen: entweder durch eine Tat, die wir setzen, ein Werk, das wir schaffen; oder durch Erlebnis, Begegnung und Liebe; aber auch dann, wenn wir mit einem unabänderlichen Schicksal konfrontiert sind (sagen wir mit einer unheilbaren Krankheit, einem inoperablen Karzinom) – selbst dann noch können wir dem Leben einen Sinn abringen, indem wir Zeugnis ablegen von der menschlichsten unter den menschlichen Fähigkeiten: der Fähigkeit, das Leid in eine menschliche Leistung zu transfigurieren.

In meinen wissenschaftlichen Publikationen finden sich die Bezeichnungen »Logotherapie« und »Existenzanalyse« allerdings erst 1938. Der Grund aber, der dafür spricht, solche »Firmenbezeichnungen« beizubehalten, ist der: Wenn ich von »Logotherapie« und »Existenzanalyse« spreche, kann ich es mir ersparen, immer wieder von mir zu sprechen – so heißt es eben einfach, nicht ich, sondern »die Logotherapie« lehre etwas; nicht ich, sondern »die Existenzanalyse« habe etwas nachweisen können; sollte es aber einmal wirklich unumgänglich sein, in der ersten Person zu sprechen, dann kann ich ja noch immer in die Redewendung ausweichen: »wir Logotherapeuten« stehen auf dem Standpunkt, etwas müsse so und nicht anders getan werden.

Nach dem Ausschluß aus dem Verein für Individualpsychologie verlagerte sich der Schwerpunkt meiner Interessensphäre von der Theorie zur Praxis. Ich organisierte – zuerst in Wien und dann, nach Wiener Muster, in sechs anderen Städten – sogenannte Jugendberatungsstellen, an denen Jugendliche in seelischer Not unentgeltlich beraten wurden. Als Berater stellten sich mir Männer wie August Aichhorn, Wexberg und Dreikurs ehrenamtlich zur Verfügung, aber auch Charlotte Bühler erklärte sich wie alle anderen bereit, Ratsuchende in der Wohnung zu empfangen. 1930 organisierte ich erstmalig eine Sonderaktion zur Zeit der Zeugnisverteilung, was zur Folge hatte, daß in Wien nach vielen Jahren erstmalig kein einziger Schülerselbstmord mehr zu verzeichnen war. Das Ausland begann sich zu interessieren, und ich wurde vom Ausland zu Vorträgen eingeladen. In Berlin traf ich mich zu einem ausgiebigen Gespräch mit Wilhelm Reich, der sich für die Jugendberatung interessierte und, um mit mir meine Erfahrungen mit den in diesem Rahmen anfallenden Sexualproblemen zu diskutieren, mich stundenlang in seinem offenen Auto durch Berlin kutschierte. In Prag und in Budapest hielt ich die Vorträge sogar auf akademischem Boden. So lernte ich in Prag Otto Pötzl kennen, der dann in Wien Nachfolger von Wagner-Jauregg wurde und mir zeitlebens ein väterlicher Freund war. Als ich aber in Brünn, eingeladen von Margarete Roller von der Deutschen Jugendfürsorge, einen Vortrag hielt und wir im Anschluß an den Vortrag in einem Restaurant beisammensaßen, wurde sie plötzlich ganz besinnlich: Sie war sich dessen bewußt geworden, daß sie Jahrzehnte hindurch mit meinem Vater auf dem Gebiete der Jugendfürsorge zusammengearbeitet hatte und nun eigentlich dasselbe mit seinem Sohn tat. Tatsächlich hatte mein Vater gemeinsam mit dem Minister Joseph Maria von Bärnreither (dessen Privatsekretär er eine Zeitlang war) die Zentralstelle für Kinderschutz und Jugendfürsorge gegründet. In meiner Jugend gab es für mich nichts Langweiligeres als diese Materie. Bis ich mich, bis Margarete Roller mich eines Tages dabei ertappte, daß – mit der Jugendberatung – auch ich einer auf die psychologische Ebene verlagerten Jugendfürsorge diente.

Aber ich mußte eiligst das Restaurant verlassen, um nach Wien zu fliegen – 1930! In einer viersitzigen, aber von mir als einzigem Passagier belasteten Maschine. Wie sehr ich die Maschine »belastete«, wurde dadurch festgestellt, daß man mich auf dem Flughafen zunächst einmal auf eine Waage stellte. Zu der Zeit saß auch der Pilot noch im Freien und nicht etwa in einer geschlossenen Kanzel. Jedenfalls fiel dieser mein erster Flug in mancherlei Hinsicht recht abenteuerlich aus. Bei alledem wäre es ohne ihn nicht möglich gewesen, abends in Wien rechtzeitig zu dem wöchentlichen Kurs zu erscheinen, den ich an der Volkshochschule hielt. Und bereits seit 1927 regelmäßig gehalten hatte. Immerhin handelte es sich um den ersten Kurs über Psychische Hygiene, der jemals an einer Wiener Volkshochschule gehalten wurde.

Ebenso regelmäßig hielt ich aber auch Vorträge in Organisationen der Sozialistischen Arbeiterjugend, und in Hunderten solcher Vorträge, an die sich jeweils eine Beantwortung schriftlicher Fragen schloß, sammelte sich in mir ein Erfahrungsgut an, und es verschmolz mit dem, das ich im Rahmen der Jugendberatung durch den Kontakt mit Tausenden jugendlicher Ratsuchender gewonnen hatte.

Vielleicht ist es nur so zu verstehen, daß Pötzl erstmalig und anscheinend einmalig bei mir eine Ausnahme machte, indem er Otto Kogerer, der an seiner Klinik die Psychotherapeutische Abteilung leitete, die Erlaubnis gab, mich noch als Medizinstudenten, also noch vor meiner Promotion, völlig selbständig psychotherapeutisch arbeiten zu lassen. Nun suchte ich zu vergessen, was ich von Psychoanalyse und Individualpsychologie gelernt hatte. Ich trachtete, vom Patienten zu lernen – dem Patienten zu lauschen. Ich wollte herausbekommen, wie er es anstellt, wenn sich sein Zustand bessert. Ich begann zu improvisieren. Nun merke ich mir wohl, was mir jemand anderer sagt, vergesse aber, was ich ihm sage. So geschah es, daß ich von meinen Patienten immer wieder zu hören bekam, wie sie erfolgreich die Paradoxe Intention praktiziert hatten, die ich als solche natürlich erst viel später bezeichnen und (erstmalig 1939, und zwar im »Schweizer Archiv für Neurologie und Psychiatrie«) beschreiben sollte. Wenn ich diese Patienten dann fragte, wie sie auf den Gedanken gekommen seien, zu solchen Tricks zu greifen, um mit ihrer Neurose fertig zu werden, dann meinten sie ganz verblüfft: »Ja, das alles haben doch Sie mir voriges Mal gesagt.« Ich hatte *meine Erfindung* vergessen!

Nach meiner Promotion arbeitete ich zunächst einmal an der Psychiatrischen Universitätsklinik, eben unter Pötzl, ging aber dann auf zwei Jahre zu Joseph Gerstmann (von dem das Gerstmann-Syndrom, also das Angularis-Syndrom, beschrieben wurde), um mich neurologisch ausbilden zu lassen. Schließlich arbeitete ich vier Jahre lang am Psychiatrischen Krankenhaus »Am Steinhof«, wo ich den sogenannten »Selbstmörderinnenpavillon« leitete. Ich habe mir einmal ausgerechnet, daß um diese Zeit nicht weniger als 3000 Patientinnen pro Jahr durch meine Hände gingen. Da ist schon dafür gesorgt, daß sich ein diagnostischer Blick entwickelt.

1937 etablierte ich dann meine Privatpraxis als Facharzt für Neurologie und Psychiatrie. Aber es war mir nicht lange vergönnt, sie ungestört auszuüben. Wenige Monate später marschierten Hitlers Truppen in Österreich ein. An dem politisch so ereignisreichen Abend, an dem dies geschah, hielt ich ahnungslos, für einen Kollegen von der Klinik einspringend, einen Vortrag, für den er den Titel »Nervosität als Zeiterscheinung« gewählt hatte. Plötzlich wurde die Saaltür aufgerissen, und ein Mann in SA-Uniform stand in ihr. Sichtlich erwartete er, ich würde den Vortrag abbrechen. Was tat ich aber? Ich setzte meinen Ehrgeiz darein, so zu sprechen, daß ich seine Aufmerksamkeit fesselte und ihn von dem abbrachte, was immer er vorgehabt haben mochte. Es war das rhetorische Bravourstück meines Lebens: der SA-Mann blieb in der Türe wie angewurzelt stehen, bis der Vortrag zu Ende war.

Es war wie verhext. Ich konnte und konnte zu keinem Visum kommen. Dann wurde die Leitung der Neurologischen Station am Rothschild-Spital mir angeboten und von mir angenommen, eine Position, die mir und mit mir meinen alten Eltern einen gewissen Schutz vor dem Transport in ein Konzentrationslager gewährte. Pötzl, der nichts weniger als ein Antisemit war, aber als Parteianwärter mit dem NSDAP-Abzeichen herumlief, hielt mir mit viel Zivilcourage die Treue und half mir und meinen jüdischen Patienten – andere durften ja damals nicht zu mir kommen – aus, wie er nur konnte. Nicht nur, daß er zu mir ins Jüdische Spital kam, um für die Hirntumorfälle unter meinen Patienten die Transferierung auf die Chirurgische Universitätsklinik und die Operation an dieser Klinik durchzusetzen. Mehr als dies: *wir sabotierten die von den nationalsozialistischen Behörden organisierte Euthanasie von Geisteskranken.* Ich hatte im Jüdischen Altersheim ein paar Gitterbetten entdeckt. Die Gestapo überwachte aber die strikte Einhaltung der Statuten, die es verboten, Geisteskranke aufzunehmen. Ich umging nun diese Klausel, indem ich die Leitung des Altersheims salvierte, selbst aber den Kopf in die Schlinge steckte und ärztliche Zeugnisse ausstellte, die eine Schizophrenie in eine Aphasie, »also ein hirnorganisches Leiden«, und eine Melancholie in ein Fieberdelir, »also keine Psychose im eigentlichen Wortsinn«, verwandelten. Einmal im Gitterbett des Altersheims untergebracht, konnte die Schizophrenie zur Not auch auf einer offenen Abteilung mit Cardiazol-Schocks behandelt werden und die Melancholie ihre Phase ohne Suizidrisiko überdauern. Und Pötzl muß davon Wind bekommen haben. Denn auf einmal begann die Klinik Pötzl, wann immer ein jüdischer Patient aufgenommen worden war, das Altersheim davon zu verständigen: »Wir haben einen jüdischen Patienten – übernehmen Sie ihn?« Und behutsam und geflissentlich wurde vermieden, die Diagnose einer Psychose auch nur mit einem Wort zu streifen. Es sollte meinen diagnostischen Zaubereien nicht vorgegriffen werden. Wenn schon jemand anderer die Euthanasie sabotierte, sollte seiner Sabotage nichts in den Weg gelegt werden. Und so kam es, daß die Angehörigen von Nationalsozialisten der Euthanasie zum Opfer fielen, während gleichzeitig die jüdischen Patienten in vielen Fällen ihr entgehen konnten. Ohne Pötzl wäre es aber nicht möglich gewesen.

Als sich die Verhältnisse zuspitzten und ich von einem Tag auf den anderen gewärtig sein mußte, mit meinen Eltern deportiert zu werden, setzte ich mich hin und schrieb die erste Fassung meiner »Ärztlichen Seelsorge« nieder. Von der Logotherapie sollte mich wenigstens diese Quintessenz überleben. Und als es dann so weit war, daß ich nach Auschwitz verbracht wurde, war das Manuskript unter mein Mantelfutter eingenäht. Natürlich ging es verloren[1]. Ich mußte alles hinwerfen: die Kleider und die letzten Habseligkeiten, die ich noch besaß, unter ihnen meinen höchsten Stolz, nämlich das Abzeichen des

1 Eine Kopie der ersten Fassung tauchte zwar nach dem Krieg wieder auf; da war aber die zweite Fassung bereits fertig, und die vielen Ergänzungen, die noch vor der Einlieferung ins Konzentrationslager Auschwitz hinzugefügt worden waren, blieben selbstverständlich verschollen.

Alpenvereins »Donauland«, das mich als Kletterführer akkreditierte. Und der Klettersport ist nun einmal und war zeitlebens meine Leidenschaft. Er ist der einzige Sport, von dem sich sagen läßt, daß sich das altersbedingte Nachlassen der groben Kraft durch den inzwischen erfolgten Zuwachs an Erfahrung und raffinierter Klettertechnik kompensieren läßt. Jedenfalls sind die Stunden, die ich in Felswänden herumklettere, die einzigen, in denen ich mich garantiert nicht mit meinem nächsten Buch befasse oder mit meinem nächsten Vortrag beschäftige. Und es ist eigentlich gar nicht so übertrieben, wenn Giambattista Torello, wie er einmal in der »Österreichischen Hochschulzeitung« schrieb, mich im Verdacht hat, die mir in den USA verliehenen drei Ehrendoktorate würden mir nicht so viel bedeuten wie die beiden Klettersteige in den Alpen, die mir zu Ehren von ihren Erstbegehern Frankl-Steige getauft wurden. Freunde von mir glauben auch zu wissen, meine Kletterleidenschaft hänge mit meinem Interesse für eine »Höhenpsychologie« zusammen, wie ich sie erstmalig in einer 1938 erschienenen Arbeit postulierte. Dafür spräche, daß ich bereits an die 67 Jahre alt war, als ich meine ersten Flugstunden nahm, um nach ein paar Monaten meine ersten Soloflüge zu unternehmen.

Aber wir sprachen ja von Auschwitz. Es war das Experimentum crucis. Die eigentlich menschlichen Urvermögen der Selbst-Transzendenz und Selbst-Distanzierung, wie ich sie in den letzten Jahren so sehr unterstreiche und betone, wurden im Konzentrationslager existentiell verifiziert und validiert. Diese Empirie im weitesten Wortsinn bestätigte den »survival value«, um mit der amerikanisch-psychologischen Terminologie zu sprechen, der dem »Willen zum Sinn«, wie ich ihn nenne, oder eben der Selbst-Transzendenz – dem Über-sich-selbst-Hinauslangen menschlichen Daseins nach etwas, das nicht wieder es selbst ist – zukommt. Ceteris paribus überlebten jene noch am ehesten, die auf die Zukunft hin orientiert waren, auf einen Sinn hin, dessen Erfüllung in der Zukunft auf sie wartete. Nardini und Lifton, amerikanische Marine- beziehungsweise Heerespsychiater, haben in japanischen beziehungsweise nordkoreanischen Kriegsgefangenenlagern dasselbe festgestellt. Was mich persönlich anlangt, bin ich überzeugt, daß zu meinem eigenen Überleben nicht zuletzt meine Entschlossenheit beigetragen haben mag, das verlorene Manuskript zu rekonstruieren. Ich begann damit, als ich an Fleckfieber erkrankt war und mich auch des Nachts wachhalten wollte, um nicht einem Gefäßkollaps zu erliegen. Zu meinem 40. Geburtstag hatte mir ein Kamerad einen Bleistiftstummel geschenkt und ein paar winzige SS-Formulare herbeigezaubert, auf deren Rückseite ich nun – hoch fiebernd – stenographische Stichworte hinkritzelte, mit deren Hilfe ich die »Ärztliche Seelsorge« eben zu rekonstruieren gedachte. Sie waren mir auch wirklich sehr dienlich, als ich später daranging, mein Vorhaben in die Tat umzusetzen und die zweite Fassung meines ersten Buches, nunmehr bereichert um die exemplarische Bewahrheitung meiner Theorie selbst in einer Grenzsituation wie Auschwitz, zu Papier zu bringen. Das zusätzliche Kapitel zur Psychologie des Konzentrationslagers war aber bereits an Ort und Stelle vorbereitet worden. Wie dies vor sich ging – Selbst-Distanzierung par excellence – habe ich dem Ersten internationen Kongreß für Psychotherapie anvertraut: »Ich habe wiederholt versucht, mich von all dem Leid, das uns umgab, zu distanzieren, und zwar dadurch, daß ich es zu objektivieren versuchte. So erinnere ich mich daran, daß ich eines Morgens aus dem Lager herausmarschierte und den Hunger, die Kälte und die Schmerzen der durch das Hungerödem angeschwollenen und aus diesem Grunde in offenen Schuhen steckenden, erfrorenen und eiternden Füße kaum mehr ertragen konnte. Meine Situation schien mir trost- und hoffnungslos. Da stellte ich mir vor, ich stünde an einem Rednerpult in einem großen, schönen, warmen und hellen Vortragssaal und sei im Begriff, vor einer interessierten Zuhörerschaft einen Vortrag zu halten unter dem Titel »Psychotherapeutische Erfahrungen im Konzentrationslager« [1], und ich spräche gerade von alledem, was ich – soeben erlebte. Glauben Sie mir, meine Damen und Herren, in jenem Augenblick konnte ich nicht hoffen, daß es mir vergönnt sein würde, eines Tages einen solchen Vortrag wirklich zu halten.«

1 Unter diesem Titel hielt ich den Vortrag auf dem Kongreß auch wirklich.

Drei Jahre verbrachte ich in vier Konzentrationslagern[1]. Dann ging ich wieder nach Wien zurück. Immer wieder mußte ich mir die Frage anhören: »Hat man dir in Wien zu wenig angetan? Dir und den Deinen?« Mein Vater war im Lager zugrunde gegangen, meine Mutter war in Auschwitz ins Gas gegangen, mein Bruder war ebenfalls in Auschwitz umgekommen, und meine erste Frau, mit 25 Jahren, in Bergen-Belsen. Aber ich erwiderte mit einer Gegenfrage: »Was hat mir wer angetan? Da gab es in Wien eine katholische Baronin, die unter Lebensgefahr eine Cousine von mir jahrelang in der Wohnung verborgen hielt, und dann gab es da einen sozialistischen Rechtsanwalt, den ich nur oberflächlich gekannt hatte, der nichts von mir hatte und nichts von mir brauchte, der mir aber, wann immer er nur konnte, versteckt und verstohlen etwas zu essen brachte. (Es war dies der nachmalige Vizekanzler Bruno Pittermann.) Was für einen Grund hätte ich also haben sollen, Wien den Rücken zu kehren?« Wer von Kollektivschuld spricht, setzt sich selbst ins Unrecht. Wo immer es ging, bin ich gegen die Kollektivschuld aufgetreten. In meinem Buch übers KZ – ein Buch, dessen englische Übersetzung (in den USA allein) in mehr als zwei Millionen Exemplaren verbreitet ist – erzähle ich die folgende Geschichte: »Der Lagerführer des Lagers, in dem ich zuletzt war und aus dem ich befreit wurde, war SS-Mann. Nach der Befreiung des Lagers stellte sich jedoch heraus, wovon bis dahin nur der Lagerarzt (selber Häftling) wußte: Der Lagerführer hatte aus eigener Tasche nicht geringe Geldbeträge insgeheim hergegeben, um aus der Apotheke des nahen Marktfleckens Medikamente für seine Lagerinsassen besorgen zu lassen! Die Geschichte hatte ein Nachspiel: *Nach der Befreiung versteckten jüdische Häftlinge den SS-Mann vor den ameri-*

1 Als mich der Bürgermeister von Austin, der Hauptstadt von Texas, zum Ehrenbürger ernannte, antwortete ich: »Eigentlich ist es weniger angebracht, daß Sie mich zum Ehrenbürger ernennen, als es vielmehr angebracht wäre, daß ich Sie zum Ehrenlogotherapeuten ernenne; denn hätten nicht so und so viele junge Männer aus Texas, und unter ihnen welche aus Ihrer Stadt, ihr Leben eingesetzt oder gar geopfert, um mich und so viele andere aus dem Konzentrationslager Türkheim zu befreien (und es *handelte* sich um Truppen aus Texas!), hätte es nach 1945 keinen Viktor Frankl und so denn auch bis heute keine Logotherapie gegeben.« Der Bürgermeister hatte Tränen in den Augen.

kanischen Truppen und erklärten deren Kommandanten gegenüber, sie würden ihm den SS-Mann einzig und allein unter der Bedingung ausliefern, daß ihm kein Haar gekrümmt werde. Der amerikanische Truppenkommandant gab ihnen nun sein Offiziersehrenwort, und die jüdischen Häftlinge führten ihm den gewesenen Lagerkommandanten vor. Der Truppenkommandant ernannte den SS-Mann wieder zum Lagerkommandanten – und der SS-Mann organisierte für uns Lebensmittel- und Kleidersammlungen unter der Bevölkerung der umliegenden Dörfer.«

Es ist mir unbegreiflich, wie es selbst prominente und prominenteste Psychoanalytiker und wie sie es sogar nach mehr als vier Jahrzehnten noch nicht verstehen, über die Traumata hinwegzukommen, die ihnen der Rassismus zugefügt hatte. Nach wie vor neigen sie vielmehr dazu, zu generalisieren, zu pauschalieren, kollektiv schuldig zu sprechen.

1946 war es nicht populär, gegen die Kollektivschuld aufzutreten oder gar sich für einen Nationalsozialisten einzusetzen. Es hat mir auch oft genug einen Rüffel eingetragen, von seiten diverser Organisationen. Gegen die Kollektivschuld bin ich aber auch in Anwesenheit des Kommandanten der französischen Besatzungstruppen, eines Generals, aufgetreten, und zwar, als ich in der französisch besetzten Zone einen Vortrag zu halten hatte. Am nächsten Tag kam ein Universitätsprofessor zu mir, ein ehemaliger SS-Offizier, und fragte mich – er hatte Tränen in den Augen –, wieso gerade ich den Mut aufbrächte, mich öffentlich gegen pauschales Verurteilen zu wenden. »Sie können's nicht«, antwortete ich ihm, »Sie würden pro domo sprechen. Ich aber bin der ehemalige Dachau-Häftling Nr. 119104, und als solcher kann ich's sehr wohl tun, und daher *muß* ich's auch tun. Mir nimmt man's ab, und das bedeutet eben eine Verpflichtung.«

Noch im Konzentrationslager hatte ich mir das Wort abgenommen, mich sofort um Pötzl zu kümmern, sollte ich einmal wieder nach Wien zurückkommen. So war mein erster Weg der zu ihm. Soeben hatte ich erfahren, daß auch meine erste Frau ums Leben gekommen war, und mein alter Lehrer war der erste, vor dem ich mich ausweinte. Ihm aber konnte ich leider nicht mehr helfen. An demselben Tag war er als ehemaliger Nationalsozialist unwiderruflich seines Postens enthoben worden. Aber mit allen anderen Freunden von mir zitterte er um mein Leben, befürchtete er einen Selbstmord. Pittermann zwang mich, unter ein Blankoformular, das er nachträglich in ein Gesuch um ein vakantes Primariat verwandelte, meine Unterschrift zu setzen [1]. Otto Kauders, Pötzls Nachfolger als Vorstand der Psychiatrischen Universitätsklinik, legte mir nahe, eine dritte und letzte Fassung der »Ärztlichen Seelsorge« niederzuschreiben und mich mit ihr zu habilitieren. Das war das einzige, das mich noch interessierte. Und ich stürzte mich in die Arbeit. Drei Stenotypistinnen mußten einander ablösen, um das Diktat aufzunehmen und mitzukommen. Die Schleusen waren geöffnet.

Noch im Jahre 1945 diktierte ich in neun Tagen das KZ-Buch, das dann in Amerika in 62 Auflagen erschien. Während ich es diktierte, war ich entschlossen, es anonym erscheinen zu lassen, um mich nur um so freimütiger auslassen zu können. (Auf dem Umschlag der ersten Auflage steht auch gar nicht mein Name.) Das Buch befand sich längst in der Druckerei, als meine Freunde mir zuredeten, für seinen Inhalt mit meinem Namen einzustehen, und ich konnte mich diesem Argument und ihrem Appell an meinen Mut schließlich nicht entziehen. Als ich noch Mittelschüler war, fällt mir ein, stellte ich mich einmal vor eine fiktive Wahl. Würde ich bereit sein, ein Buch geschrieben zu haben, das vielen etwas gibt, aber es unter dem Namen von jemand anderem erscheinen zu lassen, so daß ich auf den Erfolg verzichten müßte? Ich war dazu bereit.

Ist es nicht eigenartig, daß jenes unter meinen 26 Büchern, das ich garantiert in dem Bewußtsein schrieb, es würde anonym herauskommen und könnte mir zu keiner Zeit einen Erfolg einbringen – daß gerade dieses Buch zu einem Bestseller avancierte, auch für amerikanische Begriffe. Abgesehen von den mehr als zwei Millionen Exemplaren (im deutschen Sprachraum wurden von der längst vergriffenen Originalausgabe nicht mehr

1 25 Jahre hindurch war ich dann Vorstand der Wiener neurologischen Poliklinik.

als 3000 Exemplare verkauft) wurde das Buch in den USA fünfmal zum »Buch des Jahres« gewählt. Auf den meisten Colleges ist es »required reading« (Pflichtlektüre). In Kansas wurde an der Baker University der gesamte Lehrplan auf drei Jahre hinaus auf das Thema des Buches, ja auf dessen Titel »Man's Search for Meaning« abgestimmt. Ich kenne ein Trappistenkloster, in dessen Refectorium zu Mittag eine Zeitlang aus meinem Buch vorgelesen wurde, und ich kenne eine katholische Kirche, in der im Rahmen der Sonntagsmesse einmal dasselbe geschah. Ich kenne Ordensschwestern, die für ihre College-Schülerinnen Lesezeichen mit Zitaten aus meinem Buch drucken ließen, und ich kenne einen Universitätsprofessor, der seinen Philosophiestudenten eine schriftliche Arbeit aufgab unter dem Titel: »Was wäre zur Sprache gekommen, wenn Sokrates und Frankl *zusammen* in Haft gewesen wären?«

Es ist einfach rührend, wie empfänglich, ja begeistert die amerikanische Jugend für mein Buch ist. Und es ist nicht leicht zu erklären, daß sie es ist. Auf Betreiben von Gordon Allport, der ja zu meinem Buch das Vorwort schrieb, wurde der amerikanischen Ausgabe als deren zweiter, theoretischer Teil eine Einführung in die Logotherapie angehängt. Sie ist das theoretische Destillat, gewonnen aus dem KZ-Erlebnisbericht, und der letztere, die autobiographische Skizze, dient wieder als existentielle Exemplifikation. Das Buch polarisiert sich in zwei Teile, und die beiden Teile potenzieren einander. Zum Teil mag dies die Wirkung ausmachen. Wie lautete doch die Widmung, die ich jemandem einmal ins Buch schrieb? »Nicht leicht schreibt sich's mit eignem Blut. Doch schreibt es sich damit leicht gut.« Das Beglückende und Ermutigende ist, daß auch noch heute ein Buch seinen Weg machen kann, ohne von Lobbies und Pressure groups »aufgebaut« zu werden. Wenn es auf die Verleger angekommen wäre, hätten sie es überhaupt nicht herausgebracht. Daß dies geschah, ist einzig und allein dem Einsatz von Allport zu danken. Und selbst dann wurden die Rechte auf eine Taschenbuchausgabe für einen Pappenstiel weiterverkauft, von Verleger zu Verleger, bis der letzte das Riesengeschäft machte. Habent sua fata libelli. Was aber die »Ärztliche

Seelsorge« anlangt, wurde sie von einer staatlich-amerikanischen Kommission, die in den ersten Nachkriegsjahren Europa bereiste, um übersetzungswürdige Bücher zu nominieren, als einziges österreichisches Buch auf die Liste gesetzt. Eine staatliche Subvention war dem amerikanischen Verleger garantiert, so daß er keinerlei finanzielles Risiko hätte eingehen müssen. Aber erst ein Jahrzehnt später wagte es der angesehene New Yorker Verlag Knopf zuzugreifen. In geschäftlicher Beziehung hatte auch er es dann nicht zu bereuen. 1945, als ich die Manuskripte dieser meiner beiden ersten Bücher ablieferte, hätte ich mir jedenfalls nicht träumen lassen, daß sie im Ausland einen solchen Erfolg haben würden. (Immerhin wurden meine Bücher in achtzehn Sprachen übersetzt, auch ins Japanische, Chinesische und Koreanische.) Und doch gehörte es zum Herrlichsten, das mir jemals vergönnt war, das Manuskript der endgültigen Fassung der »Ärztlichen Seelsorge« unter dem Arm tragend zu meinem ersten Verleger Franz Deuticke zu gehen (der auch Freuds erster Verleger war). Der Leser wird nun verstehen, was ich mit dem Motto sagen will, das ich den späteren Auflagen voranstellte:

Euntes eunt et plorant, semen spargendum portantes:
Venientes venient cum exsultatione, portantes manipulos suos.

Und die Dritte Wiener Richtung, wie W. Soucek die Logotherapie (im Hinblick auf Psychoanalyse und Individualpsychologie) taufte, war auf die Beine gestellt. In der Geschichte der Psychotherapie (neben der Schicksalsanalyse) das letzte wirkliche System, wenn wir Torello glauben dürfen. Tatsächlich war ich immer um möglichst klare Formulierungen bemüht, an denen ich herumfeilte, bis sie wie Kristalle geschliffen waren, bis sie transparent waren auf eine hinter ihnen aufleuchtende Wahrheit hin, deren Aufleuchten zunächst einmal mich selbst geschmerzt und geblendet hatte. In meinem »Unbedingten Menschen« gibt es einen Satz, zu dessen Formulierung ich sage und schreibe drei Stunden brauchte, und eine Seite, von deren Text ich erst die 10. Fassung beibehielt. Ich bekenne mich zu einem Perfektionismus wie dem von Saint Exupéry, der einmal sagte: »Die Vollkommenheit besteht nicht darin, daß man nichts mehr hinzufügen kann, sondern darin, daß man nichts mehr auslassen kann.«

Irgendwie mag es aber auch wirklich auf den Systemcharakter einer Theorie ankommen. Und auf das Methodenbewußtsein, in dem sie auf die ärztliche Praxis angewandt wird. Viele Hörer und Leser sagten und schrieben mir, sie wären immer schon Logotherapeuten gewesen, nämlich unbewußt. Dies spricht nur für die Logotherapie, aber auch dafür, wie richtig, ja wichtig es ist, eine Technik wie die Paradoxe Intention in ein System einzubauen und zu einer Methode auszubauen. Und erst diesbezüglich kann die Logotherapie eine Priorität für sich in Anspruch nehmen. Praktiziert aber wurde die Technik von anderen bereits vor 1939, also noch vor meiner im »Schweizer Archiv für Neurologie und Psychiatrie« erschienenen Arbeit, in der ich sie erstmalig beschrieb. In meiner »Psychotherapie in der Praxis« zähle ich auch alle meine diesbezüglichen Vorgänger auf, die mir jemals zur Kenntnis gebracht wurden, mögen sie auch noch so unsystematisch und unmethodisch vorgegangen sein.

Was nun das Echo anlangt, das sich auf meine Bücher und Aufsätze hin einstellte, gehören zum Erfreulichsten die Leserbriefe aus den USA. Es vergeht kaum eine Woche, in der nicht ein solcher Brief käme und die typische Redewendung enthielte: »Doctor Frankl, your book has changed my life.«[1] Aber die negativen Rezensionen nehme ich ernster. Aus denen kann ja ich selbst etwas lernen. Leider nicht immer.

Außer Büchern und Aufsätzen möchte ich aber auch auf meine Vorträge und Vorlesungen zu sprechen kommen. Vorträge zu halten macht mir ausgesprochen Spaß. Sie vorzubereiten fällt mir aber nicht immer leicht. Für den Festvortrag, den ich auf Einladung des Akademischen Senats im Rahmen der

1 In Asien gibt es ein von einem Diktator regiertes Land, in dem die zuletzt ausgeschriebenen Wahlen abgesagt wurden und der Gegenkandidat des Diktators ins Gefängnis kam, und dort befindet er sich noch heute. In einem Interview, das er nun dem Magazin »Newsweek« gab, antwortete er auf die Frage, wie er die jahrelange Einzelhaft aushalten konnte: »Meine Mutter hat mir in die Zelle das Buch eines Wiener Psychiaters namens Viktor Frankl geschickt, und das hält mich aufrecht.«

600-Jahr-Feier der Universität Wien zu halten hatte, kritzelte ich zunächst einmal an die 150 Seiten voll. Und dann hatte ich erst recht kein Manuskript. Allerdings spreche ich *immer* frei.

Zu Vorträgen wurde ich bis heute von 151 Universitäten außerhalb Europas eingeladen, nach Amerika, Australien, Asien und Afrika. Nach Amerika allein unternahm ich 49 Vortragsreisen. Drei gingen rings um die Welt, davon eine innerhalb zweier Wochen. Da ich ostwärts flog, gewann ich einen ganzen Tag, und so kam es, daß ich an 14 Abenden 15 Vorträge halten konnte. An einem Abend sprach ich in Tokio und am nächsten Tag an einem Abend mit demselben Datum in Honolulu. Dazwischen lag der Pazifik.

Die Reichweite der Vorträge darf nicht unterschätzt werden. In New Orleans waren einmal 6200 Leute zu einem Vortrag gekommen, den ich dort in der Stadthalle (Rivergate Center) hielt. Dann kommt es vor, daß man im Freien sprechen muß, auf einer riesigen Wiese, wie es sich in Fresno (Kalifornien) ereignete, oder, wie es in Cincinnati der Fall war, in der Basketball-Halle. Am nächsten Tag hieß es in der Presse, kein Basketball-Match hätte jemals so viele Leute in die Halle gelockt wie der Vortrag. Entsprechend ist in den USA auch die Publicity. In Athens, das die University of Georgia beherbergt, waren Spruchbänder über die Straßen der Kleinstadt gespannt, auf denen mein Vortrag angekündigt wurde. Gar erst in Lateinamerika. Da ist der Enthusiasmus unvorstellbar, nämlich für den Europäer unvorstellbar. Als meine Frau und ich in San Juan (Hauptstadt von Puerto Rico) ankamen, durften die anderen Passagiere die Maschine nicht verlassen. Meine Frau und ich waren bereits die Gangway hinuntergelaufen, durften aber unten nicht weiter. Polizeiliche Sperre. Man ließ uns lange warten. Was war los? Das Fernsehen suchte die Maschine vergeblich nach zwei Passagieren namens Frankl ab, um den für sie veranstalteten Empfang zu filmen. Meine Frau und mich hatte man passieren lassen. Wir sahen nicht prominent genug aus.

Anderswo in Lateinamerika ließ es sich die First Lady nicht

nehmen, an einem Tage alle drei Vorträge von mir zu besuchen – jeder einzelne dauerte zwei Stunden. Und ihr Mann, der Präsident des betreffenden Staates, lud mich zum Frühstück, um mit mir die kulturelle Situation seines Landes zu besprechen. Beide hatten meine Bücher gelesen. In Europa erzähle ich solche Geschichten niemandem. Niemand würde sie mir glauben. Nur um so mehr Spaß macht es mir, sie einmal niederzuschreiben.

Der Europäer macht sich keinen Begriff von der Naivität, mit der der Amerikaner an die Wissenschaft herangeht, aber auch nicht von dem durchschnittlichen Bildungsniveau, das in den USA erstaunlich ist. Es ist nicht jedermanns Sache, nach einem Buch zu greifen, dessen Titel verspricht, von der Suche nach dem Sinn des Lebens zu handeln. Und doch ist dieses Buch so verbreitet, daß einmal zwei einander wildfremde Leute nebeneinander in einem Flugzeug saßen und zufällig bemerkten, daß sie zufällig das gleiche Buch lasen, und zwar »Man's Search for Meaning«. Ein andermal rief ein Universitätsprofessor in San Diego die »Auskunft« an, um die Telefonnummer von Viktor E. Frankl zu erfahren. »Is this the author of ›Man's Search for Meaning‹?« war die Reaktion auf seiten der Beamtin. »Yes, he is.« Und dann mußte der Kollege *ihr* über mich »Auskunft« geben – geschlagene 7 Minuten lang, wie er mir versicherte, und (wie er mir ebenfalls versicherte) in den USA ist eine Telefonistin für ihre Wortkargheit bekannt. Erst dann gab sie ihm meine Telefonnummer preis.

Was nun nicht Gastvorträge anlangt, die ich an Universitäten zu halten hatte, sondern Vorlesungen, wäre zu vermelden, daß ich, abgesehen von meiner Professur an der Universität Wien, 1961 an der Harvard University, 1966 an der Southern Methodist University und 1972 an der Duquesne University Visiting Professor war. Vor kurzem wurde ich zum Visiting Clinical Professor of Psychiatry an der Stanford University ernannt. Der United States International University jedoch war es vorbehalten, 1970 eine Professur für Logotherapie zu schaffen (und mit mir zu besetzen) und ein Institut für Logotherapie zu errichten, und zwar in San Diego (Kalifornien). Irgendwie ist dies die Krönung meines Lebenswerks [1]. Nicht nur, daß sich die Logotherapie nunmehr auch auf akademischem Boden etabliert: Die von mir vor Jahrzehnten intuitiv erarbeiteten Konzepte werden immer mehr von empirischer Seite verifiziert und validiert. Tests werden eigens konstruiert, um dies zu besorgen, statistische Forschung wird betrieben, und der Computer wird bemüht. Aber nicht nur, daß die Logotherapie empirisch bestätigt wird: immer mehr wird sie auch praktisch angewandt, und zwar auf Gebiete, auf denen ich keineswegs Fachmann bin [2].

Die Logotherapie hat also Erfolg – die Logotherapeuten haben Erfolg. In Kalifornien gibt es einen Mann, der Stahlindustriemagnat war und als solcher mit der Entwicklung der ersten Atombombe zu tun hatte. Dann hatte er genug. Und studierte Theologie. Wurde zum Priester geweiht. Dann hatte er wieder genug. Kam auf ein Jahr nach Wien und studierte Logotherapie. Und praktiziert sie, neben seiner Professur am San Francisco State College, mit Erfolg. Dann war ihm seine Jacht zu schäbig, und er schaffte sich eine neue an. Und er setzte sich in den Kopf, meine Frau müsse sie, mit Champagner, aber auch in Anwesenheit von Pressefotografen, auf den Namen Logos taufen. Soeben meldet er mir, die »Logos« habe in der Bay von San Francisco die Hearst-Regatta gewonnen.

Um nun aber wieder im Ernst zu sprechen: der Erfolg, den die Logotherapie haben mag, ist nichts, wozu ich zu beglückwünschen wäre. Wie ich es in meinen Dankesworten sagte, als mir 1969 das Ehrenkreuz für Wissenschaft verliehen wurde: Während die anderen »nur das sehen, was ich erreicht und errungen haben mag, oder, besser gesagt, was mir geglückt und

1 Inzwischen wurde an der Universität von Messina das »Centro Psicologico Vittorio Frankl« gegründet, ein Beratungs- und Forschungszentrum mit einem Mitarbeiterstab von 20 Leuten. Und in der Universitätsstadt Berkeley (Kalifornien) wurde ein Dokumentationszentrum geschaffen, das »Frankl Library and Memorabilia« heißt und eine Art Kombination von Bibliothek und Museum ist.

2 Einer meiner kalifornischen Studenten lieferte einmal eine Seminararbeit ab, in der er die günstigen Erfahrungen besprach, die er mit der Anwendung der Logotherapie auf seine berufliche Arbeit gemacht hatte. Und zwar war er von Beruf – Coach einer Baseball-Mannschaft.

gelungen ist, kommt mir in einem solchen Augenblick erst so recht zum Bewußtsein, was ich hätte tun müssen – und *können*, aber nicht getan habe; mit einem Wort, was ich schuldig geblieben bin der Gnade, die mir, nachdem ich die Tore von Auschwitz hatte durchschreiten müssen, noch 25 Jahre geschenkt hat«. Ich bin mir also der »Unzulänglichkeit meiner Bemühungen«, von der eingangs die Rede war, durchaus bewußt. Und damit der Einseitigkeit, die der Logotherapie anhaftet. Solche Einseitigkeit ist jedoch unumgänglich. Kierkegaard war es, der einmal meinte, wer ein Korrektiv zu bringen hat, *müsse* einseitig sein – »tüchtig einseitig«. Oder, wie ich es in meinem Schlußreferat als Vizepräsident des Fünften internationalen Kongresses für Psychotherapie formulierte: »Solange uns eine absolute Wahrheit nicht zugänglich ist, müssen wir uns damit begnügen, daß die relativen Wahrheiten einander korrigieren, und auch den Mut zur Einseitigkeit aufbringen. Im vielstimmigen Orchester der Psychotherapie sind wir zu einer Einseitigkeit, die sich ihrer selbst bewußt bleibt, nicht nur berechtigt, sondern auch verpflichtet.«

Einseitig richten sich meine Angriffe nun gegen den Zynismus, den wir den Nihilisten verdanken, und den Nihilismus, den wir den Zynikern verdanken. Es handelt sich um einen Kreislauf zwischen nihilistischer Indoktrination und zynischer Motivation. Und was not tut, um diesen Circulus vitiosus zu sprengen, ist eines: *die Entlarvung der Entlarver*. Die Entlarvung einer einseitigen Tiefenpsychologie, die sich als »entlarvende Psychologie« versteht und bezeichnet. Freud hat uns gelehrt, wie wichtig das Entlarven ist. Aber ich denke, irgendwo muß es auch Halt machen, und zwar dort, wo der »entlarvende Psychologe« mit etwas konfrontiert ist, das sich eben nicht mehr entlarven läßt, aus dem einfachen Grunde, weil es echt ist. Der Psychologe aber, der auch dort noch nicht aufhören kann zu entlarven, entlarvt nur die ihm unbewußte Tendenz, das Echte im Menschen, das Menschliche im Menschen zu entwerten.

Ich muß es wissen. Denn ich bin durch die Schule des Psychologismus und die Hölle des Nihilismus gegangen. Mag sein, daß wirklich jeder, der ein eigenes System der Psychotherapie entwickelt, letzten Endes nur seine eigene Krankengeschichte schreibt. Es fragt sich nur, ob sie auch repräsentativ ist für die kollektive Neurose seiner Zeit. Dann könnte er nämlich sein Leiden für andere aufopfern, und dann könnte seine Krankheit dazu beitragen, die anderen zu immunisieren.

Eines Morgens kam ich in die Klinik und begrüßte den bereits wartenden kleinen Kreis amerikanischer Professoren, Psychiater und Studenten, die sich zu Forschungszwecken in Wien aufhielten. »Who's Who in America hat ein paar Dutzend Leute ausgewählt und ist an sie mit der Bitte herangetreten, mit einem einzigen Satz zu umschreiben, was das Anliegen ihres Lebens gewesen sei. Mich sind sie ebenfalls angegangen.« Allgemeines Händeschütteln. »Was glauben Sie nun, habe ich denen geschrieben?« Allgemeines Nachdenken. Und dann antwortete ein Berkeley-Student wie aus der Pistole geschossen: »Sie haben den Sinn Ihres Lebens darin gesehen, anderen zu helfen, in ihrem Leben einen Sinn zu sehen.« Es stimmte haargenau. Ich hatte das wirklich geschrieben.

Auswahl aus dem Schrifttum über Logotherapie

Zusammengestellt von Prof. Dr. Eugenio Fizzotti

Komplett ist die Bibliographie nur hinsichtlich der Sparten I (Bücher) und III (Dissertationen). In beide Sparten wurden nämlich auch Arbeiten aufgenommen, die entweder in eine Fremdsprache übersetzt oder in einer anderen als der deutschen Sprache publiziert worden sind. Letzteres gilt unter Viktor E. Frankls Büchern von den Werken »Psychotherapy and Existentialism«, »The Will to Meaning« und »The Unheard Cry for Meaning«, die englisch geschrieben und nicht ins Deutsche (sondern nur in andere Sprachen) übersetzt wurden – »Der Wille zum Sinn« ist *keine* deutsche Fassung von »The Will to Meaning«. Und unter den Dissertationen wurde die Majorität ja ebenfalls englisch geschrieben.

Eine englische Bibliographie ist im »spring 1980 issue«, im »fall 1980 issue« und im »spring 1981 issue« des »International Forum for Logotherapy« erschienen und ist durch das »Institute of Logotherapy«, 1 Lawson Road, Berkeley, California 94707, USA, zu beziehen. Eine ausführliche Bibliographie findet sich in Eugenio Fizzottis Artikel »Viktor E. Frankl« (Orientamenti Pedagogici 17, 607, 1970).

I. Bücher

Böckmann, Walter: Sinn-orientierte Leistungsmotivation und Mitarbeiterführung. Ein Beitrag der Humanistischen Psychologie, insbesondere der Logotherapie nach Viktor E. Frankl, zum Sinn-Problem der Arbeit. Enke, Stuttgart 1980.

Böschemeyer, Uwe: Die Sinnfrage in Psychotherapie und Theologie. Die Existenzanalyse und Logotherapie Viktor E. Frankls aus theologischer Sicht. Walter de Gruyter, Berlin–New York 1977.

Bulka, Reuven P.: The Quest for Ultimate Meaning. Principles and Applications of Logotherapy. With a Foreword by Viktor E. Frankl. Philosophical Library, New York 1979.

–, *Joseph B. Fabry* und *William S. Sahakian:* Logotherapy in Action. Foreword by Viktor E. Frankl. Aronson, New York 1979.

Crumbaugh, James C.: Everything to Gain. A Guide to Self-fulfillment Through Logoanalysis. Nelson-Hall, Chicago 1973.

–, *William M. Wood* und *W. Chadwick Wood:* Logotherapy. New Help for Problem Drinkers. Preface by Viktor E. Frankl. Nelson-Hall, Chicago 1980.

Dienelt, Karl: Erziehung zur Verantwortlichkeit. Die Existenzanalyse V. E. Frankls und ihre Bedeutung für die Erziehung. Österreichischer Bundesverlag, Wien 1955.

– Von Freud zu Frankl. Österreichischer Bundesverlag, Wien 1967.

– Von der Psychoanalyse zur Logotherapie. Uni-Taschenbücher 227, Ernst Reinhardt, München–Basel 1973.
– Opvoeding tot verantwoordlijkeit. Gezien vanuit de existenzanalyze van V. E. Frankl. Pax's Gravenhage 1962.
– Dybdepsykologi og pedagogikk. Fra Freud til Frankl. Fabritius & Sonners Forlag, Oslo 1970.
Fabry, Joseph B.: Das Ringen um Sinn. Eine Einführung in die Logotherapie. Herder, Freiburg im Breisgau, 3 Auflagen, 1973–1980.
– The Pursuit of Meaning. Viktor E. Frankl, Logotherapy and Life. Preface by Viktor E. Frankl. Harper & Row, New York, 6 Auflagen, 1968 bis 1980.
– Introduzione alla logoterapia. Astrolabio, Roma 1970.
– La búsqueda de significado. La logoterapia aplicada a la vida. Prólogo de Viktor E. Frankl. Fondo de Cultura Económica, Méxiko 1977.
– Frankl's Logotherapy (japanisch). Ushio Shuppan, Tokyo 1976.
– Geef zin aan je leven. Werken met Frankl's logotherapie. Lemniscaat, Rotterdam 1980.
Fizzotti, Eugenio: La logoterapia di Frankl. Un antidoto alla disumanizzazione psicanalitica. Rizzoli Editore, Milano 1974.
– Da Freud a Frankl. Interrogantes sobre el vacío existencial. Ediciones Universidad de Navarra, Pamplona 1977.
– Angoscia e personalità. L'antropologia in Viktor E. Frankl. Edizioni Dehoniane, Napoli 1980.
Frankl, Viktor E.: Ärztliche Seelsorge. Grundlagen der Logotherapie und Existenzanalyse. Franz Deuticke, Wien, und Kindler, München, 10 Auflagen, 1946–1979.
– Ein Psycholog erlebt das Konzentrationslager. Verlag für Jugend und Volk, 2 Auflagen, Wien 1946–1947 (vergriffen).
– ... trotzdem Ja zum Leben sagen. Drei Vorträge. Franz Deuticke, 2 Auflagen, Wien 1946–1947 (vergriffen). (Eine Ausgabe erschien in Brailleschem Blindendruck.)
– Die Existenzanalyse und die Probleme der Zeit. Amandus-Verlag, Wien 1947 (vergriffen).
– Zeit und Verantwortung. Franz Deuticke, Wien 1947 (vergriffen).
– Die Psychotherapie in der Praxis. Eine kasuistische Einführung für Ärzte. Franz Deuticke, 3 Auflagen, Wien 1947–1975.
– Der unbewußte Gott. Psychotherapie und Religion. Kösel-Verlag, München, 5 Auflagen 1948–1979.
– Der unbedingte Mensch. Metaklinische Vorlesungen. Franz Deuticke, Wien 1949 (vergriffen).
– Homo patiens. Versuch einer Pathodizee. Franz Deuticke, Wien 1950 (vergriffen).
– Logos und Existenz. Drei Vorträge. Amandus-Verlag, Wien 1951 (vergriffen).
– Die Psychotherapie im Alltag. Sieben Radiovorträge. Psyche, Berlin-Zehlendorf 1952 (vergriffen).

- Pathologie des Zeitgeistes. Rundfunkvorträge über Seelenheilkunde. Franz Deuticke, Wien 1955 (vergriffen).
- Theorie und Therapie der Neurosen. Einführung in Logotherapie und Existenzanalyse. Uni-Taschenbücher 457, Ernst Reinhardt, München–Basel, 4 Auflagen, 1956–1975.
- Das Menschenbild der Seelenheilkunde. Drei Vorlesungen zur Kritik des dynamischen Psychologismus. Hippokrates-Verlag, Stuttgart 1959.
- Psychotherapie für den Laien. Rundfunkvorträge über Seelenheilkunde. Herder, Freiburg im Breisgau, 8 Auflagen, 1971–1980 (Psychotherapie für jedermann).
- Der Wille zum Sinn. Ausgewählte Vorträge über Logotherapie. Hans Huber, Bern–Stuttgart–Wien, 2 Auflagen, 1972–1978.
- Der Mensch auf der Suche nach Sinn. Zur Rehumanisierung der Psychotherapie. Herder, Freiburg im Breisgau, 8 Auflagen, 1972–1977 (vergriffen).
- Anthropologische Grundlagen der Psychotherapie. Hans Huber, Bern–Stuttgart–Wien 1975.
- Das Leiden am sinnlosen Leben. Psychotherapie für heute. Herder, Freiburg im Breisgau, 5 Auflagen, 1977–1980.
- ... trotzdem Ja zum Leben sagen. Ein Psychologe erlebt das Konzentrationslager. Kösel-Verlag, München, 4 Auflagen, 1977–1979.
- Der Mensch vor der Frage nach dem Sinn. Eine Auswahl aus dem Gesamtwerk. Vorwort von Konrad Lorenz. Piper, München, 2 Auflagen, 1979–1980.
- Die Sinnfrage in der Psychotherapie. Vorwort von Franz Kreuzer. Piper, München 1981.
- The Doctor and the Soul. From Psychotherapy to Logotherapy. Alfred A. Knopf, New York, und Souvenir Press, London, 17 Auflagen, 1955–1978.
- From Death-Camp to Existentialism. A Psychiatrist's Path to a New Therapy. Beacon Press, Boston, 4 Auflagen, 1959–1962 (vergriffen).
- Man's Search for Meaning. An Introduction to Logotherapy. Simon and Schuster, New York, Hodder and Stoughton, London, Caves Book Co., Taipei Taiwan China, und Allahabad Saint Paul Society, India, 58 Auflagen, 1963–1980.
- Psychotherapy and Existentialism. Selected Papers on Logotherapy. Simon and Schuster, New York, und Souvenir Press, London, 10 Auflagen, 1967–1978.
- The Will to Meaning. Foundations and Applications of Logotherapy. New American Library, New York, London und Scarborough, 7 Auflagen, 1969–1981 (Englische Bibliographie ab 1978).
- The Unconscious God. Psychotherapy and Theology. Simon and Schuster, New York, und Hodder and Stoughton, London, 6 Auflagen, 1975–1978.
- The Unheard Cry for Meaning. Psychotherapy and Humanism. Simon and Schuster, New York, und Hodder and Stoughton, London, 4 Auflagen, 1978–1979. (Englische Bibliographie bis 1977).
- Psicoanálisis y existencialismo. Fondo de Cultura Económica, México–Buenos Aires, 7 Auflagen, 1950–1978.

- Un psicólogo en el campo de concentración. Editorial Plantin, Buenos Aires 1955.
- La psicoterapia en la práctica médica. Editorial Escuela, Buenos Aires, 2 Auflagen, 1955–1966.
- El Dios inconsciente. Editorial Escuela, Buenos Aires, 2 Auflagen, 1955–1966.
- El hombre incondicionado. Editorial Plantin, Buenos Aires 1955.
- Homo patiens. Intento de una patodicea. Editorial Plantin, Buenos Aires 1955.
- Teoría y terapia de las neurosis. Editorial Gredos, Madrid, und José Ferrer, Buenos Aires 1964.
- La idea psicológica del hombre. Ediciones Rialp, Madrid, 2 Auflagen, 1965–1976.
- La presencia ignorada de Dios. Psicoterapia y religión. Editorial Herder, Barcelona, 2 Auflagen, 1977–1979.
- El hombre en busca de sentido. Editorial Herder, Barcelona, 2 Auflagen, 1980–1981.
- Ante el vacio existencial. Hacia una humanizacion de la psicoterapia. Editorial Herder, Barcelona 1980.
- Logoterapia e analisi esistentiale. Editrice Morcelliana. Brescia, 4 Auflagen, 1953–1977.
- Psicoterapia nella pratica medica. C. E. Giunti, Firenze, 4 Auflagen, 1953–1974.
- Teoria e terapia delle neurosi. Editrice Morcelliana, Brescia, 2 Auflagen, 1962—1978.
- Uno psicologo nei lager. Edizioni Ares, Milano, 3 Auflagen, 1967–1978.
- Homo patiens. Interpretatione umanistica della sofferenza. Edizione O. A. R.I., Varese 1972.
- Alla ricerca di un significato della vita. I fondamenti spiritualisti della logoterapia. Mursia, Milano 1974.
- Dio nell'inconscio. Psicoterapia e religione. Editrice Morcelliana, Brescia, 2 Auflagen, 1975–1977.
- Fondamenti e applicazioni della logoterapia. Società Editrice Internazionale (Torino) 1977
- La sofferenza di una vita senza senso. Psicoterapia per l'uomo d'oggi. Elle Di Ci, Leumann, Torino 1978.
- Yoru to kiri. Misuzu Shobo, Tokyo, 2 Auflagen, 1956–1961.
- Shi to ai. Zitsuzonbunseki nyumon. Misuzu Shobo, Tokyo, 2 Auflagen, 1957—1961.
- Shinri ryoho-no 26 sho. Misuzu Shobo, Tokyo, 2 Auflagen, 1957–1961.
- Theorie und Therapie der Neurosen (japanisch). Misuzu Shobo, Tokyo 1961.
- Das Menschenbild der Seelenheilkunde (japanisch). Misuzu Shobo, Tokyo 1961.
- Der unbewußte Gott (japanisch). Misuzu Shobo, Tokyo 1962.
- Logos und Existenz (japanisch). Misuzu Shobo, Tokyo 1962.
- Gendaijin no yamai (japanisch) (Psychotherapy and Existentialism). Maruzen, Tokyo, 3 Auflagen, 1972–1977.
- The Will to Meaning (japanisch). Brein Shuppan, Tokyo 1979.

– Medische zielzorg. Inleiding tot logotherapie en existentieanalyse. Uitgeverij Erven J. Bijleveld, Utrecht 1959.
– De onbewuste god. Uitgeverij »Helmond«, Helmond o. J.
– Overspannen? Ziekten van de tijdgeest en hum genezing. Uitgeverij »Helmond«, Helmond o. J.
– De zin van het bestaan. Een inleiding tot de logotherapie. Donker, Rotterdam, 2 Auflagen, 1978–1980.
– De wil zinvol te leven. Logotherapie als hulp in deze tijd. Lemniscaat, Rotterdam 1980.
– Heeft et leven zin? Donker, Rotterdam 1981.
– Livet har mening. Svenska Kyrkans Diakonistyreles Bokförlaget, Stockholm, 2 Auflagen, 1959–1960.
– Den omedvetne guden. Bokförlaget Medborgarskolan, Uppsala 1959.
– Livet maste ha mening. Bokförlaget Aldus/Bonniers, Stockholm, 6 Auflagen, 1968–1977.
– Viljan till mening. Bokförlaget Aldus/Bonniers, Stockholm 1970.
– Um psicólogo no campo de concetração. Editorial Aster, Lisboa o. J.
– O homem incondicionado. Armenio Amado, Coimbra 1968.
– A psicoterapia na prática. Editora Pedagogica e Universitaria, São Paulo 1976.
– Fundamentos antropologicos da psicoterapia. Zahar Editores, Rio de Janeiro 1978.
– Psycholog w obozie koncentracyjnym. »Pax«, Warschau 1962.
Homo patiens. Instytut Wydawniczy »Pax«, Warschau, 2 Auflagen, 1971–1976.
– Nieuswiadomiony Bog. Instytut Wydawniczy »Pax«, Warschau 1978.
– Psychoterapia dla kazdego. Instytut Wydawniczy »Pax«, Warschau 1978.
– Livet har mening. Johan Grundt Tanum Forlag, Oslo, 2 Auflagen, 1965–1967.
– Kjempende livstro. Gyldendal Norsk Forlag, Oslo, 3 Auflagen, 1966.
– Vilje til mening. Gyldendal Norsk Forlag, Oslo, 2 Auflagen, 1971–1975.
– Psykoterapie og eksistens. Gyldendal Norsk Forlag, Oslo 1972.
– Un psychiatre déporté témoigne. Éditions du Chalet, Lyon 1967.
– La psychothérapie et son image de l'homme. Éditions Resma, Paris, 2 Auflagen, 1970–1974.
– Le dieu inconscient. Éditions Resma, Paris 1975.
– Psykologi og eksistens. Gyldendal Forlagstrykkeri, Kopenhagen, 8 Auflagen, 1967—1979.
– Psykologien menneskebillede. Munksgaard, Kopenhagen 1970.
– Psykiatri og sjælsorg. Gyldendal, Kopenhagen 1971.
– Det overhørte rab om mening. Gyldendal, Kopenhagen 1980.
– Den ubevidste Gud. Psykoterapi og religion. Gad, Kopenhagen 1980.
– Tsung Chi-chung-ying Shuo-tao Tsuen-Tsai-chu-yi. Kuang-chi Press, Taichung/Taiwan, 8 Auflagen, 1967–1977.
– Ha'adam mechapes ma'schmauth. Mimachanoth hamaweth el ha' existenzialism. Dvir, Tel Aviv, 10 Auflagen, 1970–1980.

– Anazitontas noima, zois ke eleftherias. S'ena stratopedo sigkentroscos. Epalofos, Athen, und Tamassos, Nicosia, 3 Auflagen, 1972–1979.
– The Unconscious God (griechisch). Tamassos, Nicosia 1980.
– Waarom leve ek. Hollandsch Afrikaansche Uitgevers Maatschappij, Kaapstad/Pretoria 1975.
– Zasto se niste ubili? Uvod u logoterapiju (serbokroatisch). Oko tri ujutro, Odra–-Zagreb 1978.
– Bog podsvijesti. Psihoterapija i religija (serbokroatisch). Oko tri ujutro, Odra–Zagreb 1980.
– Ihmisyyden rajalla. Otava, Helsinki 1978.
– Elämän tarkoitusta etsimässä. Otava, Helsinki 1980.
– Dzugum gua salang. Park moon wung, Seoul 1974.
– Shim lee yo boup gua hyun dae yin (koreanisch) (Psychotherapy and Existentialism). Benedict Press, Waegwan (Korea) 1979.
Frankl, Viktor E., Josef Pieper und *Helmut Schoeck:* Altes Ethos – neues Tabu. Adamas, Köln 1974.
Frankl, Viktor E., Erling Förland und *Tollak B. Sirnes:* Det frigjorte sinn. Olaf Norlis Forlag, Oslo 1970.
Frankl, Viktor E., Giambattista Torello und *John Wright:* Sacerdozio e senso della vita. Edizioni Ares, Milano 1970.
Frankl, Viktor E., Ol. Reiser, G. Leytham und *R. Lofgren:* Mia prospacia syntheses tes anthropines gnoscos. Ekdoseie Nikh, Athen 1964.
Frankl, Viktor E., Paul Tournier, Harry Levinson, Helmut Thielicke, Paul Lehmann und *Samuel H. Miller:* Are You Nobody? John Knox Press, Richmond, Virginia, 4 Auflagen, 1966–1971.
Hadrup, Gorn: Viktor E. Frankl. Forum, Kopenhagen, und Dreyer, Oslo 1979.
Leslie, Robert C.: Jesus and Logotherapy. The Ministry of Jesus as Interpreted Through the Psychotherapy of Viktor Frankl. Abingdon Press, New York–Nashville, 2 Auflagen, 1965–1968.
Lukas, Elisabeth: Auch dein Leben hat Sinn. Logotherapeutische Wege zur Gesundung. Herder, Freiburg im Breisgau 1980.
Polak, Paul: Frankls Existenzanalyse in ihrer Bedeutung für Anthropologie und Psychotherapie. Tyrolia-Verlag, Innsbruck–Wien 1949 (vergriffen).
Takashima, Hiroshi: Psychosomatic Medicine and Logotherapy. Foreword by Viktor E. Frankl. Dabor Science Publications, Oceanside, New York 1977.
Tweedie, Donald F.: Logotherapy and the Christian Faith. An Evaluation of Frankl's Existential Approach to Psychotherapy. Preface by Viktor E. Frankl. Baker Book House, Grand Rapids, Michigan, 3 Auflagen, 1961–1972.
– The Christian and the Couch. An Introduction to Christian Logotherapy. Baker Book House, Grand Rapids, Michigan 1963.
– Furankule no shinrigoku (Frankl's Psychotherapy). Mikuni Shoten, Tokyo 1965.
Ungersma, Aaron J.: The Search for Meaning. Foreword by Viktor E. Frankl. Westminster Press, Philadelphia, 2 Auflagen, 1961–1968.

II. Buchkapitel

Ascher, L. Michael: Paradoxical Intention. An Experimental Investigation, in: Handbook of Behavioral Interventions. Hrsg. von A. Goldstein und E. B. Foa. John Wiley, New York 1980.

Barinbaum, Lea: Psychologie in der Jugendarbeit. Praktische Einführung für Gruppenleiter. Kösel-Verlag, München 1974 (20. Kapitel: Viktor Frankl).

Bruno, Frank J.: Human Adjustment and Personal Growth: Seven Pathways. New York, John Wiley & Sons, 1977 (Kapitel »The Will to Meaning«).

Cheavens, Frank: Schach der Depression. Albert Müller Verlag, Rüschlikon–Zürich 1974 (Kapitel »Viktor Frankl und die Liebe«).

Condrau, Gion: Einführung in die Psychotherapie. Walter-Verlag, Olten–Freiburg im Breisgau 1970 (Kapitel »›Paradoxe Intention‹ in der Logotherapie Frankls«).

Cruchon, Georges: Einführung in die dynamische Psychologie. Josef Knecht, Frankfurt am Main 1965 (Kapitel »Die Logotherapie von V. Frankl«).

Crumbaugh, James C. und *Leonard T. Maholick:* Eine experimentelle Untersuchung im Bereich der Existenzanalyse. Ein psychometrischer Ansatz zu Viktor Frankls Konzept der »noogenen Neurose«, in: Die Sinnfrage in der Psychotherapie. Hrsg. von Nikolaus Petrilowitsch. Wissenschaftliche Buchgesellschaft, Darmstadt 1972.

Dienelt, Karl: Pädagogische Anthropologie. Ernst Reinhardt, München–Basel 1970 (Kapitel »Die Existenzanalyse V. E. Frankls als Explikation personaler Existenz«).

– Die anthropologischen Grundlagen der Pädagogik. A. Henn Verlag, Düsseldorf 1977 (Kapitel »Die anthropologische Konzeption der Logotherapie V. E. Frankls« und »Erziehungs- und bildungstheoretische Fragestellungen in der Sicht der Logotherapie V. E. Frankls«).

Downing, Lester N.: Counseling Theories and Techniques. Nelson-Hall, Chicago 1975 (Kapitel »Logotherapy«).

Frankl, Viktor E.: Vers un dépassement du psychologisme en psychothérapie, in: Premier congrès mondial de psychiatrie (Paris 1950). Hermann, Paris 1952.

– Psychotherapie im Notstand, in: The Affective Contact, International Congress for Psychotherapeutics (Leiden 1951). Strengholt, Amsterdam 1952.

– Logotherapy, in: Progress in Psychotherapy. Edited by J. H. Masserman and J. L. Moreno, Vol IV. Grune, New York 1959.

– In: Otto Kankeleit: Das Unbewußte als Keimstätte des Schöpferischen. Selbstzeugnisse von Gelehrten, Dichtern und Künstlern. E. Reinhardt, München—Basel 1959.

– Wien und das Erbe Sigmund Freuds, in: Custos quid de nocte? Österreichisches Geistesleben seit der Jahrhundertwende. Hrsg. von Karl Rudolf und Leopold Lentner, Herder, Wien 1961.

– Psychologie und Psychiatrie des Konzentrationslagers, in: Psychiatrie der Gegenwart. Forschung und Praxis. Hrsg. von H. W. Gruhle, R. Jung, W. Mayer-Groß und M. Müller, Band III. Springer, Berlin–Göttingen–Heidelberg 1961.

– In: Die Kraft zu leben. Bekenntnisse unserer Zeit. Bertelsmann, Gütersloh 1963.
– Fragments from the Logotherpeutic Treatment of Four Cases With an Introduction and Epilogue by G. Kaczanowski, in: Modern Psychotherapeutic Practice. Innovations in Technique. Edited by Arthur Burton. Science and Behavior Books, Palo Alto, California 1965.
– Der Wille zum Sinn und seine Frustration durch die moderne Industriegesellschaft, in: Hemmende Strukturen in der heutigen Industriegesellschaft. Gottlieb-Duttweiler-Institut für wissenschaftliche und soziale Studien, Rüschlikon–Zürich 1969.
– The Task of Education in an Age of Meaninglessness. Open Lecture at Kokugakuin University on January 29, 1969, in: Nihonkunka-Kenkyusho-Kiyo No. 24. Kokugakuin University, Tokyo 1969.
– Der Pluralismus der Wissenschaften und das Menschliche im Menschen, in: Das neue Menschenbild. Die Revolutionierung der Wissenschaften vom Leben. Ein internationales Symposium, hrsg. von Arthur Koestler und J. R. Smythies. Fritz Molden, Wien–München–Zürich 1970.
– Dynamics, Existence and Values und The Concept of Man in Logotherapy, in: Personality Theory, hrsg. von Harold J. Vetter und Barry D. Smith. Appleton-Century-Crofts, New York 1971.
– Grundriß der Existenzanalyse und Logotherapie, in: Grundzüge der Neurosenlehre. Urban & Schwarzenberg. München–Berlin–Wien 1972.
– Meaninglessness, in: Socio-Clinical Studies of Mental Health in Modern Society (japanisch). Seishin Shobo, Tokyo 1972.
– Meaninglessness: A Challenge to Psychologists, in: Theories of Psychopathology and Personality, hrsg. von Theodore Millon. W. B. Saunders Company, Philadelphia–London–Toronto 1973.
– Die Selbst-Transzendenz menschlicher Existenz. Versuch einer dimensionalen Anthropologie, in: Wer ist das eigentlich – der Mensch? Hrsg. von Eberhard Stammler. Kösel-Verlag, München 1973.
– Love and Society, in: Pathology of Modern Men. Hrsg. von Sadayo Ishikawa (japanisch). Seishin Shobo, Tokyo 1974.
– Encounter. The Concept and its Vulgarization, in: Psychotherapy and Behavior Change 1973. Hg. von Hans H. Strupp et al. Aldine Publishing Company, Chicago 1974.
– Paradoxical Intention and Dereflection: Two Logotherapeutic Techniques, in: New Dimensions in Psychiatry: A World View. Hrsg. von Silvano Arieti. John Wiley & Sons, Inc., New York 1975.
– In: Am Fenster der Welt. Hrsg. von Karl-Heinz Fleckenstein. Verlag Neue Stadt, München–Zürich–Wien 1975.
– Paradoxien des Glücks. Am Modell der Sexualneurose, in: Was ist Glück? Ein Symposion. dtv-Taschenbücher 1134, dtv-Verlag, München 1976.
– Der Mensch vor der Frage nach dem Sinn. Empirische und klinische Befunde, in: Glaube und Wissen. Symposion unter der Patronanz der Bayerischen Akademie der Wissenschaften. Hrsg. von Hans Huber und Oskar Schatz. Herder, Wien–Freiburg–Basel 1980.

– Die Frage nach dem Sinn, in: Glauben als Bedürfnis: Beiträge zum menschlichen Selbstverständnis. Hrsg. von Johannes Schlemmer. Ullstein, Frankfurt–Berlin–Wien 1980.
– In: Es liegt an uns. Gespräche auf der Suche nach Sinn. Hrsg. von Ulrich Hommes. Herder, Freiburg–Basel–Wien 1980.
Friedman, Maurice: The Worlds of Existentialism. A Critical Reader. The University of Chicago Press, Chicago und London, 2 Auflagen, 1964–1973 (Kapitel »Viktor E. Frankl«).
Holländer, Alfred: Die katholische Weltanschauung. Lese- und Arbeitsbuch zum Unterricht für die 8. Klasse der österreichischen Mittelschulen. Tyrolia, Innsbruck–Wien 1954 (Kapitel »Frankls Psychotherapie vom Geiste her«).
Jores, Arthur: Praktische Psychosomatik. Hans Huber, Bern–Stuttgart–Wien 1976 (Kapitel »Paradoxe Intention«).
Kasamatsu: Clinical Psychiatric Medicine. Chugai-Igakusha, Tokyo 1966 (Kapitel »Existenzanalyse und Logotherapie«).
Kiernan, Thomas: Psychotherapie. Kritischer Führer durch Theorien und Praktiken. S. Fischer, Frankfurt 1976 (Kapitel »Die Logotherapie«).
Kocourek, Kurt, Eva Niebauer und *Paul Polak:* Ergebnisse der klinischen Anwendung der Logotherapie, in: Handbuch der Neurosenlehre und Psychotherapie. Hrsg. von Viktor E. Frankl, Victor E. v. Gebsattel und J. H. Schultz, Band III. Urban & Schwarzenberg, München–Berlin 1959.
Konecny, Edith: Psychologie. Wilhelm Braumüller, Wien 1973 (Kapitel »Daseinsanalyse, Existenzanalyse«).
Korger, Matthias E. und *Paul Polak:* Der geistesgeschichtliche Ort der Existenzanalyse, in: Handbuch der Neurosenlehre und Psychotherapie. Hrsg. von Viktor E. Frankl, Victor E. v. Gebsattel und J. H. Schultz, Band III. Urban & Schwarzenberg, München–Berlin 1959.
Kurth, Wolfram: Psychotherapie. Ein Leitfaden. E. Reinhardt, München–Basel 1960 (Kapitel »Viktor E. Frankl: Die Existenzanalyse«).
– und *Bartning, Gebhard:* Psychotherapie in der Seelsorge. E. Reinhardt, München–Basel 1964 (Kapitel »Viktor E. Frankl: Die Existenzanalyse [Logotherapie]«).
Langen, Dietrich: Psychotherapie. Kompendium für Studierende und Ärzte. Georg Thieme, Stuttgart 1978 (Kapitel »Logotherapie«).
Lebzeltern, Gustav: Angstzustände und deren Überwindung. Leykam-Verlag, Graz 1967 (Kapitel »V. E. Frankls Paradoxe Intention«).
Liston, Robert A.: Healing the Mind. Eight Views of Human Nature. Praeger, New York 1974 (Kapitel »Viktor E. Frankl«).
Marks, Isaac M.: Fears and Phobias. Academic Press, New York 1969 (Kapitel »Paradoxical Intention [›Logotherapy‹]«).
– In: Behavior Modification. Hrsg. von W. Stewart Agras. Little, Brown and Company. Boston 1972 (Kapitel »Paradoxical Intention«).
McKinney, Fred: Psychology in Action. Macmillan, New York 1967 (Kapitel »Viktor E. Frankl«).

Misiak, Henry und *Virginia Staudt Sexton:* Phenomenological, Existential, and Humanistic Psychologies. A Historical Survey. Grune & Stratton, New York 1973 (Kapitel »Logotherapy«).

Müller-Hegemann, Dietfried: Grundzüge der Psychotherapie. Gustav Fischer Verlag, Stuttgart 1973 (Kapitel »Viktor E. Frankl«).

Murakami, M. und *H. Mitsuda:* Theory and Practice of Psychiatry. Igakushoin, Tokyo 1967 (Kapitel »Frankl«).

Patterson, H. C.: Theories of Counseling and Psychotherapy. Harper & Row, New York 1966 (Kapitel «Frankl's Logotherapy«).

Petrilowitsch, Nikolaus: Probleme der Psychotherapie alternder Menschen. Karger, Basel 1964 (Kapitel »Logotherapeutische Praktiken«, »Vorfragen der Existenzanalyse« und »Existenzanalytische Psychotherapie«).

Polak, Paul: Zum Problem der noogenen Neurose, in: Handbuch der Neurosenlehre und Psychotherapie. Hrsg. von Viktor E. Frankl, Victor E. v. Gebsattel und J. H. Schultz, Band II. Urban & Schwarzenberg. München–Berlin 1959.

Pongratz, Ludwig J.: Lehrbuch der Klinischen Psychologie. Verlag für Psychologie, Dr. C. J. Hogrefe, Göttingen 1973 (Kapitel »Das geistige Unbewußte«).

Sahakian, William S.: History of Psychology. Peacock, Itasca 1968 (Kapitel »Viktor Frankl«).

– Psychotherapy and Counseling. Studies in Technique. Rand McNally, Chicago 1969 (Kapitel »Logotherapy«).

– Psychology of Personality. Rand McNally. Chicago 1974 (Kapitel »Logotherapy Approach to Personality«).

– History and Systems of Psychology. John Wiley & Sons, Inc., New York 1975 (Kapitel »Logotherapy: The Will to Meaning«).

Schaff, Adam: Entfremdung als soziales Phänomen. Europaverlag, Wien 1977 (Kapitel »Das existentielle Vakuum«).

Shimoyama, Tokuji: In: Ijo shinrigaku koza. Hrsg. von Imura Tsueno, Kakeda Katsumi, Shimazaki-Toshiki und Murakami Satoshi. Misuzu Shobo, Tokyo 1959 (Kapitel »Die Bedeutung der Existenzanalyse«, »Die Grundlage der Existenzanalyse« und »Frankl und Binswanger«).

Spiegelberg, Herbert: Phenomenology in Psychology and Psychiatry. Northwestern University Press, Evanston 1972 (Kapitel »Viktor E. Frankl: Phenomenology in Logotherapy and Existenzanalyse«).

Stoffer, Hellmut: Die Echtheit in anthropologischer und konfliktpsychologischer Sicht. E. Reinhardt, München–Basel 1963 (Kapitel »Die ›Logotherapie‹ nach V. E. Frankl«).

Stokvis, Berthold: Psychotherapie für den praktischen Arzt. Karger, Basel 1960 (Kapitel »Die Logotherapie nach V. E. Frankl«).

Tatsuki, Shin: Christus und Marx (japanisch). Simul, Tokyo 1972 (Kapitel »Gespräch mit Frankl«).

Thielicke, Helmut: Mensch sein – Mensch werden. Entwurf einer christlichen Anthropologie. Piper, München 1976 (Kapitel »Der Mensch in Auseinandersetzung mit dem Unbewußten [Freud, Frankl]«).

Vogel, Gustav: Psychotherapie und Pädagogik. Lambertus, Freiburg im Breisgau 1954 (Kapitel »V. E. Frankl und seine Lehren«).
Weitbrecht, Hans Jörg: Psychiatrie im Grundriß. Springer, Berlin–Göttingen–Heidelberg 1963 (Kapitel »Logotherapie [Frankl]«).
Wimmer, Kurt: Viktor Frankl, in: Österreicher, die der Welt gehören. Mobil Oil Austria, Wien 1979.
Yamamoto, Iwao: Die japanische Morita-Therapie im Vergleich zu der Existenzanalyse und Logotherapie Frankls, in: Abendländische Therapie und östliche Weisheit. Hrsg. v. Wilhelm Bitter. Klett, Stuttgart 1968.
Yoshimasu, S., Nakata, O., Takemura, S. und *Kogi, S.:* Psychiatry. Igakusho-in, Tokyo 1965 (Kapitel »Logotherapy«).

III. Dissertationen

Ballard, Rex Eugene: »An Empirical Investigation of Viktor Frankl's Concept of the Search for Meaning: A Pilot Study with a Sample of Tuberculosis Patients.« Doctoral Dissertation, Michigan State University, 1965.
Benedikt, Friedrich M.: Zur Therapie angst- und zwangsneurotischer Symptome mit Hilfe der »Paradoxen Intention« und »Dereflexion« nach V. E. Frankl. München 1968.
Bordeleau, Louis-Gabriel: La relation entre les valeurs du choix vocationnel et les valeurs créatrices chez V. E. Frankl. Doctoral Thesis Presented to the Faculty of Psychology of the University of Ottawa, Canada 1971.
Böschemeyer, Uwe: Die Sinnfrage in der Existenzanalyse und Logotherapie Viktor E. Frankls. Eine Darstellung aus theologischer Sicht. Dissertation, Hamburg 1974.
Brune, Karl-Heinz: »Viktor E. Frankls Mission (Voraussetzungen und Konsequenzen des existenzanalytisch-logotherapeutischen Konzepts in kritischer Betrachtung)«. Dissertation. Westfälische Wilhelms-Universität (Medizinische Fakultät), Münster 1978.
Bucci, Felice: »Viktor Emil Frankl e la logoterapia (La risposta della psicologia al vuoto esistenziale)«. Dissertation, Università di Bari 1978.
Bulka, Reuven P.: An Analysis of the Viability of Frankl's Logotherapeutic System as a Secular Theory. Thesis presented to the Department of Religious Studies of the University of Ottawa, 1969.
– Denominational Implications of the Religious Nature of Logotherapy. Thesis presented to the Department of Religious Studies of the University of Ottawa as partial fulfillment of the requirements for the degree of Doctor of Philosophy. Ottawa, Canada, 1971.
Burck, James Lester: The Relevance of Viktor Frankl's »Will to Meaning« for Preaching to Juvenile Delinquents, Thesis. Southern Baptist Theological Seminary, Louisville, Kentucky, 1966.
Calabrese, Edward James: The Evolutionary Basis of Logotherapy. Dissertation, University of Massachusetts, 1974.
Carelli, Rocco: Il processo di decodificazione del messaggio in rapporto alla struttura della personalità con perticolare riferimento alla concezione per-

sonologica di Viktor E. Frankl. Dissertation, Università di Roma, facoltà di Psicologia, 1975.
Carrigan, Thomas Edward: The Meaning of Meaning in the Logotherapy of Dr. Viktor E. Frankl. Thesis, University of Ottawa, Canada, 1973.
Cavanagh, Michael E.: The Relationship between Frankl's »Will to Meaning« and the Discrepancy between the Actual Self and the Ideal Self. Doctoral Dissertation, University of Ottawa, Canada, 1966.
Chastain, Mills Kent: »The Unfinished Revolution: Logotherapy as Applied to Primary Grades 1–4 Values Clarification in the Social Studies Curriculum in Thailand.« Thesis, Monterey Institute of International Studies, 1979.
Colley, Charles Sanford: An Examination of Five Major Movements in Counseling Theory in Terms of How Representative Theorists (Freud, Williamson, Wolpe, Rogers and Frankl) View the Nature of Man. Dissertation, University of Alabama, 1970.
Dansart, Bernard: Development of a Scale to Measure Attitudinal Values as Defined by Viktor Frankl. Dissertation, Northern Illinois University, 1974.
Duncan, Franklin Davis: Logotherapy and the Pastoral Care of Physically Disabled Persons. Thesis. Southern Baptist Theological Seminary, Louisville, Kentucky, 1968.
Dymala, Czeslaw: Zagadnienie sensu zycia u Viktora E. Frankla. Praca magisterska pisana na seminarium z filozofii pod kierunkiem, Papieski Fakultet Teologiczny, Wroclaw 1976.
– Viktora E. Frankla analityczno-egzystencjalna teoria sensu zycia. Praca licencjacka pisana na seminarium z filozofii pod kierunkiem, Papieski Fakultet Teologiczny, Wroclaw 1979.
Eisenberg, Mignon G.: »The Logotherapeutic Intergenerational Encounter Group: A Phenomenological Approach.« Dissertation, Southeastern University, New Orleans 1980.
Eisenmann, Manfred: Zur Ätiologie und Therapie des Stotterns. Unter besonderer Berücksichtigung der paradoxen Intentionsmethode nach V. E. Frankl. Freiburg im Breisgau 1960.
Fizzotti, Eugenio: Il significato dell'esistenza. La concezione psichiatrica di Viktor E. Frankl. Tesi di laurea, Università Salesiana, Roma 1970.
v. Forstmeyer, Annemarie: The Will to Meaning as a Prerequisite for Self-Actualization. Thesis Presented to the Faculty of California Western University, 1968.
Galeone, Francesco: »La logoterapia di V. E. Frankl (Per una riumanizzazione della psichiatria)«. Dissertation, Università di Napoli, 1979.
Gill, Ajaipal Singh: An Appraisal of Viktor E. Frankl's Theory of Logotherapy as a Philosophical Base for Education. Dissertation, The American University, 1970.
Graziosi, Maria Teresa: La logoterapia di V. E. Frankl. Tesi di laurea, Università del S. Cuore di Milano, 1971–1972.
Green, Herman H.: »The ›Existential Vacuum‹ and the Pastoral Care of Elderly Widows in a Nursing Home«. Master's Thesis, Southern Baptist Theological Seminary, Louisville, Kentucky, 1970.

Guldbrandsen, Francis Aloysius: »Some of the Pedagogical Implications in the Theoretical Work of Viktor Frankl in Existential Psychology: A Study in the Philosophic Foundation of Education.« Doctoral Dissertation, Michigan State University, 1972.

Havenga, Anna Aletta: »Antropologiese onderbou van Logoterapie.« Dissertation, Pretoria 1974.

Henderson, J. P.: The Will to Meaning of Viktor Frankl as a Meaningful Factor of Personality. Thesis, The University of Maryland, 1970.

Holmes, R. M.: »Meaning and Responsibility: A Comparative Analysis of the Concept of the Responsible Self in Search of Meaning in the Thought of Viktor Frankl and H. Richard Niebuhr with Certain Implications for the Church's Ministry to the University«. Doctoral Dissertation. Pacific School of Religion, 1965.

Jones, Elbert Whaley: Nietzsche and Existential-Analysis. Dissertation, New York 1967.

Jucha, Zygfryd: Koncepcja nerwicy noogennej wedlug Viktora Emila Frankla. Lublin 1968.

Klapper, Naomi: »On Being Human: A Comparative Study of Abraham J. Heschel and Viktor Frankl.« Doctoral Dissertation, Jewish Theological Seminary of America, 1973.

Kovacic, Gerald: Leidensfähigkeit, Sinnfrustration und Angst. Ein empirischer Beitrag zur Logotherapie. Dissertation, Wien 1977.

Levinson, Jay Irwin: »An Investigation of Existential Vacuum in Grief via Widowhood.« Dissertation, United States International University, San Diego, California, 1979.

Liva, Virginia: »Contributi della logoterapia di Viktor E. Frankl alla psicoterapia«. Dissertation, Pontificio Facoltà di Scienze dell'Educazione della Figlie di Maria Ausiliatrica, Roma 1978.

Lukas, Elisabeth S.: Logotherapie als Persönlichkeitstheorie. Dissertation, Wien 1971.

Magnus, Joris: De Existenzanalyse en Logotherapie van V. E. Frankl. Katholieke Universiteit Te Leuven, 1964.

Manekofsky, Alan M.: »Viktor E. Frankl: A Philosophical Anthropological Study«. Dissertation, Vrije Universiteit van Amsterdam (Centrale Interfaculteit), 1977.

Marcheselli, Gianni: La teoria-terapia di Viktor Frankl come tentativo di revisione critica dell'approccio psicanalitico per una nuova concezione psicologica dell'uomo. Dissertation, Università degli Studi di Bologna, Facoltà di Scienze Politiche, 1975–1976.

Marrer, Robert E.: »Existential-Phenomenological Foundations in Logotherapy Applicable to Counseling«. Dissertation, Ohio University, 1972.

Mascolo, Franco: »Analisi esistenziale e logoterapia«. Dissertation, Universitá di Napoli, 1972.

Meier, Augustine: Frankl's »Will to Meaning« as Measured by the Purpose in Life Test in Relation to Age and Sex Differences. Dissertation presented to the University of Ottawa, Canada, 1973.

Meriläinen, Alpo: Värdeproblemet i psykoterapeutisk och theologisk antropologi. Jämförelse mellan värderaspekten Viktor E. Frankls logoterapeutiska existensanalyse och i romersk-katolsk tradition. Abo 1969.
Mostert, Willem Cornelius: »'n Literaturstudie oor die logoterapie van Viktor E. Frankl en 'n empiriese ondersoek na die toepasbaarheid daarvan in die behandeling van die alkoholis«. Dissertation, Universiteit van die Oranje-Vrystaat (Fakulteit van Sosiale Wetenskappe) 1978.
Muilenberg, Don T.: Meaning in Life: Its Significance in Psychotherapy. Dissertation, University of Missouri, 1968.
Murphy, Leonard: Extent of Purpose-in-Life and Four Frankl-Proposed Life Objectives. Doctoral Thesis Presented to the Faculty of Psychology and Education of the University of Ottawa, Canada, 1966.
Neudert, Gerold: Eine Darstellung der Existenzanalyse und Logotherapie Viktor E. Frankls im Hinblick auf Fragen an die Theologie und auf Impulse für die Seelsorge. Diplomarbeit, Julius-Maximilians-Universität, Würzburg 1977.
Offutt, Berch Randall: Logotherapy, Actualization Therapy or Contextual Self-Realization? Dissertation, United States International University, 1975.
Pacciolla, Aureliano: Etica logoterapica (Frankl e la morale). Dissertation, Pontifica Universitas Lateranensis, Roma 1978.
Panteghini, Pedon: »Sessualità in Frankl«. Dissertation, Università di Padova, 1978.
Raskob, Hedwig: »Logotherapie: Versuch einer systematischen und kritischen Darstellung der Logotherapie und Existenzanalyse Viktor E. Frankls«. Dissertation, Eberhard-Karls-Universität, Tübingen 1978.
Sargent, George Andrew: Job Satisfaction, Job Involvement and Purpose in Life: A Study of Work and Frankl's Will to Meaning. Thesis Presented to the faculty of the United States International University, 1971.
– »Motivation and Meaning: Frankl's Logotherapy in the Work Situation«. Dissertation, United States International University, 1973.
Schiller, Karl Erwin: Psychotherapie, Logotherapie und der Logos des Evangeliums. Wien 1959.
Schlederer, Franz: Erziehung zu personaler Existenz. Viktor E. Frankls Existenzanalyse und Logotherapie als Beitrag zu einer anthropologisch fundierten Pädagogik. München 1964.
Schoeman, Stefanus Johannes: Die antropologies-personologiese denkbleede van die Derde Weense Skool en die betekenis hiervan vir die opvoeding in sedelike verband. Dissertation, Pretoria 1958.
Serrano, Rehues Maria Luisa: El pensamiento antropológico de Viktor Frankl. Tesis de licentiatura, Valencia o. J.
Siwiak, Malgorzata: Analiza problemow noogennych w nerwicach. Lublin 1969.
Sonnhammer, Erik: Existenzanalyse und Logotherapie V. E. Frankls in kritischer Betrachtung. Graz 1951.
de Souza, Aias: »Logotherapy and Pastoral Counseling: An Analysis of Selected Factors in Viktor E. Frankl's Concept of Logotherapy As They Relate

to Pastoral Counseling.« Dissertation, Heed University, Hollywood, Florida, 1980.
Stropko, Andrew John: Logoanalysis and Guided Imagery as Group Treatments for Existential Vacuum. Dissertation, Texas Tech University, 1975.
Wilson, Robert A.: »Logotherapy: An Educational Approach for the Classroom Teacher«. Laurence University, 1979.
Yeates, J. W.: »The Educational Implications of the Logotherapy of Viktor E. Frankl«. Doctoral Dissertation, University of Mississippi, 1968.

IV. Zeitschriftenartikel

Ansbacher, Rowena R.: The Third Viennese School of Psychotherapy. Journal of Individual Psychology 15, 236, 1959.
Ascher, L. Michael: Employing Paradoxical Intention in the Behavioral Treatment. Scandinavian Journal of Behavior Therapy 6, 28, 1977.
– Paradoxical Intention Viewed by a Behavior Therapist. The International Forum for Logotherapy 3, 13–16, 1980.
Ascher, L. Michael, and *Jay S. Efran:* Use of Paradoxical Intention in a Behavior Program. Journal of Consulting and Clinical Psychology 747, 1978.
Ascher, L. Michael, and *Ralph M. Turner:* Controlled Comparison of Progressive Relaxation, Stimulus Control, and Paradoxical Intention Therapies. Journal of Consulting and Clinical Psychology 47, 500, 1979.
– Paradoxical intention and insomnia: an experimental investigation. Behav. Res. & Therapy 17, 408, 1979.
Bazzi, Tullio: Paradoxical Intention and Autogenic Training – Convergence or Incompatibility? The International Forum for Logotherapy 2, 35, 1979.
– A Center of Logotherapy in Italy. The International Forum for Logotherapy 3, 26–27, 1980.
Birnbaum, Ferdinand: Frankl's Existential Psychology from the Viewpoint of Individual Psychology. Journal of Individual Psychology 17, 162, 1961.
Caruso, Igor A.: Die Krise der Tiefenpsychologie. Von Sigmund Freud zu Viktor Frankl. Wort und Wahrheit 2, 714, 1947.
Cohen, David: The Frankl Meaning. Human Behavior: The Newsmagazine of the Social Sciences 6, 56, 1977.
Crumbaugh, James C.: Cross Validation of Purpose-in-Life Test Based on Frankl's Concepts. Journal of Individual Psychology 24, 74, 1968.
Fabry, Joseph: Porträt der Woche. Logotherapeut Viktor E. Frankl. Aufbau, 14. August 1970.
– Aspects and Prospects of Logotherapy: A Dialogue with Viktor Frankl. The International Forum for Logotherapy 1, 3, 1978.
Firkel, Eva: Von Freud zu Frankl. Der Seelsorger 18, 137, 1947.
Fizzotti, Eugenio: Viktor E. Frankl. Orientamenti Pedagogici 17, 607, 1970. (Komplette Bibliographie.)
Frankl, Viktor E.: Zur mimischen Bejahung und Verneinung. Internationale Zeitschrift für Psychoanalyse 10, 437, 1924.
– Psychotherapie und Weltanschauung. Internationale Zeitschrift für Individualpsychologie 3, 250, 1925.

– Zur geistigen Problematik der Psychotherapie. Zentralblatt für Psychotherapie 10, 33, 1938.
– Philosophie und Psychotherapie. Zur Grundlegung einer Existenzanalyse. Schweizerische medizinische Wochenschrift 69, 707, 1939.
– Group Therapeutic Experiences in a Concentration Camp (Paper read before the Second International Congress of Psychotherapy in Leiden on September 8, 1951). Group Psychotherapy 7, 81, 1954.
– The Concept of Man in Psychotherapy. Proceedings of the Royal Society of Medicine 47, 975, 1954.
– On Logotherapy and Existential Analysis. American Journal of Psychoanalysis 18, 28, 1958.
– Logotherapie und Existenzanalyse. Versuch einer Synopsis. Wiener Zeitschrift für Nervenheilkunde 15, 65, 1958.
– Das homöostatische Prinzip und die dynamische Psychologie. Zeitschrift für Psychotherapie und medizinische Psychologie 9, 41, 1959.
– The Spiritual Dimension in Existential Analysis and Logotherapy. Journal of Individual Psychology 15, 157, 1959.
– Existenzanalyse und Logotherapie. Acta Psychother. 8, 171, 1960.
– Beyond Self-Actualization and Self-Expression (Paper read before the Conference on Existential Psychotherapy in Chicago on December 13, 1959). Journal of Existential Psychiatry 1, 5, 1960.
– Logotherapy and the Challenge of Suffering (Paper read before the American Conference on Existential Psychotherapy in New York on February 27, 1960). Review of Existential Psychology and Psychiatry 1, 3, 1961.
– Die Heimholung der Psychotherapie in die Medizin. Acta Psychotherapeutica 10, 99, 1962.
– Gegenwartsprobleme der Psychotherapie. Wiener Zeitschrift für Nervenheilkunde 20, 78, 1962.
– Aphoristische Bemerkungen zur Sinnproblematik. Archiv für die gesamte Psychologie 116, 336, 1964.
– Psychotherapy and Modern Man. Hsien-tai-hsüeh-yüan 2, 97, 1965.
– Psychotherapeutic Research and Treatment Today. Hsien-tai-hsüeh-yüan 2, 233, 1965.
– The Philosophical Foundations of Logotherapy (Paper read before the first Lexington Conference on Phenomenology on April 4, 1963). Universitas 8, 171, 1966.
– Logotherapy and Existential Analysis – A Review (Opening Paper, Symposium on Logotherapy, 6th International Congress of Psychotherapy, London, August 26, 1964). American Journal of Psychotherapy 20, 252, 1966.
– Self-Transcendence as a Human Phenomenon. Journal of Humanistic Psychology 6, 97, 1966.
– Logotherapy. The Israel Annals of Psychiatry and Related Disciplines 5, 142, 1967.
– Logotherapie der Neurosen. Selecta 10, 2122, 1968.
– Wille zum Sinn (Gespräch über die Logotherapie). euromed (Das europäisch-medizinische Magazin), 8. Jahr, H. 22, 19. November 1968, S. 1199.

– Die Flucht vor dem Alleinsein – in der Sicht der Psychotherapie. Universitas 26, 419, 1971.
– The Feeling of Meaninglessness: A Challenge to Psychotherapy. The American Journal of Psychoanalysis 32, Nr. 1, 85, 1972.
– Das existentielle Vakuum. Wissenschaft und Weltbild 25, 88, 1972.
– Die neurotische Lebensproblematik unserer Zeit – von der Psychotherapie gesehen. Universitas 27, 619, 1972.
– Encounter: The Concept and Its Vulgarization. The Journal of the American Academy of Psychoanalysis 1, Nr. 1, 73, 1973.
– Paradoxical Intention and Dereflection. Psychotherapy: Theory, Research and Practice 12, 226, 1975.
– Leiden am sinnlosen Leben: Zur Phänomenologie des existentiellen Vakuums. Schweizerische Akademiker- und Studenten-Zeitung 7, Nr. 50, 7–9, Juli 1976.
– »Der junge Mensch auf der Suche nach Sinn«. Schweizerische Akademiker- und Studentenzeitung, Nr. 76, 11. Jahrgang, S. 5, 7. April 1980.
– Psychotherapy on its Way to Rehumanization. The International Forum for Logotherapy 3, 3–9, 1980.
– Psychologisierung – oder Humanisierung der Medizin? Der Praktische Arzt 18, 334–356, 1981.
Gerz, Hans O.: Zur Behandlung phobischer und zwangsneurotischer Syndrome mit der »paradoxen Intention« nach Frankl. Zeitschrift für Psychotherapie und medizinische Psychologie 12, 145, 1962.
– Über 7jährige klinische Erfahrungen mit der logotherapeutischen Technik der paradoxen Intention. Zeitschrift für Psychotherapie und medizinische Psychologie 16, 25, 1966.
De Hovre, F.: Das Werk V. E. Frankls. Gloria Dei 6, 675, 1951.
Kasukegawa, T.: A comparative study of the differences between Christian existence and secular existence and of their existential frustration. Japanese Journal of Educational and Social Psychology 7, 195, 1968.
Maslow, A. H.: Comments on Dr. Frankl's Paper. Journal of Humanistic Psychology 6, 107, 1966.
Nübel, Hans Ulrich: Theologische Fragen in der Humanistischen Psychologie. Wege zum Menschen 29, 449, 1977.
Pareja-Herrera, Guillermo: Logotherapy and Social Change. The International Forum for Logotherapy 3, 38–39, 1980.
Petrilowitsch, Nikolaus: Über die Stellung der Logotherapie in der klinischen Psychotherapie. Die medizinische Welt 2790, 1964.
– und *Kurt Kocourek:* Logotherapie und Pharmakotherapie. Int. Pharmacopsychiat. 2, 39, 1969.
Popielski, Kazimierz: Karol Wojtyla and Logotherapy. The International Forum for Logotherapy 3, 36–37, 1980.
Riener, Elfriede: Von Freud zu Frankl. Christlich-pädagogische Blätter 62, 199, 1949.
Schlederer, Franz: Zu einer Topologie der Logotherapie Viktor E. Frankls. Wissenschaft und Weltbild 18, 62, 1965.

– Die Logotherapie V. E. Frankls und das Menschenbild der Pädagogik. Vierteljahrsschrift für wissenschaftliche Pädagogik 41, 53, 1965.

Solyom, L., Garza-Perez, J., Ledwidge, B. L. and *Solyom, C.:* Paradoxical Intention in the Treatment of Obsessive Thoughts: A Pilot Study. Comprehensive Psychiatry 13, 291, 1972.

Soucek, W.: Die Existenzanalyse Frankls, die dritte Richtung der Wiener Psychotherapeutischen Schule. Deutsche Medizinische Wochenschrift 73, 594, 1948.

The Father of Logotherapy. Existential Psychiatry 1, 439, 1967.

Turner, R. H.: Comment on Dr. Frankl's Paper. Journal of Existential Psychiatry 1, 21, 1960.

Vander Pas, J. H. R.: Die sogenannte Dritte Wiener Richtung in der Tiefenpsychologie. Gloria Dei 9, 51, 1954.

Weisskopf-Joelson, Edith: Logotherapy and Existential Analysis. Acta Psychotherapeutica 6, 193, 1958.

V. Filme, Tonbänder und Langspielplatten

Frankl, Viktor E.: »Logotherapy«, a film produced by the Department of Psychiatry, Neurology and Behavioral Sciences, University of Oklahoma Medical School.

– »Frankl and the Search for Meaning«, a film produced by Psychological Films, 110 N. Wheeler St., Orange, Cal. 92669.

– »Auf dem Wege zum Sinn: Ein Gespräch mit Viktor E. Frankl.« Eine Farbtonfilmdokumentation. Littera Produktion Walter Böckmann im Auftrag und aus Anlaß des 10. MMM-Kongresses. Verleih durch den MMM-Club, Schumannstraße 27, D-6 Frankfurt/M.

– »Some Clinical Aspects of Logotherapy. Paper read before the Anderson County Medical Society in South Carolina«, »Man in Search of Meaning. Address given to the Annual Meeting of the Anderson County Mental Health Association in South Carolina«, and »Man's Search for Ultimate Meaning. Lecture given at the Peachtree Road Methodist Church in Atlanta, Georgia«, videotapes cleared for television upon request from WGTV, the University of Georgia, Athens, Georgia 30601.

– »Meaning and Purpose in Human Experience«, a videotape produced by Rockland Community College. Rental or purchase through the Director of Library Service, 145 College Road, Suffern, New York 10901.

– »Education and the Search for Meaning. An Interview by Professor William Blair Gould of Bradley University«, a videotape produced by Bradley University Television. Available by request from Bradley University, Peoria, Illinois 61606 ($ 25.00 handling charges for usage).

– »Youth in Search of Meaning. The Third Paul Dana Bartlett Memorial Lecture«, a videotape produced by KNBU and cleared for television upon request from President James Edward Doty, Baker University, Baldwin City, Kansas 66006.

– »Clinical Aspects of Logotherapy«, a videotaped lecture. Replay available by arrangement with Medical Illustration Services, Veterans Administration

Hospital, 3801 Miranda Avenue, Palo Alto, California 94304.

- »Logotherapy«, a videotaped lecture. Available for rental or purchase from Educational Television, University of California School of Medicine, Department of Psychiatry, Langley Porter Neuropsychiatric Institute, 3rd Avenue and Parnassus Avenue, San Francisco, California 94112.
- »Logotherapy Workshop«, a videotaped lecture. Available for rental or purchase from Middle Tennessee State University, Learning Resource Center, Murfreesboro, Tennessee 37130.
- »The Rehumanization of Psychotherapy«. A Workshop Sponsored by the Division of Psychotherapy of the American Psychological Association, a videotape. Inquiries concerning availability from Division of Psychotherapy, American Psychological Association, 1200 Seventeenth Street, N. W., Washington, DC 20036.
- »Youth in Search of Meaning«, a videotape produced by the Youth Corps and Metro Cable Television. Contact: Youth Corps, 56 Bond Street, Toronto, Ontario M5B 1X2, Canada. Rental fee $ 10.00.
- »Man in Search of Meaning«, a film interview with Jim Corey of CFTO Television in Toronto. Contact: Youth Corps, 56 Bond Street, Toronto, Ontario M5B 1X2, Canada.
- »Human Freedom and Meaning in Life«, and »Self-Transcendence – Therapeutic Agent in Sexual Neurosis«, videotapes. Copies of the tapes can be ordered for a service fee. Address inquiries to the Manager, Learning Resource Distribution Center, United States International University, San Diego, California 92131.
- »Das Leiden am sinnlosen Leben: Zur Phänomenologie des existentiellen Vakuums«. (Vortrag in der Aula der Universität Zürich am 4. Dezember 1975.) Videotapes und Audiotapes sind erhältlich durch die Limmat-Stiftung, Rosenbühlstraße 32, CH-9044 Zürich.
- Two 5-hour lectures as a part of the course Human Behavior 616, »Man in Search of Meaning«, during the Winter Quarter, 1976. Copies of the videotapes can be ordered for a service fee. Address inquiries to the Manager, Learning Resource Distribution Center, United States International University, San Diego, California 92131.
- A videotaped convocation. Address inquiries concerning availability to President Stephen Walsh, St. Edward's University, Austin, Texas 78704.
- A videotaped lecture given at Monash University, Melbourne, Australia, on March 6, 1976. Inquiries to be addressed to Royal Australian College of General Practitioners, Family Medicine Programme, Audio Visual Department, 70 Jolimont Street, Jolimont, 3002, Melbourne, Australia.
- Interview with Dr. Viktor E. Frankl by Dr. Paul W. Ngui, President, Singapore Association for Mental Health, on 16 mm film. Inquiries to be addressed to Controller, Central Productions Unit, Television Singapore, Singapore, 10.
- »The Unheard Cry for Meaning«, a videotape produced by the Youth Corps and Metropolitan Separate School Board of Toronto. Contact: Youth Corps, 56 Bond Street, Toronto M5B 1X2, Canada. Rental fee $ 10.00.

- Three Lectures on Logotherapy, given at the Brandeis Institute, Brandeis, California 93064. Longplaying records.
- »Man in Search of Meaning: Two Dialogues«, »Self-Transcendence: The Motivational Theory of Logotherapy«, »What Is Meant by Meaning?«, and »Logotherapy and Existentialism«, audiotapes produced by Sound Seminars, College Division, McGraw-Hill Book Company, P. O. Box, Hightstown, N. J. 03520.
- »The Student's Search for Meaning«, an audiotape produced by WGTV, the University of Georgia, Athens, Georgia 30601.
- »The Existential Vacuum« (»Existential Frustration As a Challenge to Psychiatry« – »Logotherapy As a Concept of Man« – »Logotherapy As a Philosophy of Life«), tapes produced by Argus Communications, 7440 Natchez Avenue, Niles, Illinois 60648. $ 18.00.
- »The Existential Vacuum: A Challenge to Psychiatry. Address given at The Unitarian Church, San Francisco, California, October 13, 1969.« A tape produced by Big Sur Recordings, 2015 Bridgeway, Sausalito, California 94965.
- »Meaninglessness: Today's Dilemma«, an audiotape produced by Creative Resources, 4800 West Waco Drive, Waco, Texas 76703.
- »Logotherapy Workshop«, an audiotape produced by Middle Tennessee State University. Learning Resource Center, Murfreesboro, Tennessee 37130.
- »Man's Search for Meaning. An Introduction to Logotherapy.« Recording for the Blind, Inc., 215 East 58th Street, New York, N. Y. 10022.
- »Youth in Search of Meaning.« Word Cassette Library (WCL 0205), 4800 West Waco Drive, Waco, Texas 76703. ($ 5.95).
- A lecture given at Monash University, Melbourne, Australia, on March 6th, 1976. An audiocassette available from Spectrum Publications, 127 Burnley Street, Richmond, Victoria 3121, Australia.
- »Das Leiden am sinnlos gewordenen Leben: Zur Phänomenologie der existentiellen Frustration in der Industriegesellschaft.« Kassette NC 1001 der Noricum-Tonproduktion, Webgasse 2 a, A-1060 Wien (öS 150).
- »Theory and Therapy of Neurosis: A Series of Lectures Delivered at the United States International University in San Diego, California«, eight 90-minute cassettes produced by Creative Resources, 4800 West Waco Drive, Waco, Texas 76703 ($ 79.95).
- »Man in Search of Meaning: A Series of Lectures Delivered at the United States International University in San Diego, California«, fourteen 90-minute cassettes produced by Creative Resources, 4800 West Waco Drive, Waco, Texas 76703 ($ 139.95).
- »The Neurotization of Humanity and the Re-Humanization of Psychotherapy«, 2 cassettes. Argus Communications, 7440 Natchez Avenue, Niles, Illinois 60648. $ 14.00.
- »Youth in Search of Meaning«, an audiotape produced by the Youth Corps, 56 Bond Street, Toronto, Ontario M5B 1X2, Canada. Available on reel-to-reel or cassette. $ 7.50.

– »The Unheard Cry for Meaning«, an audiocassette produced by the Youth Corps, 56 Bond Street, Toronto, Ontario M5B 1X2, Canada, $ 6.50.
– »Therapy Through Meaning«, Psychotherapy Tape Library (T 656), Post Graduate Center, 124 East 28th Street, New York, N. Y. 10016. $ 15.00.
– »The Defiant Power of the Human Spirit: A Message of Meaning in a Chaotic World.« Address at the Berkeley Community Theater, November 2, 1979. A 90-minute cassette tape, $ 6.00. Available at the Institute of Logotherapy, One Lawson Road, Berkeley, California 94707.
– »Existential Psychotherapy«, two cassettes. The Center for Cassette Studies, 8110 Webb Avenue, North Hollywood, CA 91605.
– »The Meaning of Suffering for the Terminally Ill« (International Seminar on Terminal Care, Montreal, October 8, 1980). Audio Transcripts, Ltd. (Code 25-107-80 and 26-107-80), P. O. Box 487, Times Square Station, New York, N. Y. 10036.
– »The Rehumanization of Psychotherapy«, lecture on occasion of the inauguration of the Logotherapy Counseling Center of Atlanta and Athens on November 14, 1980. An audiocassette (1/404/542–4766) available from the Center for Continuing Education, the University of Georgia, Athens, GA 30602 .

Frankl, Viktor E., and *Huston Smith:* »Value Dimensions in Teaching«, a color television film produced by Hollywood Animators. Inc., for the California Junior College Association. Rental or Purchase through Dr. Rex Wignall, Director, Chaffey College, Alta Loma, California 91701.

Frankl, Viktor E., Robin W. Goodenough, Iver Hand, Oliver A. Phillips, and *Edith Weisskopf-Joelson:* »Logotherapy: Theory and Practice. A Symposium Sponsored by the Division of Psychotherapy of the American Psychological Association«, an audiotape. Address inquiries concerning availability to Division of Psychotherapy, American Psychological Association, 1200 Seventeenth Street, N. W., Washington, DC 20036.

Frankl, Viktor E., Joseph Fabry, Mary Ann Finch and *Robert C. Leslie:* »A Conversation with Viktor E. Frankl on Occasion of the Inauguration of the ›Frankl Library and Memorabilia‹ at the Graduate Theological Union on February 12, 1977«. Copies of the videotape may be obtained from Professor Robert C. Leslie, 1798 Scenic Avenue, Berkeley, California 94709.

Hale, Dr. William H.: »An Interview with Viktor E. Frankl. With an Introduction by Dr. Edith Weisskopf-Joelson, Professor of Psychology at the University of Georgia«, a videotape cleared for television upon request from WGTV, the University of Georgia, Athens, Georgia 30601.

Murray, Dr. Edward L., and *Dr. Rolf von Eckartsberg:* A Discussion with Dr. Viktor E. Frankl on »Logotherapy: Theory and Applied« conducted by two members of the Duquesne University Graduate School of Psychology, filmed July 25, 1972. Available for rental, fee $ 15. Mail request to Chairman, Department of Psychology, Duquesne University, Pittsburgh, Pa. 15219.

»The Humanistic Revolution: Pioneers in Perspective«, interviews with leading humanistic psychologists: Abraham Maslow, Gardner Murphy, Carl Rogers, Rollo May, Paul Tillich, Frederick Perls, Viktor Frankl and Alan Watts. Psychological Films, 110 N. Wheeler St. Orange, California 92669. Sale $ 250; rental $ 20.

Nachträge:

zu II.

Jalom, Irvin D.: Existential Psychotherapy (Kapitel »The Contributions of Viktor Frankl« und »Dereflection«)

Zu III.

Lance, Ricky L.: »An Investigation of Logotherapy for a Possibility Theory of Personality.« Dissertation, New Orleans Baptist Theological Seminary, 1978.
Minton, Gary: A Comperative Study of the Concept of Conscience in the Writings of Sigmund Freud and Viktor Frankl.« Dissertation, New Orleans Baptist Theological Seminary, 1967.
Taylor, Charles P.: »Meaning in Life: Its relation to the ›will-to-pleasure‹ and preocupation with death.« Master's thesis, The University of Pittburgh, 1974.

Zu IV.

Relinger, Helmut, Philip H. Bornstein, and Dan M Mungas: Treatment of Insomnia by Paradoxical Intention: A Time-Series Analysis. Behaviour Therapy 9, 955, 1978.

Personenregister

Sachregister

Weitere Werke von Viktor E. Frankl

Der Mensch vor der Frage nach dem Sinn
Eine Auswahl aus dem Gesamtwerk
Vorwort von Konrad Lorenz
Piper Verlag, München 1980, 2. Auflage

»Frankls Antwort auf die Frage nach dem Sinn ist von Bedeutung, weil sie, obwohl wissenschaftlich abgesichert, verständlich und optimistisch ist.« (Schweizerische Akademiker- und Studentenzeitung)

Ärztliche Seelsorge
Grundlagen der Logotherapie und Existenzanalyse
Verlag Franz Deuticke, Wien 1979, 10. Auflage

»Wohl der entschiedenste Vorstoß, den die analytische Therapie seit Freud gemacht hat.« (Prof. Dr. H. Kranz in: Zentralblatt für die gesamte Neurologie und Psychiatrie)

... trotzdem Ja zum Leben sagen
Ein Psychologe erlebt das Konzentrationslager
Kösel-Verlag, München 1979, 4. Auflage

»Dieses meisterhafte Werk gehört zum kostbaren Bestand jener Säkularen Literatur, in der Grundwahrheiten unseres Jahrhunderts manifest werden.« (Deutschland-Berichte)

Der Wille zum Sinn
Ausgewählte Vorträge über Logotherapie
Verlag Hans Huber, Bern 1978, 2. Auflage

»Ich glaube, daß die Arbeiten von Frankl der wichtigste Beitrag zur Psychotherapie seit Freud sind.« (Prof. Dr. F. Hoff in: Therapiewoche)

Die Psychotherapie in der Praxis
Eine kasuistische Einführung für Ärzte
Verlag Franz Deuticke, Wien 1975, 3. Auflage

»Man kann nur hoffen, daß jeder, der sich ernsthaft der Psychotherapie zuwendet und sie mit maximalem Nutzen für seine Patienten betreiben will, diese grundlegende Schrift V. E. Frankls wirklich zur Kenntnis nimmt.« (Prof. Dr. Karl Seidel, Direktor der Nervenklinik der Charité, in: Psychiatrie, Neurologie und medizinische Psychologie [DDR])

Der unbewußte Gott
Psychotherapie und Religion
Kösel-Verlag, München 1979, 5. Auflage

»... many profound ideas ...« (The American Journal of Psychiatry)

Anthropologische Grundlagen der Psychotherapie
Verlag Hans Huber, Bern 1975

»Vollgepackt mit empirischen Ergebnissen – in einer gut lesbaren und verständlichen Sprache verfaßt – eine Seltenheit bei wissenschaftlicher Literatur.« (Die Tat)

Psychotherapie für den Laien
Rundfunkvorträge über Seelenheilkunde
Verlag Herder, Freiburg 1980, 8. Auflage (Herderbücherei 387)

»Die Darstellungen sind in allgemeinverständlicher Form gehalten, ohne die eigene Schulrichtung speziell in den Vordergrund zu rücken.« (Psychologie und Praxis)
»In diesem Bande sind im besten Sinne allgemeinverständliche Rundfunksendungen des weltbekannten Wissenschaftlers sehr glücklich zusammengestellt. Sie vermitteln nicht nur ohne jede Effekthascherei Einblick in die moderne Psychiatrie; der Band enthält auch echte Lebenshilfe für fragende, suchende, leidende Menschen.« (Die Zeit im Buch)

Theorie und Therapie der Neurosen

Einführung in Logotherapie und Existenzanalyse
Ernst Reinhardt Verlag, München 1975, 4. Auflage (UTB 457)

»Frankls blendende Diktion und die reiche Kasuistik aus eigener Praxis und der seiner Schüler in Europa und Übersee machen die Lektüre des Buches zum Vergnügen.« (Österreichische Krankenhaus-Zeitschrift)

Das Leiden am sinnlosen Leben

Psychotherapie für heute
Verlag Herder, Freiburg 1980, 5. Auflage (Herderbücherei 387)

»Dieser Band ist so dicht, so erfüllt von glühendem Humanismus, so reich an Dokumentation, und seine kritischen Stellungnahmen sind so besonnen, daß er minutiös gelesen zu werden verdient, Seite für Seite.« (Annales médico-psychologiques)

Man's Search for Meaning

An Introduction to Logotherapy
Simon and Schuster, New York 1980, 62. Auflage

»I can only state that if you read one book this year, Dr. Frankl's book should be that one. It is the most important contribution to psychiatry since the writings of Freud.« (Los Angeles Times)

Psychotherapy and Existentialism

Selected Papers on Logotherapy
Simon and Schuster, New York 1978, 10. Auflage

»Frankl developed his ideas now generally known as the Third School of Viennese Psychiatry – the School of Logotherapy. The incredible attempts to dehumanize man at the concentration camps of Auschwitz and Dachau led Frankl to commence the humanization of psychiatry through logotherapy.« (Prof. Dr. Gerald F. Kreyche)

The Will to Meaning

Foundations and Applications of Logotherapy
New American Library, New York 1981, 7. Auflage

»Perhaps, the most significant thinking since Freud and Adler. Unconditional faith in an unconditional meaning is Dr. Frankl's message to the reader. What could be more pertinent?« (American Journal of Psychiatry)

The Unheard Cry for Meaning

Psychotherapy and Humanism
Simon and Schuster, New York 1979, 4. Auflage

»Es ist keine Übertreibung, wenn wir unserer Überzeugung Ausdruck verleihen, daß Frankl in die Geschichte der Psychotherapie eingehen wird als der Arzt des Leidens des 20. Jahrhunderts.« (Österreichische Hochschulzeitung)

Serie Piper:

Abitur-Normen gefährden die Schule Hrsg. v. A. Flitner u. D. Lenzen. SP 160
Albers, Gerd Was wird aus der Stadt? SP 27
Ammon, Günter Psychoanalyse und Psychomatik. SP 70
Andres, Stefan Der Dichter in seiner Zeit. SP 106
Andres, Stefan Wir sind Utopia. SP 95
Ansermet, Ernest/Piguet, Jean Claude Gespräche über Musik. SP 74
Arendt, Hannah Macht und Gewalt. SP 1
Arendt, Hannah Über die Revolution. SP 76
Arendt, Hannah Wahrheit und Lüge in der Politik. SP 36
Arendt, Hannah Walter Benjamin – Bertolt Brecht. SP 12
Arendt, Hannah Vita activa oder Vom tätigen Leben. SP 217
Autrum, Hansjochen Menschliches Verhalten als biologisches Problem. SP 148
Ayer, Alfred Jules Die Hauptfragen der Philosophie. SP 133
Bachmann, Ingeborg Die gestundete Zeit – Anrufung des Großen Bären. SP 78
Bachmann, Ingeborg Die Hörspiele. SP 139
Bachmann, Ingeborg Frankfurter Vorlesungen: Probleme zeitgenössischer Dichtung. SP 205
Bachmann, Ingeborg Die Wahrheit ist dem Menschen zumutbar. SP 218
Barlach, Ernst Drei Dramen. SP 163
Bender, Hans Telepathie, Hellsehen und Psychokinese. SP 31
Berna, Jacques Kinder beim Analytiker. SP 53
Bettelheim, Bruno Gespräche mit Müttern. SP 155
Beyme, Klaus von Das politische System der Bundesrepublik Deutschland. SP 186
Beyme, Klaus von Die politischen Theorien der Gegenwart. SP 211
Beyme, Klaus von Interessengruppen in der Demokratie. SP 201
Beyme, Klaus von Sozialismus oder Wohlfahrtsstaat? SP 170
Bockelmann, Paul Einführung in das Recht. SP 123
Boveri, Margret Die Deutschen und der Status quo. SP 99
Bracher, Karl Dietrich Zeitgeschichtliche Kontroversen. SP 142
Bronnen, Barbara/Henny, Franz Liebe, Ehe, Sexualität in der DDR. SP 132
Canitz, Hanne-L. von Hochleistungssport Sex. SP 149
Cipolla, Carlo M./Borchardt, Knut Bevölkerungsgeschichte Europas. SP 19
Dahrendorf, Ralf Pfade aus Utopia. SP 101
Domin, Hilde Von der Natur nicht vorgesehen. SP 90
Domin, Hilde Wozu Lyrik heute. SP 65
Eggers, Hans Jürgen Deutsche Sprache im 20. Jahrhundert. SP 61
Eibl-Eibesfeldt, Irenäus Liebe und Haß. SP 113
Eschenburg, Theodor Matthias Erzberger. SP 39
Esslin, Martin Was ist ein Drama? SP 181
Federspiel, Jürg Museum des Hasses. SP 220
Federspiel, Jürg Orangen und Tode. SP 119
Fest, Joachim C. Das Gesicht des Dritten Reiches. SP 199
Fetscher, Iring Herrschaft und Emanzipation. SP 146
Fetscher, Iring Überlebensbedingungen der Menschheit. SP 204
Finzen, Asmus Die Tagesklinik. SP 158
Flitner, Andreas Mißratener Fortschritt. SP 166
Flitner, Andreas Spielen – Lernen. SP 22
Frankl, Viktor E. Die Sinnfrage in der Psychotherapie. SP 214
Friedenserziehung in der Diskussion Hrsg. v. Chr. Wulf. SP 64
Gauger, Hans-Martin Sprachbewußtsein und Sprachwissenschaft. SP 144
Giersch, Herbert Kontroverse Fragen der Wirtschaftspolitik. SP 21
Gerlach, Walther/List, Martha Johannes Kepler. SP 201
Glück – Gerechtigkeit Hrsg. v. A. Mitscherlich/G. Kalow. SP 137
Goffman, Erving Interaktion: Spaß am Spiel/Rollendistanz. SP 62
Gollwitzer, Helmut Was ist Religion? SP 197
Greiffenhagen, Martin Das Dilemma des Konservatismus in Deutschland. SP 162
Greinacher, Norbert Die Kirche der Armen. SP 196

Serie Piper:

Grundelemente der Weltpolitik Hrsg. v. G.-K. Kindermann. SP 224
Grundprobleme der Politischen Ökonomie Hrsg. v. M. Hereth. SP 152
Haben wir die richtige Medizin? Hrsg. v. J. Schlemmer. SP 118
Hädecke, Wolfgang Eine Rußlandreise. SP 91
Hassenstein, Bernhard Instinkt, Spielen, Lernen, Einsicht. SP 193
Hassenstein, Bernhard und Helma Was Kindern zusteht. SP 169
Havemann, Robert Rückantworten an die Hauptverwaltung ›Ewige Wahrheiten‹. SP 8
Heisenberg, Werner Tradition in der Wissenschaft. SP 154
Hersch, Jeanne Karl Jaspers. SP 195
Höhn, Elfriede Der schlechte Schüler. SP 206
Hoffmann, Peter Widerstand gegen Hitler. SP 190
Hospitalisierungsschäden in psychiatrischen Krankenhäusern Hrsg. v. A. Finzen. SP 82
Huchel, Peter Die Sternenreuse. SP 221
Huxley, Aldous Die Pforten der Wahrnehmung – Himmel und Hölle. SP 6
Illies, Joachim Kulturbiologie des Menschen. SP 182
Jaspers, Karl Augustin. SP 143
Jaspers, Karl Chiffren der Transzendenz. SP 7
Jaspers, Karl Einführung in die Philosophie. SP 13
Jaspers, Karl Kant. SP 124
Jaspers, Karl Kleine Schule des philosophischen Denkens. SP 54
Jaspers, Karl Lao-tse–Nagarjuna. SP 180
Jaspers, Karl Die maßgebenden Menschen. SP 126
Jaspers, Karl Philosophische Autobiographie. SP 150
Jaspers, Karl Der philosophische Glaube. SP 69
Jaspers, Karl Plato. SP 147
Jaspers, Karl Die Schuldfrage. SP 191
Jaspers, Karl Spinoza. SP 172
Jaspers, Karl Strindberg und van Gogh. SP 167
Jaspers, Karl Von der antiken zur christlichen Metaphysik. SP 192
Jaspers, Karl/Bultmann, Rudolf Die Frage der Entmythologisierung. SP 207
Jens, Walter Fernsehen – Themen und Tabus. SP 51
Jens, Walter Die Verschwörung – Der tödliche Schlag. SP 111
Jesus und Freud Hrsg. v. H. Zahrnt. SP 29
»... keiner, dem Geschichte nicht etwas Wichtiges zu sagen hätte« Hrsg. v. U. Reiter. SP 159
Kalow, Gert Hitler – das deutsche Trauma. SP 114
Kelemen, Milko Klanglabyrinthe. SP 208
Kolakowski, Leszek Die Gegenwärtigkeit des Mythos. SP 49
Kolakowski, Leszek Gespräche mit dem Teufel. SP 109
Kolakowski, Leszek Der Mensch ohne Alternative. SP 140
Kolakowski, Leszek Die Philosophie des Positivismus. SP 18
Konjetzky, Klaus Poem vom Grünen Eck. SP 121
Kornilow, Wladimir Mädchen und Dämchen. SP 131
Koschel, Christine Zeit von der Schaukel zu springen. SP 130
Krahmer, Catherine Der Fall Yves Klein. SP 105
Krockow, Christian Graf von Mexiko. SP 85
Krockow, Christian Graf von Nationalismus als deutsches Problem. SP 4
Krockow, Christian Graf von Reform als politisches Prinzip. SP 136
Krockow, Christian Graf von Sport – Gesellschaft – Politik. SP 198
Kühn, August Westend-Geschichte. SP 38
Vergißt die Schule unsere Kinder? Hrsg. v. F. Kümmel, F. Maurer, W. Popp, H. Schaal. SP 176
Küng, Hans Die Kirche. SP 161
Küng, Hans 24 Thesen zur Gottesfrage. SP 171
Küng, Hans 20 Thesen zum Christsein. SP 100
Landmann, Salcia Der ewige Jude. SP 97
Lenk, Hans Wozu Philosophie? SP 83
Lorenz, Konrad Die acht Todsünden der zivilisierten Menschheit. SP 50

Psychologie bei Piper (Eine Auswahl)

Asmus Finzen
Die Tagesklinik
Psychiatrie als Lebensschule. 1977.
SP 158. 346 Seiten. Kart.

Viktor E. Frankl
Der Mensch vor der Frage nach dem Sinn
Eine Auswahl aus dem Gesamtwerk.
2. Aufl., 16. Tsd. 1980. 312 Seiten. Geb.

Albert Görres
Kennt die Psychologie den Menschen?
Fragen zwischen Psychotherapie, Anthropologie und Christentum. 1978.
270 Seiten. Kart.

Bernhard Hassenstein
Verhaltensbiologie des Kindes
3. Aufl., 22. Tsd. 1978. 459 Seiten mit 29 Abbildungen. Geb.

Hospitalisierungsschäden in psychiatrischen Krankenhäusern
Ursachen, Behandlungen, Prävention.
Hrsg. von Asmus Finzen. 1974.
222 Seiten. SP 82. Kart.

Paul Matussek
Kreativität als Chance
Der schöpferische Mensch in psychodynamischer Sicht. 3. erw. Aufl.
23. Tsd. 1979. 337 Seiten. Kart.

Christa Meves
Verhaltensstörungen bei Kindern
7. Aufl., 57. Tsd. 1979. SP 20.
149 Seiten. Kart.

Alexander Mitscherlich
Auf dem Weg zur vaterlosen Gesellschaft
Ideen zur Sozialpsychologie. 13. Aufl., 103. Tsd. 1980. SP 45. 400 Seiten. Kart.

Alexander Mitscherlich
Das Ich und die Vielen
Parteinahme eines Psychoanalytikers.
Ein Lesebuch. Ausgewählt und eingeleitet von Gert Kalow. 1978.
336 Seiten. Geb.

Alexander Mitscherlich
Der Kampf um die Erinnerung
Psychoanalyse für fortgeschrittene Anfänger. 1975. 259 Seiten. Geb.

Alexander Mitscherlich
Margarete Mitscherlich
Eine deutsche Art zu lieben
2. Aufl., 25. Tsd. 1970. SP 2.
118 Seiten. Kart.

Alexander Mitscherlich
Margarete Mitscherlich
Die Unfähigkeit zu trauern
Grundlagen kollektiven Verhaltens.
13. Aufl., 121. Tsd. 1980. SP 168.
III, 383 Seiten. Kart.

Margarete Mitscherlich
Das Ende der Vorbilder
Vom Nutzen und Nachteil der Idealisierung. 2. Aufl., 10. Tsd. 1980.
SP 183. 218 Seiten. Kart.

Wolfgang Schmidbauer
Emanzipation in der Gruppe
1974. SP 81. 180 Seiten. Kart.

Wolfgang Schmidbauer
Seele als Patient
Eine Aufklärung für Gesunde und Gefährdete. 1971. 349 Seiten. Geb.

Wolfgang Schmidbauer
Heilungschancen durch Psychotherapie
1975. SP 127. 151 Seiten. Kart.

Wolfgang Schmidbauer
Sensitivitätstraining und analytische Gruppendynamik
3., erweiterte und überarbeitete Aufl., 18. Tsd. 1974. SP 56. 180 Seiten. Kart.

Piper